미국 영어 미국 문화에 대하여

김아영

현) 플로리다 주립대학교 영어 교사 자격증 과정(TEFL Certificate Course)과
영어 교생 실습 과정(TEFL Internship Course) 강의
플로리다 주립대학교 PHILLIP R. FORDYCE AWARD 수상
플로리다 주립대학교 〈Center for Intensive English Studies〉 문법 커리큘럼 개발,
문법 교재 시리즈 집필, 영어 ESL 강의
플로리다 주립대학교(Florida State University) 외국어 교육학 석사

저서 〈미국인 사용빈도 다반사 영어 구동사 1, 2〉, 〈미국적인 너무나 미국적인 영어회화 이디엄 1, 2, 3〉,
〈미국 영어 문화 수업 합하고 더한 책〉, 〈미국 영어 문화 수업 1, 2〉, 〈미국 영어 회화 문법 1, 2〉,
〈미국 영어 회화 1, 2〉

미국 영어 미국 문화에 대하여

초판 1쇄 인쇄 2025년 2월 5일
초판 1쇄 발행 2025년 2월 17일

지은이 김아영
발행인 박효상
편집장 김현
기획·편집 장경희, 오혜순, 이한경, 박지행
디자인 임정현
마케팅 이태호, 이전희
관리 김태옥

기획 편집 진행 김현
교정·교열 박진재

종이 월드페이퍼 **인쇄·제본** 예림인쇄 · 바인딩 | **출판등록** 제10-1835호
펴낸 곳 사람in | **주소** 04034 서울시 마포구 양화로11길 14-10(서교동) 3F
전화 02) 338-3555(代) **팩스** 02) 338-3545 | **E-mail** saramin@netsgo.com
Website www.saramin.com

ISBN 979-11-7101-139-1 13740

우아한 지적만보, 기민한 실사구시 사람in

미국 영어
미국 문화에 대하여

플로리다 아선생
김아영 지음

문화의 거울로 본 미국 영어
영어의 무늬로 본 미국 문화

사람in

나를 베스트셀러 저자로 만들어 준 〈미국 영어 회화 문법〉 시리즈의 초판 원고는 2008년에 썼지만, 본격적으로 1년에 한 권씩 책을 출간하기 시작한 것은 2015년부터다. 플로리다 주립대에서 학생들을 가르치기 시작한 지 8년에서 16년 사이의 경력을 지녔을 때쯤, 지금까지 출간한 책 대부분을 썼다. 정말로 솔직하게 열 권째 책을 쓸 때까지 영어와 미국 문화, 그리고 영어 교육에 관한 글과 책을 쓰는 일이 내겐 조금도 힘이 들지 않았다. 특히 〈미국 영어 회화 문법〉 시리즈와 〈미국 영어 문화 수업: 합하고 더한 책〉은 그냥 컴퓨터 앞에 앉기만 해도, 내가 생각해도 신기할 정도로, 너무나도 쉽게 술술 써졌다. 십수 년간 학생들에게 영어로 강의해 온 내용을 내 모국어인 한국어로 정리하는 것은 그야말로 식은 죽 먹기a piece of cake이면서 동시에 달콤하고도 감칠맛 나는 작업이었다.

그렇게 앞서 낸 열 권의 책에 내가 가진 많은 것들을 쏟아붓고 난 후, 열한 권째인 이 책을 쓰기 시작하면서 영어와 미국 문화에 관한 글을 쓰는 일이 내게 더 이상 예전처럼 편안하고 달콤하기만 한 작업이 아니었다. 일단 독자들이 미국 영어, 문화와 관련해서 반드시 알아야 한다고 여겨지는 기본적인 주제는 앞서 출간한 책에서 이미 대부분 다뤄졌다. 기본적인 주제 중에서 미처 다루지 못했던 것들은 인터넷으로도 쉽게 검색할 수 있는 내용이 많았다.

심사숙고 끝에, 이번에는 기존의 미국 문화와 미국 영어에 관한 다른 저자들의 책에서 간과되거나 다루지 않았지만 중요한 내용을 좁고 깊게 연구하여 집필해 보기로 했다. 그래서 주제가 정해지면 전공 서적, 미국 책, 한국 책, 신문 기사 등을 가리지 않고 자료 조사부터 했다. 그것을 바탕으로 연구하고 공부한 내용을 영어 교사 자격증 과정[1] 수업 시간에 미국인 학생들에게 직접 가르쳐 보면서, 그들과 토론했다. 이렇게 스스로 깊이 있게 이해하는 과정을 충분히 거친 다음, 내가 완전하게 소화했다고 생각하는 내용만 선정해서 이 책에 담았다. 나의 다른 저서들과 마찬가지로, 미국 사회에 동화되어 살면서 겪은 개인적인 경험도 함께 반영했다. 즉, 인터넷 검색이나 외신만 읽어서는 결코 알 수 없는 깊이 있는 내용들로 채우려 했다. 특히 미국 영어와 언어 습득에 관해 다룬 부분은 한국의 다른 영어 서적에서는 찾아보기 힘들지만, 영어를 공부하는 이라면 반드시

---

1 Florida State University TEFL (Teaching English as a Foreign Language) Certificate
   Course

알아야 하는 내용들이다.

이런 집필 방향으로 인해, 이 책을 내가 원하는 수준의 결과물로 만들어 내기 위해서 나 또한 새롭게 연구하고 치열하게 공부하면서 쓸 수밖에 없었다. 원고의 마지막 페이지를 완성하고 난 후, 나는 저자로서 또 영어 교사를 양성하는 교육자로서 한층 더 성장했음을 직감할 수 있었다. 내가 이 책을 쓰면서 성장한 만큼, 독자들도 이 책을 통해 영어와 미국 문화에 몇 발자국 더 다가갈 수 있기를 한껏 기대해 본다.

플로리다에서
저자 김아영

contents

머리말

1부 문화의 거울로 본 미국 영어

2부 영어의 무늬로 본 미국 문화

1부

문화의 거울로 본
미국 영어

환유metonym
: 관습에서 탄생한 언어 표현

오징어덮밥을 시키면 안 되는 이유

고등학교 친구가 보낸 이메일을 확인하러 한국 포털 사이트에 들어 갔더니 "식당에서 오징어덮밥을 시키면 안 되는 이유"라는 글이 있 었다. 얼마 전 손님들이 먹다 남긴 반찬을 재사용하다 적발된 업소 에 관한 뉴스를 봤던 터라, 혹시 이것도 그와 관련된 내용인가 싶어 씁쓸한 마음으로 클릭했는데, 전혀 뜻밖의 내용이 기다리고 있었다.

식당에서 오징어덮밥을 시켰는데,
아줌마가 "오징어 누구예요?" 하길래 "저요." 했는데,
뭔가 분했음…

이 글 아래의 댓글들은 더 재미있었다.

저는 남편과 둘이서 돼지불백을 시켰더니,
"여기 돼지 둘!"
속으로 뜨끔했습니다.

저희는 셋이서 소머리국밥, 곰탕, 뼈다귀해장국을 시켰더니,
"소머리 누구예요?" - "저요."
"곰 누구예요?" - "저요."
"뼈다귀 누구예요?" - "저요."

전 돌솥비빔밥을 시켰는데, 아주머니께서 "여기 돌 하나!"라고 소리
치셨어요. ㅠㅠ

나는 너무너무 웃어서 배꼽이 빠질 지경의 앞의 대화를 아무렇지 않
게 하셨을 식당 종사자분들의 무심함이 떠올라 더 웃겼다. 그분들
에게 앞의 대화 내용이 전혀 웃기지 않은 이유는 오징어는 "오징어
덮밥을 시킨 손님", 돼지는 "돼지불고기 백반", 소머리는 "소머리국
밥을 시킨 손님", 그리고 돌은 "돌솥비빔밥"이라는 의미로 오랫동안
사용하셨기 때문이다. 이 단어들을 늘 이런 의미로 사용하고 있는
이분들에게는 오징어, 돼지, 돌, 소머리, 뼈다귀 등의 단어가 우리가

13

생각하는 그런 의미로는 전혀 다가오지 않는 것이다. 적어도 자신들의 일터인 식당이라는 공간 안에서는 말이다. 이분들이 이 단어들을 사용하는 방식을 언어학에서는 환유metonymy라고 한다. 환유의 사전적 정의는 다음과 같다.

어떤 사물이나 사실을 표현하기 위해 그것과 가까운 다른 낱말을 사용하는 수사법.

예 저녁밥을 먹는 일을 '저녁 먹는다'라고 표현하는 것은 일종의 환유이다.[1]

연세대학교 명예교수, 이기동 언어학 박사는 환유를 이렇게 말한다.

환유metonym의 환換은 '바꾸다'라는 뜻입니다. 무엇을 바꾸는 것인가? 환유는 명사의 지시 대상을 바꾸는 과정입니다. '접시'라는 명사는 '접시'라는 물건을 가리킵니다. 이 지시물은 특정한 상황에서 지시 대상이 바뀌는데, 이것이 환유입니다. 다음 예를 살펴봅시다.

The chef cooked a very delicious dish.[2]

1 〈고려대한국어대사전〉
2 이기동 (2020) 〈영어 전치사 연구: 의미와 용법〉, 교문사

이기동 박사가 제시하는 예문을 번역하면 '주방장은 아주 맛있는 요리를 만들었다.'가 된다. 즉, 이 문장에서는 dish가 원래의 뜻인 '접시'가 아니라 '요리'라는 뜻으로 쓰였다. 이렇게 어떤 단어 대신에 그것을 연관시키는 다른 단어를 사용하는 표현 방식을 환유라고 한다. 여기서 '연관시키는'이라는 말에 주목하자. 이는 상대방이 사용하는 환유를 제대로 이해하기 위해서는 그 단어와 단어가 지시하는 것 사이의 연관 관계를 알아야 함을 의미한다. 중요한 사실은 그 연관 관계라는 것이 보통 언어 사용자들의 관습에 의해 생겨난다는 점이다. 그래서 환유를 제대로 이해하려면 해당 언어 사용자들의 관습에 대한 깊은 이해가 필요하다. 앞서 언급한 오징어덮밥 일화 아래에 있던 또 다른 댓글을 보자.

> 친구는 김치찌개를 나는 제육볶음을 시켜놓고 앉아 있는데, 주방에서 한 사람이 뛰어나오더니 "제 욕 하셨죠?"라고 해서, "아뇨. 안 했는데요." 그러자 그 사람이 "제 욕 하셨잖아요." "아니에요. 진짜 아닌데…" 그랬더니 "네, 알겠습니다." 하고 다시 주방으로 들어간 그 사람이 저한테 친구와 똑같이 김치찌개를 가져왔고, 그제야 나는 "제 욕"이 아니라 "제육"이라는 걸 알고, 그냥 잠자코 김치찌개를 먹었습니다.

앞의 댓글을 쓴 사람이 같은 한국어 사용자인 식당 종업원의 말을 못 알아듣은 이유로 종업원의 발음을 문제 삼는 이도 있을 테다. 하지만 원어민이라고 해서 모든 단어를 또렷하고 정확하게 발음하는 건 아니다. 모든 이들의 발음이 정확하지 않음에도 불구하고 우리가 대부분의 의사소통에 문제를 겪지 않는 이유는, 문맥을 통해 단어의 뜻을 유추할 수 있기 때문이다. 그리고 외국어보다 모국어인 한국어를 할 때 그게 더 쉬운 이유는 외국보다 한국의 관습이 우리에게 훨씬 더 익숙하기 때문이다. 바로 이 점을 염두에 두고 다시 생각해 보면 알 수 있다. 앞의 글쓴이가 식당에서 일하는 분들의 관습에 의해 생겨난 언어적 습관을 인지하지 못했기 때문에 그런 오해가 발생했다는 사실을. 식당 종사자들이 "제육볶음" 대신 "제육"이라는 단어를 사용한다는 언어적 관습(이 경우, 환유)에 익숙한 사람이라면, 발음이 다소 부정확하더라도 그 단어를 이해하는 데 무리가 없었을 것이다.

한국의 식당 종사자들은 왜 이런 언어 습관을 가지게 된 걸까? 인구 밀도가 높은 우리나라 특성상 식사 시간이 되면 식당에 사람들이 북적거리기에 상황이 굉장히 바빠 돌아간다. 그런 환경에서는 빨리빨리 행동하며 일하는 것이 자연스럽게 관습적으로 굳어진다. 그래서 주방과 최대한 빠르게 소통하기 위해 메뉴판에 있는 모든 단어를 줄여서 짧게 말하는 언어 습관을 가지게 된 게 아닐까 싶다. 냉면집에서 물냉면은 "물", 비빔냉면은 "비빔"(예 "물 하나, 비빔 하나!"), 덮밥집에서 불고기는 "불고기덮밥", 오징어는 "오징어덮밥", 제육은 "제육덮밥"을 가리키는 단어로 쓰이게 된 것이다. 한국 요식업계 종사자들의 이런 언어 사용 패턴으로 인한 환유 방식을 늘 인지하고 있는 사람이라면, 설사 "제육"을 "제 육"이라 발음하더라도 화자가 의미하는 바를 쉽게 알아차릴 수 있다.

그렇다면 미국인들의 문화와 관습을 바탕으로 하는 영어 속 환유의 세계는 어떨까? 언어학자 조지 율Yule은 영어에서 가장 흔한 환유 패턴을 다음과 같이 요약한다.

> container-contents relation (bottle - coke, can - juice)
> 용기를 그 안의 내용물을 대신해서 사용
>
> (예 bottle(병)을 coke(콜라)라는 의미로, can(캔)을 주스라는 의미로 사용)
>
> > He drank the whole bottle. (i.e. He drank the liquid, not the glass object.)
> > 그는 콜라를 한 병 다 마셨다. (즉, 유리로 된 그 물건이 아니라 그 속에 든 액체를 마셨다는 뜻)
>
> a whole-part relation (car - wheels, house - roof)
> 부분을 전체를 대신해서 사용하거나, 또는 전체를 부분을 대신해서 사용
>
> (예 wheels(자동차 바퀴)를 '자동차'라는 의미로, roof(지붕)를 '집'이라는 의미로 사용)
>
> **필자 주** 앞서 예로 든 물냉면을 '물(물냉면의 일부)'이라고 하는 것이나 오징어덮밥을 '오징어(오징어덮밥의 재료 중 하나)'라고 하는 것 또한 부분이 전체를 가리키는 환유의 예다.

a representative – symbol relationship (king – crown, the President –the White House)

상징이 있는 무언가를 대표자/대리인을 대신해서 사용 (예 crown(왕관)을 '왕'의 의미로, the White House(백악관)를 '미국 대통령'이라는 의미로 사용)

The White House announced…
백악관은 …라고 발표했다.[3]

그렇다면 미국인들이 일상 회화에서 가장 흔하게 사용하는 환유 표현에는 어떤 것들이 있을까? 율Yule이 제시하는 다음의 예를 보자.

filling up the car 기름 탱크를 가득 채우기

필자주 여기서 car는 '차'가 아니라 '차의 기름 탱크'를 의미

having a roof over your head 살 집이 있음

필자주 여기서 roof는 '지붕'이 아니라 '집'을 의미

answering the door 초인종을 누른 사람에게 응답하기

필자주 여기서 door는 '문'이 아니라 '초인종을 누른 사람'을 의미

giving someone a hand 누군가를 도와주기

필자주 여기서 'hand'는 '손'이 아니라 '도움'을 의미

needing some wheels 차가 필요함

필자주 여기서 wheels는 '바퀴'가 아니라 '차'를 의미[4]

3,4,6 Yule, G. (2017) *The Study of Language.* 6th edition, Cambridge University Press. Cambridge.

웨스턴 워싱턴 대학Western Washington University에서 언어학을 가르치는 덴햄Denham과 로벡Lobeck이 제시하는 다음의 예에서는 우리말과는 다른 영어만의 독특한 환유 사용 방식을 볼 수 있다.

> They limousined to the prom last night.
> 어젯밤에 그들은 리무진을 타고 고등학교 졸업 파티에 갔다.
>
> We Taco Belled for lunch today.
> 우리는 오늘 점심으로 타코벨을 먹었다.[5]

명사인 limousine리무진: 대형 승용차과 Taco Bell타코벨: 패스트 푸드 체인점이 앞의 문장에서는 동사로 쓰이고 있다. 이는 미국인들이 일상생활에서 굉장히 흔하게 사용하는 환유 패턴으로, "Do you Yahoo?야후 사용하세요?"나 "I Googled it.그건 구글해서 알아봤어요."도 같은 예다.

이런 환유 표현들을 다양하게 익혀두면 원어민과 좀 더 결이 비슷한 영어를 할 수 있다. 그런데 율이 지적하듯이, 대부분의 환유 표현은 언어 사용자들의 관습을 그대로 담고highly conventionalized 있다.[6] 영어 속 환유 표현들을 제대로 알고 사용하기 위해서는 미국인들의 관습과 풍습, 그리고 언어적 습관을 포함하는 문화를 함께 이해해야 하는 것이다. 이는 바꾸어 말하면, 관습과 풍습이 다르면 환유 표현도

---

5 Denham & Lobeck (2010). *Linguistics for Everyone*. Wadsworth Cengage Learning. Boston.

함께 달라질 수 있음을 의미한다. 그래서 관습과 풍습의 차이로 인해 미국과 영국의 환유 표현이 서로 다른 경우도 많다. 이를테면, 영국 영어로 "I got a Chinese."는 "난 중국 요리를 시켰어."이고, 마찬가지로 "I got an Indian."은 "난 인도 요리를 시켰어."라는 의미로 쓰이는 문장들이다. 이런 문장에서 'a Chinese'는 중국 요리를, 'an Indian'은 인도 요리를 가리키는 환유다. 하지만 미국인들은 이런 방식의 환유 표현을 전혀 이해하지 못한다. 미국인들과 영국인들의 언어 습관이 서로 다르게 형성되었기 때문이다.

관습이나 문화적 측면 외에도 영어를 공부할 때 환유의 이해가 중요한 이유가 또 있다. 이기동 박사는 영어의 구동사를 이해하는 데 환유가 중요한 이유를 다음 예문을 통해 보여준다.

She cleaned out the fridge.
그녀는 냉장고에 든 물건을 모두 깨끗하게 치웠다.

He emptied out his pocket.
그는 자기 호주머니 안에 든 것을 비웠다.

Pick up your room.
네 방에 흐트러져 있는 물건을 치워라.[7]

---

7 이기동 (2020) 〈영어 전치사 연구: 의미와 용법〉, 교문사

앞의 문장에서 냉장고는 환유적으로 '냉장고 안에 든 물건'을, 호주머니는 '호주머니에 든 물건'을, 방은 '방에 흐트러져 있는 물건'을 가리킨다. 이기동 박사의 지적과 같이, 많은 구동사가 이런 식의 환유 사용 패턴을 따르기 때문에 환유를 이해하면 구동사 학습에 상당히 도움이 된다.

환유를 다루는 김에, 언어학 책에서 환유와 언제나 함께 등장하는 은유metaphor에 관한 이야기도 해보자. 국어사전은 은유를 이렇게 정의한다.

> 원관념과 보조 관념 사이의 유사성에 기반을 두고, 사물의 상태나 움직임을 암시적으로 나타내는 수사법.
> 예 '우리 아빠는 호랑이'처럼, 일상의 어느 때라도 은유법은 사용될 수 있다.[8]

모든 언어학 서적에서 은유를 다루지만, 그중 가장 내 마음에 들었던 이기동 박사의 설명은 다음과 같다.

> '은'은 '숨기다'의 뜻이고(예 은닉, 은폐, 은둔) '유'는 '말'의 뜻입니다.

8 〈고려대한국어대사전〉

21

(중략) 은유란 다른 점은 숨기고 같은 점만 부각시키는 과정입니다. '숨기다'의 뜻은 여기서 찾아볼 수 있습니다. 이것을 좀 더 보완하면 은유는 hiding과 highlighting이라고 할 수 있습니다. 이처럼 다른 점은 숨기고 같은 점은 부각시키는 것이 은유입니다.[9]

은유가 두 가지 관념의 같거나 비슷한 점을 부각시키는 수사법이라는 것은 미국 언어학 서적에도 자주 등장하는 설명인데, 이때 미국 언어학자들이 가장 자주 드는 예문이 "Time is money.시간은 돈이다"다. 덴햄Denham과 로벡Lobeck은 이 은유 표현이 가능한 이유가 시간과 돈이 공통으로 가지는 다음과 같은 점 때문이라고 한다.

> We spend it, waste it, save it, don't have it, invest it, budget it, lose it.
> 쓸 수 있고, 낭비할 수 있으며, 아낄 수 있고, 없을 수도 있으며, 투자할 수 있고, 계획해서 사용할 수 있으며, 잃어버릴 수도 있다.[10]

이기동 박사는 은유 또한, 환유와 마찬가지로, 영어의 구동사를 이해하는 데 무척 중요하다고 말한다. 그는 많은 구동사가 영어 속 은유를 기반으로 하는 표현이라며 다음의 예를 든다.

---

9 이기동 (2020) 〈영어 전치사 연구: 의미와 용법〉, 서울: 교문사
10 Denham & Lobeck (2010). *Linguistics for Everyone*. Wadsworth Cengage Learning. Boston.

He is simmering inside. 그는 속이 부글부글 끓는다.

He is bubbling up. 그는 속이 끓어오르고 있다.

He flipped the lid. 그는 뚜껑이 열렸다.

앞 문장이 쓰인 동사에 물이 끓는 과정이 나타납니다. 그러나 이 표현들이 사람의 화를 나타내는 데에도 쓰입니다. 이것이 가능한 것은 영어에는 "화는 용기에 담긴 끓는 물이다"라는 은유가 있기 때문입니다.[11]

사실 우리 한국어에도 화와 관련해서 이와 비슷한 은유가 있어서 한국인으로서도 앞의 세 문장은 모두 쉽게 이해된다. 실제로 영어를 공부하다 보면, 이렇게 한국어와 비슷한 은유 표현을 만나는 경우가 꽤 많다. 아주 오래전에 미국인 친구가 어떤 일로 화를 내면서 "It makes my blood boil! 내 피를 끓게 해!"이라고 했던 적이 있다. 친구에게는 정말 미안하지만, 그 일은 내게 꽤 오랫동안 재밌는 순간으로 기억되었다. '감정 따위가 격렬하게 북받쳐 오르다'라는 의미를 가진 '피가 끓는다'라는 한국어 표현을 마치 직역한 것처럼 미국인에게 영어로 들으니 약간 신기했다고나 할까? 이렇게 우리말과 같거나 비슷한 은유 표현을 만날 때면 외국어 공부의 아기자기한 재미가

---

11 이기동 (2020) 〈영어 전치사 연구: 의미와 용법〉, 교문사

느껴지기도 한다.

문제는 우리와 다른 언어권 사람들이 가진 은유 표현 중에는 우리 한국어와 아예 다른 경우도 많다는 데 있다. 문화가 다르니 이는 당연한 현상인데, 이를테면 이런 식이다. 내가 가르쳤던 사우디아라비아 남학생은 "당신은 내 삶에서 비와 같아요!"라고 말하며 자기 부인에게 청혼했다고 한다. 이는 그의 나라에서는 비가 행운이라는 은유가 있어서 가능한 표현이다. 하지만 한국 사람인 내게 누군가 "당신은 내 삶에서 비와 같아요!"라고 말한다면 어떨까? 아마 이게 무슨 말인지 도통 이해를 못 해서 고개를 갸우뚱하거나, 아니면 "혹시 제가 뭘 잘못한 것이 있나요?"라고 되물을 것이다. 우리 한국 문화권에서 비는 행운보다는 오히려 부정적인 은유의 단어이기 때문이다. 바로 이런 점 때문에 외국어를 공부하다 보면 은유 표현을 이해하기 힘든 경우가 종종 생기는데, 이는 영어도 마찬가지다. 가령, 미국의 언어학 서적에서 은유를 소개할 때 단골로 등장하는 문장을 보자.

My car is a lemon.[12]

차가 레몬이라니 이게 대체 무슨 말일까? 영어에서 lemon레몬은 제대로 작동하지 않는 것이나 결함이 있는 불량품이라는 은유이다. 레몬은 겉모습은 예쁘고 먹음직스러워 보이지만, 실제로는 너무 시어서 먹을 수가 없다. 즉, 멀쩡한 생김새와는 달리, 오렌지 같은 다른 과일처럼 음식으로의 기능은 전혀 하지 못하는 과일이다. 그래서 겉보기에는 멀쩡하지만 쓸모없는 무언가를 미국인들은 lemon이라고 부른다. 그러니 앞의 예문에서 lemon은 "defective vehicle결함이 있는 차"[13]을 뜻하는 은유 표현이다. 참고로, 플로리다주의 "lemon law레몬법"는 결함이 있는 자동차를 사게 된 소비자를 보호하는 법이다. 이렇게 레몬은 영어권에서 부정적인 은유로 자주 쓰이기 때문에 이런 표현도 있다.

> When life gives you lemons, make lemonade.
> 삶이 네게 레몬을 준다면, 레모네이드를 만들어.

이 문장에서 레몬은 인생의 역경을 의미하고, 레모네이드는 신 레몬으로 만들었지만 달콤한 음료수다. 즉, 삶에서 역경이 주어지더라도 그것을 딛고 좋은 결과를 만들어 내라는 말이다.

이처럼, 환유와 마찬가지로, 은유 또한 해당 언어 사용자의 문화와 그들의 관점을 알아야지 비로소 정확하게 이해하고 사용할 수 있다.

12, 13 Denham & Lobeck (2010). *Linguistics for Everyone*. Wadsworth Cengage Learning. Boston.

그러니 지금부터는 환유와 은유 표현을 공부하면서, 영어와 미국 문화가 만나는 이런저런 지점들을 함께 탐색해 보자.

한국식 고맥락 문법과 미국식 저맥락 문법의 구체적 차이[1]

미국인들과 소통할 땐 저맥락 문법으로!

코비드 팬데믹이 터진 첫해 여름 한국을 방문했을 때, 나는 외국에서 입국한 다른 모든 사람과 마찬가지로 첫 2주 동안 자가격리를 해야 했다. 격리 기간 동안 부산시 소속 어느 구청 공무원이 내게 전화해서 격리 구역을 벗어나지 않았는지와 더불어 코로나 증상이 있는지를 매일 확인했다. 다음은 해당 공무원이 자가격리 첫날 내게 전화해서 말한 첫 문장이다.

---

1 고맥락 문화란 사람들이 의사소통할 때 직접적으로 오가는 말보다 주변 문맥과 맥락이 상대적으로 더 큰 역할을 하는 문화를 말한다. (중략) 반면, 저맥락 문화에서는 정황이나 문맥보다는 직접적으로 오고 가는 말explicit verbal messages을 훨씬 더 중요하게 여기기 때문에, 의사소통할 때 화자에게 명확하고 논리적이며 설득력 있게 자신의 메시지를 전달할 것이 요구된다. – 김아영 〈미국 영어 문화 수업: 합하고 더한 책〉에서 발췌

"김아영 씨, 머, 열나고 그런 거는 없지예?" (①번 문장)

그 상황에서 이 문장이 익살스럽게 느껴져서 웃음이 나왔는데, 동시에 뭔가 어색하게 들리기도 했다. 내가 듣기에, 이는 주어진 문맥과는 전혀 맞지 않는 어감[2]이었기 때문이다. 정부의 정책대로 입국하자마자 자가격리 지침을 따르고 있는 국민에게 해당 정부 소속 공무원이 확인차 전화하는 상황이라는 점을 고려했을 때, 이는 너무나도 격식에 얽매이지 않고 어찌 보면 지나치게 편안한 말투였다. 이런 상황과 문맥에서 내가 기대한 화법은 다음과 같았다.

"혹시 발열이나 기침 등과 같은 코비드 증상은 없으십니까?" (②번 문장)

앞의 ①번과 ②번 문장을 언어적으로 분석해 보면, 사투리와 표준어라는 점을 제외하고도 여러 가지 차이점이 있다. ①번 문장의 첫 단어인 "머"는 "뭐" 또는 "무엇"을 뜻하는 말이지만, 여기서는 아무 의미 없이 그저 시간을 채우는 단어일 뿐이다. 영어로는 이런 단어를 "filler word"라고 한다. 같은 문장의 "그런 거"에서 "그런"은 "그러한"의 줄임말로, 원형이 "그러하다"인데 "(상태, 모양, 성질 따위가) 그

---

2 어감(語感): 말소리나 말투의 차이에 따른 느낌과 맛 (《표준국어대사전》)

와 같다"라는 뜻이다. 그러니 이는 앞서 나온 단어인 "열나고"와 같은 증상이 없는지를 묻는 말이다. 자, 그러면 여기서 누군가 이 대화가 일어나는 상황을 전혀 모르는 상태에서 딱 이 문장만 들었다고 가정해 보자. 그럴 경우, 그는 이 문장이 코비드 증상이 있는지를 확인하는 질문이라는 사실을 알 수 있을까? 당연히 알기 힘들 것이다. 이는 대화 속 청자였던 내가 이 문장을 이해할 때 언어보다는 정황이 주는 비언어적인 단서가 훨씬 더 큰 역할을 했음을 증명한다. 바로 이것이 고맥락 문화권의 의사소통 방식이다. 반면, ②번 문장의 경우는 굳이 문맥이나 정황과 같은 비언어적 단서를 끌어들이지 않더라도, 이 문장 하나만으로도 청자는 충분히 질문 내용을 이해할 수 있다. 그런 연유로, ①번은 고맥락 문법을, ②번은 저맥락 문법을 따른 문장이다.

내가 동향 사람인 부산시 소속 공무원과 대화하면서 일종의 "역문화 충격Reverse Culture Shock"[3]을 경험한 이유는 저맥락 문화권인 미국에서 오랜 기간 사회생활을 했던 탓이 아닐까 싶다. 더군다나 전체적으로 고맥락 문화권인 한국에서도 부산은 서울보다 더 고맥락 문화를 보유하고 있는 곳이라고 생각한다. 부산에서 나고 자랐지만, 고등학교 졸업 후부터는 쭉 서울에서 생활해 왔다는, 나와 동갑내기

---

3 역문화 충격(逆文化衝擊): 오랜 기간 외국에서 생활하다가 본국에 돌아왔을 때, 환경이 낯설게 느껴져 잘 적응하지 못하고 받는 스트레스를 이르는 말 (〈표준국어대사전〉)

인 김하나 작가도 같은 관점을 가지고 있는 듯하다. 그는 부산 출신임에도 불구하고 서울말이 더 마음에 든 이유를 이렇게 말한다.

> 전체적으로 나는 서울말이 마음에 들었다. 더 부드럽고 세련된 느낌인데다, 이상하게도 내가 느끼는 섬세한 감정의 결을 전달하기가 더 수월했다. 아무리 단어와 표현을 알고 있어도 부산 사투리로는 차마 입 밖으로 내뱉기 어려운 말들이 있다. 억양과 뉘앙스가 어떤 감정 표현을 억누르거나 간지러운 것으로 여기게끔 만드는 것 같다. 그것은 결국 그 말을 쓰는 사람과 언어 공동체의 성격 형성에도 영향을 줄 것이다. "오다 주웠다"가 괜히 나온 농담이 아니다.[4]
>
> 김하나 〈말하기를 말하기〉 "배역과 진짜" 중에서

김하나 작가와 같은 해에 부산에서 태어나 자랐고, 또 같은 시기에 부산을 떠난 후에는 한국어와 관련해서는 쭉 "서울말"의 영향권에서 살아온 나는 김 작가의 이 글이 구구절절 와닿았다. 김 작가와 마찬가지로, 나 또한 부산말을 할 때보다 서울말로 할 때 감정을 훨씬 더 섬세한 언어로 표현할 수 있기 때문이다. 이는 서울의 언어 공동체가 가진 문화가 부산의 언어 공동체가 가진 문화보다는 상대적으로 저맥락 문화임을 보여준다. 김하나 작가나 나처럼 말과 글을 다루는 것을 업으로 삼는 이들에게는 말이나 글을 의사소통의 중심에

---

4 김하나 (2020) 〈말하기를 말하기〉, 콜라주

두는 저맥락 문화가 체질적으로 더 잘 맞을 수밖에 없다. 이를테면, 나는 좋아하는 사람에게 정성껏 준비한 선물을 주면서 "오다 주웠다"라는 단 한마디를 던져 놓고는 자신의 진심을 알아주기를 바라는 남자에게 매력을 느낀 적이 단 한 번도 없다. "그런 것까지 굳이 말로 해야 아느냐"며 충실하게 고맥락 문법을 따르는 남자보다는, 사랑하는 이를 향한 자신의 감정과 감성을 언어적으로 섬세하게 표현할 줄 아는, 말하자면 저맥락 문법으로 소통하는 남자에게서 훨씬 더 큰 매력을 느낀다.

그렇지만 아무리 서울이 부산보다는 상대적으로 저맥락 문화를 가졌다 해도, 이는 어디까지나 한국 문화 내에서 정도의 차이일 뿐, 한국은 전체적으로 고맥락 문화권인 나라다. 고향이 어디이건 상관없이, 대부분의 한국인은 고맥락 문법으로 소통한다. 뉴욕 대학New York University에서 영어 교육 석사 학위를 받고 영어 회화 학습 플랫폼 스피크이지SpeakEasy English를 운영하는 허새로미 씨는 한국어가 고맥락 문화를 아주 잘 반영하는 언어라며 다음과 같이 말한다.

한국어는 고맥락인 해당 문화를 아주 잘 반영하는 언어이다. 고맥락 문화란 직접적이고 가시적인 메시지 전달보다, 암시적이며 때로는 숨겨져 있는 신호로 소통하는 문화를 말한다. (중략) 고맥락 사회의 경우 '내가 대충 말해도 알아서 알아들어 주거나 심지어 말하지 않아도 메시지가 전달되길 바라는' 경향이 강

하다. 청자가 알아듣지 못해도 언어는 사정 봐주지 않는다.[5]

허새로미 〈내 언어에 속지 않는 법〉 중에서

사정이 이렇다면, 고맥락 문화권 출신인 한국인이 저맥락 문화권의 미국인들과 한국식으로 소통하게 되면 크고 작은 불협화음이 생길 수밖에 없다. 실제로 많은 한국인이 영어로 대화할 때조차도 고맥락 문화식 소통을 고수한다. 그러니 영어를 더 영어답게 하고 싶다면 두 유형의 문화가 가진 차이점을 하나하나 뜯어보면서 저맥락 문화식 소통 방식을 구체적으로 알아둘 필요가 있다. 참고로, 고맥락과 저맥락 문화 사이의 거시적인 차이는 〈미국 영어 문화 수업〉에서 이둘의 정의와 함께 이미 다룬 바가 있다. 여기서는 고맥락 문화와 대비되는 저맥락 문화의 소통 방식의 특징을 세부적으로 짚어보자.

텍사스 대학University of Texas 심리학 박사이며, 미국 여러 대학에서 강의하는 에드워드 스튜어트Edward C. Stewart 박사는 저맥락 문법을 따르는 미국인들의 의사소통 방식의 특징을 다음과 같이 말한다.

① Americans assume that language is primary while nonverbal behavior accents and modifies the meaning of words. ② Substance

---

5   허새로미 (2021) 〈내 언어에 속지 않는 법〉, 현암사

in American conversation is based more on what is stated than on what is not. (중략) ③ As a general conclusion, American communication is more or less independent of the context in which it takes place.

Edward Stewart & Milton Bennett의 「American Cultural Patterns」 중에서

① 비언어적인 행동이 단어의 의미를 강조하고 바꿀 수 있음에도 불구하고, 미국인들은 (의사소통에서) 언어가 중심 요소라고 추정합니다. ② 미국인들의 대화 내용은 말을 하지 않은 내용보다는 말을 한 내용에 기반을 둡니다. (중략) ③ 일반적으로, 미국인들의 의사소통은 그것이 일어나는 문맥과 다소 별개라고 결론 지을 수 있습니다.

에드워드 스튜어트 & 밀턴 베넷의 〈미국 문화 유형〉 중에서

그럼 스튜어트가 지적한 첫 번째(①) 특징부터 살펴보자. 상대의 말을 해석할 때 "언어"가 중심 요소라는 것은, 곧 화자가 말한 단어나 문장의 의미가 의사소통의 중심이라는 말이다. 이는 정확한 의사소통에 실패해서 오해가 생겼을 때는 그 책임이 해당 단어와 문장을 선택해서 말한 화자에게 고스란히 돌아간다는 의미이기도 하다. 이런 연유로, 스튜어트는 미국인들이 의사소통 시 오해가 발생했을 때 보이는 사고와 행동 패턴이 이렇다고 한다.

If a misunderstanding occurs, Americans typically assume that the wrong words were used, the sender garbled the message, or the receiver was not listening. The explanation is usually technical and requires the sender to review how the message was transmitted, and the receiver to ask questions.

Edward Stewart & Milton Bennett의 「American Cultural Patterns」 중에서

오해가 발생할 경우, 미국인들은 보통 잘못된 단어가 쓰였든지, 화자가 메시지를 잘못 전했든지, 그것도 아니라면 청자가 아예 듣지 않았다고 가정합니다. 그래서 해명은 보통 (용어나 단어의 의미를) 굉장히 구체적으로 접근하며, 화자에게는 해당 메시지를 어떻게 전달했는지를 재검토할 것이 요구되고, 청자에게는 질문할 것이 요구됩니다.

에드워드 스튜어트 & 밀턴 베넷의 〈미국 문화 유형〉 중에서

스튜어트는 이와 더불어 미국이 가진 이런 저맥락 문화적 속성이 미국 사회에서 어떻게 작용하는지도 함께 지적한다.

첫째로, 미국 사회에서는 자신이 하고자 하는 말을 정확하게 언어로 표현하는 기술의 중요성이 매우 강조된다고 스튜어트는 말한다.[6] 미국 대학에서 강의하면서 두 아이를 미국 공립학교에 보내고 있는 아선생은 스튜어트의 이 주장에 십분 공감하는데, 그 이유는 그가 말하는 이런 특성이 미국 교육의 곳곳에 충분히 녹아 있기 때문이다. 미국 학교는 자기 생각을 정확하게 말과 글로 표현하는 기술을 익

히는 데 중점을 둔 교육을 한다. 그래서 대다수 과목의 수업에서 발표나 토론이 빠지지 않으며, 초등학교 저학년부터 에세이 쓰는 법을 가르친다.

둘째로, 스튜어트는 이런 저맥락 문화적 속성이 미국의 법 집행 방식에도 영향을 미친다고 한다. 미국의 법 체제에서는 언어로 된 규정과 규칙이 가장 큰 효력을 지니기 때문에, 계약서 등의 문서에 적힌 언어의 고도로 구체화한 내용과 그 의미를 바탕으로 법이 집행된다고 한다.[7] 실제로 미국에서 살다 보면 문서의 중요성을 보여주는 사례를 자주 목격할 수 있다. 나는 대학에서 일하면서 학생이 강의 계획서syllabus의 내용을 조목조목 따져가면서 자신에게 학점을 왜 불공정하게 주었는지를 교수에게 항의하는 것을 본 적이 여러 번 있다. 강의 계획서를 쓴 사람이 교수이기 때문에, 그 내용으로 인해 문제가 생겼을 때 책임을 져야 하는 것도 물론 교수다. 내가 영어 교사 자격증 과정을 맡고 처음 강의 계획서를 작성할 때 어느 동료가 대학에서 강의 계획서는 학생들과의 계약서처럼 작용하기 때문에 특히 성적과 관련된 부분은 매우 신중하게 작성하라고 충고해 주었던 기억도 난다. 미국에서 자신이 사용한 언어에 책임을 져야 하는 것은 비단 이런 공식적인 문서에만 일어나는 일이 아니다. 학생들을

6, 7 Stewart, E. & Bennett, M. (2005) *American Cultural Patterns: A Cross-Cultural Perspective.* Intercultural Press, Inc. Maine.

포함해서 공적인 관계에 있는 사람에게 이메일을 쓸 때는 하나하나의 단어를 신중히 선택해야 한다고 미국인 친구들이 말하는 것도 여러 번 들었다. 다소 극단적인 경우이긴 하지만, 이메일에 자신이 쓴 내용으로 인해 법적으로, 또는 도의적으로 책임을 져야 하는 때도 있기 때문이다. 이는 공적인 관계에 있는 사람에게 자신이 내뱉은 말과 글은 모든 의사소통의 중심임과 동시에 법적인 제재를 받을 수도 있을 만큼의 무게를 지닌다는 뜻이다.

그럼 이제 스튜어트가 지적한 미국식 의사소통이 지닌 두 번째(②) 특징을 살펴보자. 이에 대해, 말을 하지 않은 것what is not stated보다 말을 한 것what is stated을 중심에 두고 대화 내용을 해석하는 건 어느 문화에서나 당연한 일이 아니냐고 반문하는 사람도 있을 것이다. 하지만 고맥락 문화를 가진 우리 한국 사회에서는 그렇지 않은 경우도 많다. 우리는 상대가 말하지 않은 것까지 눈치껏 알아차려서 상대의 마음을 헤아려야 할 때도 있지 않은가? 그렇지만 저맥락 문화인 미국에서는 이런 문화가 없기에 한국어 단어인 "눈치"가 영어로는 번역이 안 돼서 "nunchi"라고 쓰인다. 한국식 고맥락 의사소통의 정수를 보여주는 이 "눈치"의 정체를 김하나 작가는 이렇게 말한다.

> 상대가 말을 해도 곧이곧대로 듣지 않고 그 이면에 깔린 의중을 미루어 짐작하는 것. 이것이 한국식 대화에서 눈치의 핵심이다.

이는 미국과 달리 고맥락 사회인 우리나라에서는 말을 한 것what is stated이 아닌, 말을 하지 않은 것what is not stated을 중심으로 대화 내용을 해석해야 할 때도 있다는 사실을 보여준다. 미국에서도 극도로 가까운 사이, 이를테면 가족 구성원끼리는 말을 하지 않아도 상대의 의중을 미루어 짐작해야 하는 경우가 없진 않다. 그래서 전체적으로는 저맥락 문화권인 미국 안에서도 가족 구성원들 사이에서는 상대적으로 고맥락 문화를 가진다고 몇몇 학자들은 주장한다. 하지만 미국에서 학교나 직장 생활을 비롯한 사회 생활을 하면서 말을 하지 않았거나 글로 쓰이지 않은 내용 즉, 언어화되지 않은 것을 짐작해서 알아내야 하는 일은 없다고 봐도 무방하다. 한국에서 상사가 "개떡같이 말해도 찰떡같이 알아들어" 가면서 직장 생활을 해야 했던 20대를 보내고 30대부터는 쭉 미국에서 직장 생활을 해 온 내가 보기에는, 바로 이 부분이 미국과 한국 직장 문화의 가장 큰 차이점이다.

미국식 의사소통의 세 번째(③) 특징으로, 스튜어트는 미국인들의 의사소통이 철저하게 "언어" 중심으로 일어나기 때문에 대체로 문

---

8 김하나 (2020) 〈말하기를 말하기〉, 콜라주

맥과는 별개라는 결론을 내린다. 참고로, 여기서 말하는 "언어"와 대비되는 "문맥"이란 언제, 어디서 그 내화가 일어나는지, 화자가 그 말을 "어떻게" 하는지, 화자와 청자의 사회적 지위와 관계는 어떤지, 또는 대화 시 말하지 않은 것들까지 모두 포함한다. 그러니 미국인과 대화할 때는 이런저런 생각할 것 없이 그저 상대가 한 말(문장과 단어)을 중심으로 메시지를 파악하면 소통에 별 무리가 없을 거라는 말이다. 이는 물론 직장 상사와의 소통에서도 마찬가지다. 이런 미국과는 달리, 한국에서 언어보다 문맥 중심으로 의사소통을 해야 하는 상황이 발생함을 보여주는 언어 표현이 비단 "눈치"뿐만이 아니다. 내가 한국에서 회사에 다닐 때 "눈치"만큼이나 자주 들었던 언어 표현 중에 "알아서 기어야지!"가 있다. "알아서 기다"라는 관용구 idiom의 사전적 정의는 다음과 같다.

> 어떤 분부가 내리기 전에 미리 헤아려서 윗사람의 뜻에 맞게 행동하거나 일을 처리하다.
> 예 그는 부하 직원들에게는 엄하면서 상사 앞에서는 알아서 긴다.[9]

윗사람이 말이나 글로 직접적인 지시를 내리지 않더라도, 그의 뜻을 미리 짐작해서 일을 처리해야 한다는 것 역시 "언어"보다 "문맥"을

---

9 〈표준국어대사전〉

중심으로 소통하는 고맥락 문법의 완벽한 예시다. 그런데 스튜어트는 고맥락과 저맥락 문화 사이의 이런 차이가 해당 문화의 사회 규범과 그 사회 구성원들의 가치 판단 기준에까지 영향을 미친다고 주장한다. 그 예로, 고맥락 문화의 일본인들이 지도자를 보는 관점을 저맥락 문화의 미국인들과 비교하며 이렇게 말한다.

> In Japan, nonverbal behavior is more highly valued as a means of sincere communication than is language. Japanese leaders are not required to have highly developed rhetorical skills and may even be distrusted for too much verbal facility. This contrasts with the American preference for leaders with highly developed verbal skills, ...(중략).
>
> Edward Stewart & Milton Bennett의 「American Cultural Patterns」 중에서

> 일본에서는 비언어적 행동이 언어보다 더 진실한 소통의 수단으로 높이 평가받습니다. 일본의 리더들에게는 크게 발달한 수사적인 기교가 요구되지 않으며, 어쩌면 자신의 언어적인 재능을 지나치게 많이 사용하면 불신을 받을 수도 있습니다. 이는 높은 구술 능력을 갖춘 지도자를 선호하는 미국인들과는 대비되며,…(중략)
>
> 에드워드 스튜어트 & 밀턴 베넷의 〈미국 문화 유형〉 중에서

유창하게 말을 잘해서 자신의 의견을 명쾌하게 전달하는 지도자가

높이 평가받는 미국과 달리, 일본에서는 언어적 재능을 지나치게 자주 사용하는 지도자를 오히려 불신하는 경향이 있다는 스튜어트의 지적이 굉장히 흥미롭다. 생각해 보니, 일본뿐만 아니라 내가 자랄 때 한국도 그랬다. 누군가 "말을 잘한다"라는 사실이 부정적인 뉘앙스로 쓰인 적이 많았다. 그뿐만 아니라, 우리 부모님 세대 분들은 자신의 감정이나 속마음을 좀처럼 말로 표현하지 않는 사람을 "양반"이라고 칭했다. 여기서 말하는 양반이란 조선 시대의 신분을 의미하는 것이 아니라 '점잖고 예의 바른 사람'[10]이라는 뜻이다. 이런 "양반"들에게는 보통 "말이 없고 점잖다"라는 수식어가 따라붙었다. 즉, "양반"이라는 단어가 이처럼 긍정적인 의미로 쓰일 때, "말을 잘한다"라거나 "말솜씨가 뛰어나다"라는 수식어가 붙는 경우를 나는 본 적이 없다. 그렇다면 자기 생각을 말과 글로 정확하게 표현하는 기술이 강조되는 교육을 어린 시절부터 받는 미국인들은 어떨까?

사실 미국인들도 부정적인 감정은 한국의 "양반"들처럼 여간해서는 말로 표현하지 않는 경향이 강하다. 물론 자신의 이익이 첨예하게 달린 상황에서는 목소리를 내지만, 그렇지 않으면 말로 하는 직접적인 불만 표출은 대체로 삼가는 듯한 분위기다. 예를 들어, 미국에서 국내선 비행기를 타다 보면 비행기가 연착되는 경우가 몹시 자주 발

---

10 〈표준국어대사전〉

생한다. 몇 시간씩 연착되는 그런 상황에서도 그저 느긋하게 앉아서 기다리는 사람이 왔다 갔다 하며 항공사 직원에게 항의하는 사람보다 압도적으로 많은 곳이 미국이다. 하지만 알다시피 언어에는 말도 있지만 글도 존재한다. 평균적인 미국인들은 얼굴을 붉히며 항공사 직원에게 직접 항의하는 대신, 항의 내용과 고객 불만 사항을 매우 구체적이고 세부적으로 적은 이메일을 항공사에 보낸다. 때로 이를 정식으로 문서화해서 기업 측에 압박을 가하기도 한다. 기업체뿐만 아니라, 학교나 심지어 어린이집preschool 등에 불만 사항이 있는 학부모들도 글(이메일)로 소통하는 경향이 강하다.

저맥락 문화인 만큼, 미국인들은 부정적인 감정뿐만 아니라, 긍정적인 감정 또한 구체적인 언어로 표현한다. 일례로, 미국에는 작은 일에도 글로 고마움을 전하는 감사 카드Thank you card 문화가 일상의 곳곳에 스며 있다. 퇴근길에 차를 한번 태워 줬을 뿐인데, 동료에게 그에 대해 진심으로 감사하다며 나처럼 친절한 동료를 둬서 행운이라는 내용의 카드를 받은 적이 있다. 저녁 초대를 받아 다녀온 후에는 음식과 와인이 얼마나 맛있었는지와 그날의 대화가 얼마나 즐거웠는지 등을 적은 카드를 보낸다. "맛있다"라는 영어 표현이 그토록 다양하다는 사실을 그런 감사 카드를 통해 배웠다. 선물을 받았을 때는 자기가 그 선물이 얼마나, 그리고 왜 마음에 드는지를 구체적으로 언어화해서 감사 카드에 적어 보낸다. 또 학기가 끝날 때마다 나는 꼭 학생 한두 명에게서 수업이 너무나도 좋았다는 칭찬, 내 수업으로 인해 자신에게 일어난 변화 등이 적힌 감사 카드를 받는다. 이처럼, 그저 짧은 감사 인사Thank you!가 아니라, "왜", "얼마나", "어떻게" 등의 내용이 세밀한 언어로 카드에 담겨 있다. 한 예로, 어느 학생에게 받은 감사 카드를 여기에 싣는다.

Dear Professor Kim,

Thank you so much for everything you taught us. Thank you for your patience with me, your humor, your knowledge, and for helping me remain accountable throughout the class. You always reassured me when I doubted myself, and you gave me the tools I needed to succeed. I will be sure to use all of the techniques you have modeled in class, both the ones you intentionally modeled and those you did naturally. I hope to run into you again in the future. Thanks again!

Bree Amborn

김 교수님께,

교수님께서 저희에게 가르쳐 주신 모든 것에 감사드립니다. 인내심을 가지고 저를 지도해 주신 것, 교수님의 유머와 지식, 그리고 수업을 듣는 내내 제가 잘 해낼 수 있도록 도와주신 점도 감사드립니다. 제가 잘 해낼 수 없을 것 같은 생각이 들 때마다 교수님께서는 제가 할 수 있다고 확신하게 해 주셨고, 또 제가 성공하는 데 필요한 기술을 가르쳐 주셨습니다. 저는 강의실에서 교수님이 본보기로 보여주셨던 모든 것들을 꼭 사용할 것입니다. 저희를 가르쳐 주실 의도로 보여주신 본보기와 더불어 그저 자연스럽게 교수님의 모습에서 볼 수 있었던 본보기도요. 교수님과 또 만날 수 있기를 희망합니다. 다시 한번 감사드립니다!

브리 앰본

미국의 이런 문화로 인해, 미국 슈퍼마켓의 모든 카드 판매대에는 감사 카드 섹션이 따로 있다. 사람들끼리 서로 부딪히고 충돌할 때도 미국의 저맥락 문화적 속성을 엿볼 수 있다. 내가 미국인 학생이나 동료와 마찰이 있었을 때는 양쪽 모두 윗선(이 경우, 학과장이나 학장)에 갈등의 세부 내용을 일일이 다 적어서 제출해야 했다. 그렇지만 저맥락 문화답게, 이곳에서는 작은 문제가 생겼을 때 직접 말을 해서 오해를 풀거나 최소한 서로 합의를 시도하는 예도 많이 봤다. 아주 작은 갈등이 발생했을 때 문제가 커지기 전에 서로 대화를 하게 되면, 보통은 오해가 풀린다. 설사 오해가 풀리지 않더라도, 최소한 어떤 지점이 상대의 심기를 건드리는지만큼은 정확히 인지하게 되기 때문에, 그때부터는 서로서로 조심하게 된다. 두 경우 모두 커다란 갈등이 일어나는 사태를 어느 정도 미리 방지하는 효과가 있다. 그래서 내 상사가 아주 작은 오해나 불만 사항이라도 있을 시에는 절대로 속에 담아 두지 말고 그때그때 말하라고 하면서 늘 사용하는 표현이 "Nip things in the bud!문제가 될 소지는 미리 싹을 잘라 없애 버려요!"다.

한국과 미국의 고맥락과 저맥락 문화의 차이점을 공부하면서, 아선생은 한국의 몇몇 친척 어르신들과 겪었던 갈등의 근본적 원인이 무엇이었는지를 깨닫게 되었다. 그것은 고맥락 문화권인 한국에서 나고 자랐음에도 불구하고, 내가 철저하게 저맥락 문법으로 사고하는 인간이어서 그랬던 것 같다. 어릴 적의 나는 친척 어르신들이 무심코 던지는 말에 상처를 잘 받았는데, 그때마다 어머니께서 늘 하신 말씀이 있다. "말은 그렇게 해도 그분 속마음은 안 그렇다"라고. 이제는 불혹의 나이를 훌쩍 넘겨, 이런 말 저런 말 대충 듣고 넘겨 버릴 수 있는 정도의 내공은 쌓였다. 하지만 배려 없이 상대의 마음을 아프게 하는 말을 생각 없이 툭툭 던지면서도 실제 속마음은 그렇지 않다는 사람들을, 난 여전히 가까이하고 싶지 않다. 같은 이유에서 아무리 맛집이라고 해도, "욕쟁이 할머니" 식당에는 전혀 가고 싶은 마음이 없다. 내가 미각보다 언어적 감수성이 훨씬 더 예민한 사람이기 때문이다. 그러고 보니, "욕쟁이 할머니" 식당에 손님이 끊이지 않는 것 또한 우리 사회가 고맥락 문화임을 입증하는 또 하나의 사례가 아닐까 싶다. 험한 욕설을 하더라도 행동으로는 정성스럽게 만든 맛있는 음식을 손님이 내는 금액 이상으로 푸짐하게 제공하는 한국식 고맥락 문화의 정수를 보여주는 욕쟁이 할머니. 그런 식당에 가서 욕을 바가지로 들으면서도 기꺼이 돈을 지불하고 음식을 먹는 사람들은 할머니의 언어보다는 할머니의 비언어적인non-verbal 행동을 중심으로 할머니와 소통하기 때문일 것이다.

나도 결국 한국인인지라 "욕쟁이 할머니"가 베푸는 그야말로 한국식 정을 이해하지 못하는 건 아니다. 그럼에도 불구하고 저맥락식 소통을 훨씬 더 선호하는 이유는, 살다 보면 "욕쟁이 할머니" 식당처럼 정황이 뻔한 경우만 존재하는 것은 아니기 때문이다. 그래서 아무리 우리가 고맥락 문화 보유국이라 해도, 구체적인 말과 글로 정확하게 소통하지 않으면 오해가 생길 확률이 높을 수밖에 없다. 이에 관해서는 김하나 작가도 나만큼이나 할 말이 많은 듯하니, 그의 말을 인용하며 이 글을 마치려 한다.

> 제발 말을 하자. '그런 것까지 굳이' 말로 해야 한다. 인류의 대뇌피질과 브로카 영역이 아깝지도 않은가! 말이라는 효율적으로 발달한 도구가 있는데 왜 말을 안 해 놓고 상대가 알아주길 바라는가. (중략) 상대가 내 마음을 모른다면 말하지 않은 나의 책임이다. 광고 삽입곡으로 널리 알려진 "말하지 않아도 알~아요"라는 노래는 정겹게 느껴질 때도 있지만 한국 사회에 끼치는 해악도 만만찮다. 말하지 않으면 상대는 모른다고 가정해야 제대로 된 대화가 시작된다.[11]
>
> 김하나 〈말하기를 말하기〉 "그런 것까지 굳이 말로 해야 됩니다" 중에서

---

11 김하나 (2020) 〈말하기를 말하기〉, 콜라주

미국식 직설 화법directness의 특징

한국식 직설 화법과 미국식 직설 화법은 다르다.

"누군가 얼굴에 여드름이 있으면, 그분도 얼굴에 여드름 난 것 다 알고 있잖아요. 본인도 다 알고 있는데 우린(우리 미국인들은) 일부러 다 안 보이는 척해요. 한국에 와서 충격받은 게, "어머, 이거 뭐예요?"라고 물어봐요. 나도 (여드름이) 보이는 거 알아. 근데 굳이 왜? 그리고 "어머 어머" 하다가, "(여드름이) 왜 생겼어요? 피곤해서 그런 건가?" … "휴, 저도 몰라요. 그냥 가끔 생겨요."

JTBC 〈비정상회담〉 중에서

미국 뉴저지주 출신인 마크 테토Mark Tetto 씨가 상대의 외모에 관한 부정적인 언급이 금기인 미국 문화를 설명하면서 한국에서 자신이 겪은 문화 충격에 관해 한 말이다. 한국과 달리 미국에서는 상대방의 외모에 관한 평가와 지적을 직접적으로 하지 않는다는 마크 씨의 이야기에 동감하기에 그가 겪은 문화 충격에 충분히 공감하는 아선생은, 이른바 "외모 지적질"에 관한 한국 네티즌들의 생각이 궁금해서 찾아봤다. 다음은 이와 관련한 한국 네티즌들의 댓글이다.

> "내 얼굴에 여드름 난 걸 내가 모르겠냐? 진짜 뭔 생각으로 저런 말을 하는 건지 모르겠음."

> "차라리 김태희급 외모인 사람이 그러면 백번 천번 양보해서 이해라도 되지, 자기는 얼굴 절구통에 빻은 수준이면서 나 보고 여드름이 났네? 살이 쪘네? 내가 진짜 뒤룩뒤룩 쪘으면 모르겠는데, 난 건강검진에서도 인정한 정상 체중임!"

> "진짜 우리나라 사람들 저러는 거 너무 짜증 남. 자기 얼굴은 생각 안 하고. 저럴 땐 당신은 주름이 많다고 말해 주고 싶은데, 정말 꾹꾹 참음."

> "외모 평가도 아무렇지 않게 하죠. 이런 부분 때문에 성형 많이 하는 것 같음."

앞 누리꾼들의 지적처럼, 실제로 우리나라는 세계 1위의 성형 공화국으로 1,000명당 9명꼴로 성형 수술을 받는 나라다.[1] 즉, 인구 대비 성형 수술 건수가 전 세계에서 가장 많은 곳이 한국이라는 말이다. 이 밖의 다른 네티즌들의 댓글들도 찬찬히 읽어 보니, 살이 쪘다

---

1 2024년 1월 22일 자 〈문화일보〉 기사 "'세계 1위 성형공화국'은 대한민국… 1000명당 9명꼴 수술 받아" 참고

거나 너무 말랐다는 등의 체중 평가부터, 얼굴 크기 평가, 얼굴은 예쁘장한데 손이 "고생한 손" 같다는 등의 신체 부위 평가, 수염 정리를 하라는 등의 스타일 평가 등 상당히 구체적인 언어로 외모 관련 지적당한 경험을 한 사람들이 꽤 많았다. 다른 부분에서는 고맥락 문화권인 우리나라가 외모 지적을 할 땐 갑자기 완벽한 저맥락 문화권으로 돌변한다. 참으로 희한한 현상이다. 배우이자 가수로 활동하는 에일리 씨마저 자신을 향한 외모 지적질 때문에 상처받는다면서 정신의학의 오은영 선생님에게 고민 상담하는 걸 보면, 나같은 사람은 한국에서 부르카²를 쓰고 다녀야 하느냐는 생각마저 든다. 도대체 왜들 그럴까? 그러면 즐거우세요?

많은 이들은 그 이유가 한국 사회의 외모 지상주의 때문이라고들 하지만, 나는 의견이 조금 다르다. 세계 1위의 성형 공화국이라는 데이터가 입증하듯이, 우리 사회에 외모 지상주의가 팽배해 있다는 건 명백한 사실이다. 그렇지만 곰곰이 생각해 보면 우리가 타인의 외모를 논할 때만 이런 식의 직설 화법을 쓰는 것은 아니다. 타인의 외모나 옷차림뿐만 아니라, 학벌이나 경제적 능력(재산이나 급여 수준 등), 또는 상대가 사는 집과 같은 주제에 한해서도 미국과는 전혀 다른 스타일의 한국식 직설 화법을 나는 심심찮게 목격한다. 미국에서는

---

2 부르카(burqa):이슬람 여성들의 전통 복식 가운데 하나로, 머리에서 발목까지 전신을 가리는 겉옷 (네이버 국어사전)

이런 주제는 설사 부정적인 의견을 갖고 있다 하더라도 그걸 감히 입 밖으로 꺼낼 생각조차 안 하는 것이 대체적인 분위기다. 상대방의 외모, 학벌, 경제적 능력이 설령 자신의 기준에서 미천하게 여겨질지라도, 그걸 당사자에게 직접적으로 대놓고 평가하거나 지적하며 말하는 사람은 거의 없다. 마치 뻔히 보이는 여드름이 안 보이는 척 행동하듯이 말이다. 혹자는 사람 생각이 다 똑같다고들 하지만, 아무리 그렇다고 해도 주어진 환경과 문화에 따라 행동 방식은 충분히 달라질 수 있다.

반면, 이런 주제로 부정적인 언급을 당사자에게 대놓고 하는 경우를 우리나라에서는 드물지 않게 볼 수 있다. 어느 중년 부인이 회사에 다니면서 아이를 키우는 여성에게 "(여성의 남편이 다니는 직장을 언급하며) 거기 월급이 어마무시하게 적어서 깜짝 놀랐어요. ○○씨가 그래서 맞벌이를 하는군요."라고 당사자에게 대놓고 말하는 모습을 보고, 충격 받았다. 내 친척 어른 중에도, 사촌들의 연봉이나 월급, 또는 사는 집의 크기 등을 직접적으로 비교하고 줄 세우면서 상당히 직설적인 화법의 대화를 거리낌 없이 나누는 분들이 있다. 그런 화법에 거부감을 느껴도 예민하고 까다롭다는 취급을 받기 싫어서 그냥 웃어넘기지만, 그런 어른과 만난 후에는 늘 뒷맛이 개운치 않다. 앞서 언급한 한국 네티즌들의 댓글에서도 드러나듯이, 한국에도 이런 식의 평가질과 지적질을 동반하는 직설 화법에 나처럼 염증을 느끼는 사람들이 요즘은 적지 않은 듯하다. 특히 지금의 젊은 세대 중에 이런 화법에 문제의식을 느끼는 사람들이 더 많은 것 같다. 그런데도 상대의 외모, 옷차림, 학벌, 경제적 능력 등에 대한 평가가 담긴 돌직구 화법을 아무렇지 않게 사용하는 사람들이 미국에 비해 한국에 훨씬 더 많은 이유가, 나는 한국식 줄 세우기 문화의 결과라고 생각한다. 어릴 때부터 모든 일로 사람들을 줄 세우는 것에 익숙해지면 자연스럽게 수직적인 가치관이 형성된다. 수직적인 가치관으로 세상과 사람들을 바라보는 것이 몸에 배면, 자기만의 잣대를 들이밀며 상대를 줄 세우고 평가하는 것에 전혀 문제의식을 못 느끼게 된다.

이런 주제에 한해서는 우리 한국인들이 훨씬 더 직설적임에도 불구하고, 전체적으로 미국인들의 의사소통 방식이 아시아인들보다 더 단도직입적이며 직설적direct이라는 평가가 언어문화교육학계의 중론이다. 내가 보기에도 미국에서는 상대의 외모, 학벌, 경제력 등에 관한 평가나 부정적 언급은 금기시되지만, 그 외 주제 대부분에 관해 미국인들은 매우 구체적이고, 직설적이게, 그리고 직접적으로 소통한다. 다시 말해, 미국인들은 상대의 기분을 상하게 하는 주제에 한해서는 극도로 조심하지만, 그렇지 않은 다른 주제는 명확하고 확실한 직설 화법을 선호한다. 지금부터는 우리와는 다른 스타일의 이런 미국식 직설 화법이 가진 특징을 이모저모 살펴보자.

미국식의 명확한 직설 화법을 보여주는 가장 쉬운 예부터 보자면, 미국에서 음식이나 음료를 권하면, 보통 미국인들은 먹으려면 "Yes, please. (음식을 받으면서) Thank you!" 안 먹으려면 "No, but thanks!"라고 대답한다. 이렇게 미국인들은 먹을지 안 먹을지(yes인지 no인지)를 먼저 상대에게 분명하게 알린 후에야 비로소 예의를 차려 "Thank you!" 하고 감사 인사를 한다. 이와 대조적으로, 같은 영어를 쓰는 스코틀랜드의 글래스고 지방에서는 이 경우 "Thank you."라고 먼저 감사 인사부터 한 후에 먹을지(yes) 말지(no)를 말한다. 똑같은 문맥에서 글래스고 지방과 달리 미국에서 감사 인사보다 yes나 no부터 먼저 말하는 직설 화법을 쓰는 이유는, 미국인들이 좀 더 명확한 의사소통을 선호하기 때문이다. 스튜어트 박사는 이렇게 yes인지 no인지부터 분명하게 말하는 미국인들과 달리, 우리 아시아인들은 간접적인 의사소통 방식indirectness을 선호한다고 한다. 일례로, 그는 미국식 의사소통과 대비되는, 직접적인 대립direct confrontation을 피하면서 뉘앙스와 침묵의 미묘한 차이subtlety of nuance and silence를 이용하는 일본인들의 대화법을 소개한다. 그가 인용하는 "일본어로 'No'라고 말하는 것을 피하는 16가지 방법Sixteen Ways to Avoid Saying 'No' in Japanese"이라는 일본인이 쓴 글에는 일본인들이 No라고 말하는 직설 화법을 쓰지 않기 위해 어떤 행동을 하는지 다양한 실례가 제시되어 있다.[3]

3 Stewart, E. & Bennett, M. (2005) *American Cultural Patterns: A Cross-Cultural Perspective*. Intercultural Press, Inc. Maine.

스튜어트 박사는 미국식 직설 화법의 또 다른 특징으로 대화 시 단도직입적임을 든다. (참고로, direct는 '직설적으로 말하다'라는 뜻이기도 하지만, '단도직입적이다'라는 의미도 있다.) 그가 제시하는 구체적인 예는 이렇다.

Americans, valuing pragmatic actions, are quick to come to the point in conversations. They generally eschew long greeting and leave-taking rituals, preferring to exchange only minimal pleasantries before stating, "The reason I wanted to talk with you is..." If a greeting ritual goes on too long by American standards, the recipient of the visit is likely to say, "What's on your mind?" or some other prod to "get down to business." This tendency continues throughout conversations. Americans are impatient with digressions and rich contextualizations. If the subject seems to waver or if too much detail is provided, one of the conversationalists is likely to intrude with, "Let me see if I understand your main point here." This style of conversation is known as *linear*, where speakers are expected to come to the point by moving in a straight line of logical thought through the subject to an explicitly stated conclusion. American students who do not follow the rules of direct style in writing receive comments on their papers such as, "seems vague" or "point not clearly stated." Similar directness is encouraged in face-to-face interaction with nonverbal indications of impatience during digressions or, as noted above, outright interruptions.[4]

Edward Stewart & Milton Bennett의 「American Cultural Patterns」 중에서 미국인들은, 실용적으로 행동하는 것을 중시하기 때문에, 대화할 때 빠르게 요점을 말합니다. 일반적으로 그들은 "The reason I wanted to talk with you is…(제가 당신과 이야기하고 싶었던 이유는…)"라고 말하기 전에 최소한의 사교적 인사말만 나누는 것을 선호하기 때문에, 안부 인사와 작별 인사를 길게 하지 않으려고 하지요. 만약 안부 인사말이 미국 기준으로 지나치게 길어지면, 방문한 사람에게 "What's on your mind?(어쩐 일이세요?)"라고 묻거나, 아니면 본론으로 들어가자고 재촉하는 사람도 있을 겁니다. 이런 경향은 대화 내내 지속됩니다. 미국인들은 주제에서 벗어나는 말과 충분히 맥락을 쌓는 방식의 대화에는 인내심이 없습니다. 만약 주제가 명확하지 않거나, 지나치게 세부적인 정보가 주어지면, 대화 중 한 사람이 상대방의 말을 끊으면서, "Let me see if I understand your main point here.(말씀하시는 요점을 제가 이해하는지 한번 봅시다.)"라고 말할 가능성이 큽니다. 이런 스타일의 대화는 "직선형 대화법 linear"으로 알려져 있는데, 이 대화 방식에서는 주제를 논리적인 생각으로 정리해서 분명하게 진술되는 결론까지 직선적으로 접근함으로써 요점을 언급하

---

4 Stewart, E. & Bennett, M. (2005) *American Cultural Patterns: A Cross-Cultural Perspective.* Intercultural Press, Inc. Maine.

는 것이 화자에게 요구됩니다. 미국에서 페이퍼를 쓸 때도 이런 방식을 따르지 않는 학생들은 "seems vague(명확하지 않은 것 같다)"나 "point not clearly stated(요점을 명확하게 쓰지 않았음)"라는 지적을 받게 됩니다. 이와 비슷한 직설 화법은 얼굴을 맞대고 하는 대화에서도 선호되기에, 말하다가 주제에서 벗어나면 그것을 못 견디겠다는 비언어적인 암시를 주거나, 또는 앞서 언급한 바와 같이 노골적으로 상대방의 말을 가로막기도 하는 것입니다.

에드워드 스튜어트 & 밀턴 베넷의 〈미국 문화 유형〉 중에서

스튜어트의 책을 읽으면서, 한국의 어느 회사 해외 영업부에서 근무할 당시 미국 바이어들과 남미 바이어들의 이메일 스타일에서 볼 수 있었던 뚜렷한 차이점이 떠올랐다. 뉴욕과 L.A.의 바이어들은 대체로 짧게 안부를 묻고는 본론으로 들어갔다. 다시 말해, 짧은 스몰토크 후에 바로 사업 이야기를 시작했다. 이와 대조적으로, 남미의 바이어들은 본론인 사업 이야기에 들어가기 전에 인사말이 꽤 길었다. 어떤 때는 이메일 초입부에 사업과 직접적인 연관이 없는 이런저런 이야기를 장황하게 늘어놓기도 했다. 함께 근무하던 어느 해외 영업부 사원은 바빠 죽겠는데 쓸데없이 이메일을 길게 쓴다면서 이런 남미 바이어들에 관해 투덜거리기도 했다. 흥미로운 사실은, 내가 미국에서 만난 남미 사람들은 인사말을 짧게 하고 바로 본론으로 들어가는 미국인들의 이메일 쓰는 방식이 성의 없고 무례하다며 흉을 봤다. 함께 일하는 상대방의 신상에는 별로 관심 두지 않은 채 빠르게

필요한 이야기를 하는 것이 지나치게 단도직입적이라 상대를 대하는 예의가 없게 느껴진다는 것이었다.

미국인들에게 스몰토크는 내용적인 측면에서뿐만 아니라, 시간적인 측면에서도 "스몰"토크인데, 남미의 경우는 본론으로 들어가기 전의 스몰토크가 미국 문화에 비하면 지나치게 길어지는 경향이 있다는 것이 바로 그 차이점이다. 이렇게 여러 나라 사람들과 함께 어울리다 보면 각기 다른 언어와 문화만큼이나 소통 방식 또한 다양하다는 것을 알 수 있다. 그러니 이런 차이점들을 하나하나 인지해서 적용해 가면서 Intercultural Competence다른 문화권 사람들과 능숙하게 소통하는 능력를 향상하는 것만이 그들과 오해 없이 명확하게 소통할 수 있는 길이다.

발음이 정확해도
못 알아듣는 이유 1

영어의 음절 강세 패턴

한국 여성과 결혼하고 한미 문화 차이를 다루는 유튜버인 "미국아재" 씨는 자신처럼 한국인 부인을 둔 외국인 남편들에게 이런 충고를 한다.

If you guys are married to a Korean woman, I'm about to give you a 꿀팁 that may save your life. If you somehow get the balls to ask your wife to go out drinking with your buddies, and she says, "알아서 해," DON'T go. "알아서 해." and "알았어, 해." are two COMPLETELY different things! "알았어, 해." means OK, go on, go drink with your buddies. You're fine. (중략) The other one, "알아

서 해." means you are dead if you walk out the door. Don't do it. Don't fall for the trap.

당신이 한국 여성과 결혼했다면, 제가 당신의 생명을 구할 수도 있는 꿀팁을 알려 드리겠습니다. 당신이 어쩌다 배짱이 생겨서 친구들과 술을 마셔도 되냐고 부인에게 물어봤는데, 부인이 "알아서 해."라고 말하면, 절대로 가지 마세요. "알아서 해."와 "알았어. 해."는 서로 완전히 다른 말입니다! "알았어, 해."는 "오케이. 가. 가서 친구들하고 술 마셔. 괜찮아."라는 뜻입니다. (중략) 이와는 다른 "알아서 해."는 문밖으로 나가면 죽는다는 뜻입니다. 그러니 가지 마세요. 덫에 걸리지 마세요.

한국계 미국인인 남편은 이 영상을 보더니 매우 실용적인 한국어 강의라면서 진지하게 자기 수첩에 받아 적기까지 했다. 더 재밌는 사실은, 이 영상을 본 어느 토종 한국인 남성은 이게 한국인 남편들조차 많이 걸리는 덫이라는 댓글을 남겼다는 거다. "알아서 해."와 "알았어. 해."는 글로 보면 서로 완전히 다른 문장임에도 불구하고, 말로 했을 때는 두 문장의 발음이 비슷하게 들려서 이런 현상이 벌어지는 듯하다. 이 경우, 나라면 남편이 내 말을 정확하게 이해하도록 돕기 위해 단어의 강세stress에 신경 써서 말할 것이다. 즉, "알아서 해."는 '알아서'에, "알았어. 해."는 '해'에 강세를 두고 말하면 의사가 명확하게 전달된다. 이처럼 언어 사용 시 강세는 의미 전달에 상당히 중요한 역할을 한다. 특히 영어로 말할 때는 이 같은 강세 사용이 한국어보다 훨씬 더 중요한 요소다. 그러니 지금부터는 영어 공부할 때 강세가 왜 중요한지와 더불어, 영어의 강세 패턴을 음절 강세와 단어 강세로 나눠서 살펴보자.

전문 영어 발음 교육 기관인 TESOL Speech Pronunciation Interest Section의 창립 멤버인 주디 길버트Judy B. Gilbert는 자신의 저서 「Clear Speech명확하게 말하기」에서 강세 패턴을 익히는 것이 영어 말하기 교육에서 필수적인 이유를 다음과 같이 설명한다.

> Stress is an essential part of the pronunciation of English words. This is because native English speakers tend to keep a mental store of vocabulary according to stress patterns (Brown, 1977, 1990; Levelt, 1989). When a word is said with an incorrect stress pattern, the native English-speaking listener may spend time searching for the word in the wrong stress category. By the time the listener realizes something is wrong, the original sequence of sounds may have been forgotten. A stress pattern mistake can, therefore, cause a great deal of confusion, especially if it is accompanied by any other kind of error.[1]

1 Gilbert, J. (2012) *Clear Speech: Pronunciation and Listening Comprehension in North American English.* 4th Edition. Cambridge University Press. New York.

강세[2]는 영어 단어 발음에서 필수적인 요소입니다. 그 이유는 영어 원어민들이 머릿속에 단어를 강세 패턴에 따라 저장하는 경향이 있기 때문입니다. 어떤 단어가 잘못된 강세 패턴으로 발음되면, 원어민들은 그 잘못된 강세 패턴의 범주 안에서 그 단어를 찾느라 헤매게 될 겁니다. 뭔가 잘못됐다는 걸 깨닫게 됐을 때쯤에는 원래 소리의 배열을 이미 잊어버린 상태일 거고요. 그래서 잘못된 음절에 강세를 두고 말하는 것은 큰 혼란을 일으킬 수 있는데, 특히 다른 실수를 동반하면 더 그렇습니다.

쉬운 예로, 1음절에 강세가 있는 단어를 2음절에 강세를 두고 발음하면 미국인들이 못 알아듣는다는 말이다. 아무리 모든 음절을 정확하게 발음해도 알아듣지 못한다. 그래서 새로운 영어 단어를 익힐 때는 어느 음절에 강세가 있는지를 늘 확인해야 한다. 내가 대학 다닐 때, 음절 강세 표시를 해 놓은 영어 단어장을 본 캐나다인 친구가 불어도 스페인어도 아닌 영어에 왜 단어마다 악센트를 그려 놨냐며 신기해 했던 기억이 있다. 나는 지금도 새로운 단어를 만나면 어느 음절에 강세가 있는지부터 확인하는 습관이 있다. 길버트의 말처럼 음절 강세는 영어 단어 발음을 익힐 때 필수 요소이기 때문이다. 다행스러운 점은 영어의 음절 강세는 아무 곳에나 무작위로 붙는 것이 아니라 대부분 일정한 패턴을 따른다는 사실이다. 그 패턴만 알아두

---

2 여기서 주디 길버트Judy B. Gilbert는 한 단어 내의 음절 강세를 말하고 있다.

면 수많은 단어의 음절 강세를 익히는 것이 그리 어렵지 않게 되어, 효과적으로 발음 실력을 향상시킬 수 있다.

본격적으로 음절 강세 패턴을 다루기 전에, 우선 각 음절을 발음할 때 모음의 길이vowel length를 어떻게 해야 하는지부터 짚고 넘어가자. 영어 단어의 각 음절을 소리 내어 읽을 때 어떤 모음을 길게, 또 어떤 모음을 짧게 발음해야 할까? 영어ESL 읽기 교육 전문 기관인 Reading Horizons는 영어 모음 발음의 길이 패턴을 크게 다음과 같이 정리했다.

> 하나, 또는 두 개의 자음이 뒤따르는 모음은 짧게 발음한다.
>
> 예 met, run, son, hit, hop
> jump, rent, hand, hunt

> 뒤에 아무것도 뒤따르지 않는 모음은 길게 발음한다.
>
> 예 me, so, hi
> **필자주** 하지만 이들 모음 바로 뒤에 자음이 하나라도 붙으면, 위의 패턴에서 본 것처럼 모두 짧게 발음해야 하는 단모음이 된다. (예: met, son, hit)

> 발음되지 않는 esilent 'e'로 끝나는 단어는 바로 앞 모음을 길게 발음한다.
>
> 예 smile, hope, ride, cite, ate, time
> **필자주** 하지만 이 단어들은 끝의 e를 빼면 밑줄 친 모음이 모두 단모음으로 발음이 바뀐다.
> (예 hop, rid, cit, at, Tim)

두 개의 모음이 붙어 있을 때는 두 번째 모음은 발음하지 않고 첫 번째 모음만 길게 발음한다.

[예] boat, meat, train

필자 주 그래서 seat, goat, road, groan과 같은 단어에서 a는 전혀 발음되지 않는다.[3]

이처럼 모음을 길거나 짧게 발음해야 하는 것이 우리 한국인으로서 별로 중요치 않게 여겨지는 이유는, 우리가 사용하는 한국어는 각각의 음절 길이가 모두 대략 비슷하기 때문이다. 이런 한국어와는 달리, 영어 발음의 명확도는 이런 가변적인 음절의 길이variable length of the syllables가 결정한다고 길버트는 말한다.[4]

이제 본격적으로 음절 강세에 관한 이야기를 해 보자. 음절의 강세와 관련해서 많은 사람이 오해하는 부분은 강세가 있는 음절stressed syllable을 크게만 소리 내면 된다고 생각한다는 점이다. 그러나 길버트가 지적하듯이, 강세가 있는 음절은 무조건 큰 소리를 내는 것이 아니라 다른 음절보다 피치pitch 소리의 높이를 높이면서 뚜렷하고 분명하게vowel clarity 발음해야 한다.

3 Reading Horizons Professional Development Workshop H410 RH 참고
4 Gilbert, J. (2012) *Clear Speech: Pronunciation and Listening Comprehension in North American English.* 4th Edition. Cambridge University Press, New York.

그렇다면 보통 어느 음절에 강세가 있을까? 길버트는 영어로 말할 때 가장 많이 쓰이는 품사인 명사와 동사를 중심으로 본 음절 강세 패턴이 다음과 같다고 한다.

> More than 90% of all English two-syllable nouns are stressed on the first syllable, and more than 60% of all English two-syllable verbs are stressed on the second syllable. (Avery and Ehrilich, 1992)[5]
> 영어에서 2음절로 된 명사의 90% 이상이 1음절에 강세가 있으며, 2음절로 된 동사의 60% 이상이 2음절에 강세가 있다.

길버트는 이런 음절 강세 패턴은 똑같은 단어가 명사로도, 또 동사로도 쓰일 때도 그대로 나타남을 다음의 예를 들며 지적한다.[6]

단어	명사일 때	동사일 때
escort	**es**cort 에스코트	es**cort** 에스코트하다
protest	**pro**test 항의	pro**test** 항의하다
survey	**sur**vey 설문 조사	sur**vey** 설문 조사를 하다
contract	**con**tract 계약	con**tract** 계약하다
export	**ex**port 수출	ex**port** 수출하다

5, 6 Gilbert, J. (2012) *Clear Speech: Pronunciation and Listening Comprehension in North American English.* 4th Edition. Cambridge University Press. New York.

progress	**pro**gress 진보	pro**gress** 진보하다
reject	**re**ject 거절	re**ject** 거절하다
transport	**trans**port 운송	trans**port** 운송하다
present	**pre**sent 선물	pre**sent** 발표하다
conflict	**con**flict 갈등	con**flict** 갈등하다
convert	**con**vert 개종	con**vert**[7] 개종하다

길버트는 두 단어로 이루어진 구동사와 구동사가 한 단어로 명사화
됐을 때도 이와 비슷한 강세 패턴을 보인다는 점을 지적한다.[8]

구동사	명사
take **off** 이륙하다[9]	a **take**off 이륙
print **out** 출력하다	a **print**out 인쇄물
pick **up** 집어 올리다	**pick**up 픽업트럭

이처럼, 구동사일 때는 뒤의 단어에, 명사화됐을 때는 앞 음절에 강
세가 붙는다. 대부분 이런 패턴을 따르므로 이 패턴을 따르지 않는

---

7   이런 강세 패턴에 관해서는 〈미국적인 너무나 미국적인 영어회화 이디엄 3권〉 135페이지
    "Pronunciation Point"를 참조
8   Gilbert, J. (2012) *Clear Speech: Pronunciation and Listening Comprehension in
    North American English.* 4th Edition. Cambridge University Press. New York.
9   앞의 표와 마찬가지로, 여기서도 볼드체 부분에 강세가 있다.

예외적인 경우는 특히 주의를 기울여 공부해야 한다. 일례로, **send** off누군가를 배웅하나, a **send**off송별회의 경우는 구동사일 때와 명사일 때 같은 곳에 강세가 있다.

물론 이런 내용들을 모두 머리로만 알고 있는 것은 아무짝에도 쓸모가 없다. 이런 것들을 이해한 후에는 해당 단어를 아주 여러 번 발음해 보는 연습을 통해 입에 착 달라붙도록 해야지 비로소 자기 것이 된다. 내 책을 읽는 독자라면 배움learning과 습득acquisition의 차이를 이미 충분히 알고 계실 것이다. 외국어는 머리로만 알고 있으면서 습득하지 않으면 무용지물이다. 그럼 이제 단어 강세 패턴으로 넘어가 보자.

발음이 정확해도
못 알아듣는 이유 2

영어의 단어 강세 패턴

커플: 사랑해, 보고 싶어.

솔로: 사랑, 해 보고 싶어.

서울시체육회 (서울시 체육회)

서창식자재마트 (서창 식자재 마트)

무지개같은 자식 (무지개 같은 자식)

이불안감은 뭐냐? (이불 안감은 뭐냐?)

농협용인육가공공장 (농협 용인 육가공 공장)

김포시장애인체육대회 (김포시 장애인 체육 대회)

자랑스런 장동건아들의 졸업을 축하합니다. -전주 장동 초등학교

(어떤 카톡 대화)

A: 어디가또

B: 방에이또

A: 웬 귀여운 척? 또 어디 가냐고??

인터넷에 떠다니는 띄어쓰기의 중요성을 보여주는 예시를 모아 봤다. 유머 게시판에서 가져온 것들이지만, 이 중 몇 가지 예는 그저 웃고 넘기기엔 참담할 정도로 원래 문장의 의미를 심각하게 훼손한다. 이런 예시를 통해 우리는 한국어에서 띄어쓰기와 띄어 말하기가 의미 전달에 얼마나 중요한 요소인지 알 수 있다. 게다가, 각각의 단어를 모두 띄어 쓰면 되는 영어와 달리, 한국어는 조사는 붙여 쓰고 의존 명사는 띄어 쓰는 등 띄어쓰기 법칙이 무척 까다롭고 복잡하다. 그런데 인터넷 게시판뿐만 아니라, 친구와 지인들의 메일과 카톡을 보면 한국인 중에도 띄어쓰기를 잘 못 하는 사람이 참 많은 것 같다. 몇 년 전에는 어느 유명한 소설가가 자신의 소셜 미디어에 써 놓은 글의 띄어쓰기가 엉망이라 빈축을 산 일도 있다. 다수의 책을 쓴 알려진 소설가마저도 이런 실수를 한다면 평균적인 한국어 모국어 사용자가 띄어쓰기를 완벽하게 할 거라고 보기는 힘들다. 지금까지 10권의 책을 쓴 나 또한 영어 관련 글을 쓰면서도 마지막으로 원고를 다듬을 때 가장 많은 시간을 할애하는 것이 한글 부분의 띄어쓰기를 확인하는 것이다.

한국어로 글을 쓸 때 띄어쓰기가 중요한 것처럼, 한국어로 말을 할 때도 띄어 말하기가 중요하다. 한국어로 효과적인 연설을 하려면 청자가 그 의미를 정확히 이해하도록 제대로 띄어 말하기를 해야 한다. 한국어 말하기 전문 교육 기관인 한국 스피치 교육 센터Korea Speech Education는 바르고 효과적인 띄어 말하기를 강조하면서 한국어의 띄어 말하기 법칙을 다음과 같이 정리한다.

의미 단위에 따라 띄어 말한다.
접속어 다음에는 띄어 말한다.
수식어나 수식을 받는 말은 붙여서 말한다.
문장을 말한 다음에는 쉬어 준다.

이처럼 한국어로 정확한 의미 전달을 위해 띄어 말하기가 중요한 요소라면, 영어에서는 단어 강세가 바로 그런 역할을 한다. 나는 〈미국 영어 문화 수업〉의 "단어 강세가 중요한 이유: 가가 가가?"에서 단어 강세에 따라 그 의미가 달라지는 영어 문장의 예시를 들며, 영어로 말할 때 단어 강세의 중요성을 설파했다. 이에 더해, 길버트는 단어 강세를 제대로 하지 않으면 영어 원어민이 우리가 하는 말을 아예 못 알아듣는 일도 있다면서 이렇게 말한다.

Students who are eager to be understood tend to think that every word is important, so they emphasize every word. Ironically, then, there is no easily identifiable focus of importance in what they say, and this makes it more difficult for listeners to understand them.

Even more damaging to understandability is when emphasis is misplaced. When this happens, listeners are faced with the task of first recognizing that something is wrong, and then backtracking to figure out what the focus of meaning really is (Hahn, 2004)[1]

상대방이 자신의 영어를 알아듣기 바라는 마음에서 학생들은 모든 단어가 중요하다고 생각하는 경향이 있고, 그래서 모든 단어를 강조해서 말합니다. 그런데 역설적으로, 그렇게 하면 말하는 문장에서 무엇이 중요한 메시지인지를 알기가 쉽지 않아서, 청자[2]가 그들을 이해하는 것이 더욱 어려워집니다.

학생들이 하는 영어를 더욱 알아듣기 힘들게 하는 것은 잘못된 곳에 강세를 주어 말할 때입니다. 이런 경우, 청자는 일단 뭔가 잘못된 게 있다는 것을 인지해야 하는 과제부터 직면하고, 그 후에 문장의 주요 메시지가 무엇이었는지를 알아내는 것을 다시 해야 하니까요.

---

1 Gilbert, J. (2012) *Clear Speech: Pronunciation and Listening Comprehension in North American English*. 4th Edition. Cambridge University Press. New York.
2 청자: 말을 듣는 사람 (↔ 화자)

요약하면, 모든 단어에 강세를 주어 말하거나 강세가 없어야 하는 단어에 강세를 주면, 미국인들이 내 말을 아예 못 알아듣거나 잘못 이해한다는 말이다. 그렇다고 긴장할 필요는 전혀 없다. 영어의 단어 강세는 그저 상식적인 선에서 생각해 보면 충분히 이해가 가는 형태이기 때문이다.

우선 영어로 말할 때 단어 강세와 관련해서 딱 한 가지만 기억해야 한다면, 전달하려는 메시지가 담긴 단어에 강세를 주면 된다는 사실이다. 우리가 한국어로 말할 때도 전하고자 하는 메시지를 담고 있는 단어에 자연스럽게 강세를 주게 되는데, 그것이 바로 한국어 특유의 억양을 형성하는 하나의 요소가 된다. 그런데 영어에서는 단어 강세도 그렇지만 그것을 포함하는 억양intonation이 의미 전달에 우리 한국어보다 더 중요한 역할을 한다. 영어로 말할 때 단어 강세와 더불어 억양이 중요한 이유를 길버트는 이렇게 말한다.

Students need to realize that all the words in a sentence are not equally important. Therefore, the stress patterns of every word in a sentence should not be equally noticeable. The only stress pattern that must be heard clearly is that of the particular word chosen for emphasis (the focus word). The other, less important words provide a background for the focus word, and their stress patterns do not have to be noticeable.[3]

학생들은 한 문장 안에서 모든 단어가 똑같이 중요하지는 않다는 사실을 알 필요가 있습니다. 그러므로 모든 단어에 강세를 줘서 똑같이 다 잘 들리게 하면 안 됩니다. 명확하게 들려야 하는 강세는 강조해야 하는 중심 단어의 강세뿐입니다. 다른 덜 중요한 단어들은 중심 단어를 위한 배경을 제공할 뿐이기에 그런 단어들은 뚜렷하게 들릴 필요가 없습니다.

즉, 영어 문장을 말할 때, 메시지를 전하는 중심 단어focus word를 제외한 나머지 단어들은 그저 백그라운드 사운드배경음라는 말이다. 배경음일 뿐인 단어들은 모두 제외하고 중심 단어에만 강세를 줘야 하는데, 길버트는 그 방법에 관해 꽤 구체적으로 언급한다.

The focus word is central to the meaning of a sentence. To make sure that the listener notices that word, the vowel in the stressed syllable is not only lengthened and made extra clear, but a pitch change is added to the vowel. The reason for adding length to the vowel is, in fact, to make sure that the listener notices the pitch change.[4]

중심 단어란 한 문장의 의미에서 가장 중요한 단어입니다. 그러니 청자가 무엇

3,4 Gilbert, J. (2012) *Clear Speech: Pronunciation and Listening Comprehension in North American English.* 4th Edition. Cambridge University Press. New York.

이 중심 단어인지를 알아차리게 하려면 강세 음절의 모음을 길게만 발음하는 것이 아니라 더 명확하게 발음하면서 동시에 모음의 피치(소리의 높이)도 높여 말해야 합니다. 이때 강세 음절의 모음을 길게 늘여 발음하는 이유는 청자가 이 피치의 변화를 알아차리게 하기 위해서죠.

요약하면, 말하는 문장에서 중심 단어를 선택해서 그 중심 단어에서 강세가 있는 음절을 피치를 높여 명확하게 발음하는 것이다.

이제 길버트의 「Clear Speech」에 나오는 연습 문제를 풀어보면서 중심 단어를 찾는 연습을 한번 해 보자. 다음 각 문장에서 중심 단어를 찾아보자. 앞서 언급했듯이, 중심 단어란 한 문장의 의미에서 가장 중요한 단어로, 화자가 전달하고자 하는 메시지가 담긴 단어를 말한다.

> We'll be arriving tomorrow. 우린 내일 도착할 거예요.
> You look great. 당신 멋져 보여요.
> She lives in Toronto now. 그녀는 지금 토론토에 살아요.
> Is the baby walking yet? 아기가 이제 걸을 수 있나요?
> Where are we going? 우리 지금 어디 가는 거죠?
> I'm always hungry. 난 늘 배가 고파.
> There's no electricity. 지금 전기가 없어요.

We need a photograph. 우린 사진이 필요해.

This is my sister. 이쪽은 내 여동생이야.

Can I help you? 제가 도와드릴까요?

He doesn't understand it. 그는 그걸 이해 못해.

Where did you go? 넌 어디 갔었니?

Open the window for them. 저 사람들을 위해 창문을 열어.

Please record this for me. 이것 좀 녹화해 주세요.

이제 정답을 확인하면서 중심 단어에 강세를 주며 말하는 연습을 해
보자.

We'll be arriving **tomorrow**.

You look **great**.

She lives in **Toronto** now.

Is the baby **walking** yet?

Where are we **going**?

I'm always **hungry**.

There's no **electricity**.

We need a **photograph**.

This is my **sister**.

Can I **help** you?

He doesn't **understand** it.

Where did you **go**?

Open the **window** for them.

Please **record** this for me.

참고로, 앞의 단어 강세는 모두 일반적인 문맥일 경우다. 즉, 어떤 특수한 상황에서는 같은 문장이라도 중심 단어가 달라질 수도 있다. 이를테면, 누군가가 내 언니에게 "You must be Jenny's sister."라고 한다면, 나는 앞의 "This is my sister."와는 달리 my에 강세를 입혀, "No, actually, this is my sister."라고 할 것이다. 이렇게 문맥에 따라 달라지는 강세의 예시는 〈미국 영어 문화 수업〉에서 "단어 강세가 중요한 이유: 가가 가가?"에서 자세히 다뤘으니 그 부분을 참고하시면 된다.

또 한 가지 기억할 점이 있다. 길버트도 지적하듯이, 중심 단어는 거의 기능어function words보다는 내용어content words라는 사실이다. 세상의 모든 단어는 크게 내용어content words와 기능어function words로 나뉜다. 내용어란 명사, 동사, 형용사, 부사 등과 같이 의미 표현을 하는 단어를, 기능어란 관사나 전치사 등과 같이 문법적인 기능으로 역할을 하는 단어를 말한다. 일반적으로 화자가 전달하려는 메시지가 담긴 단어는 거의 내용어이기 때문에 중심 단어가 내용어일 경우가 압도적으로 많다. 드물긴 하지만, 다음과 같이 예외적인 상황도 물론 있긴 하다.

> 동료 That restaurant has the best shrimp and grits!
> 나 Where is it?
> 동료 It's in Thomasville.
> 나 Where on Thomasville?
> 동료 **In** Thomasville.

> 동료 그 식당은 최고의 새우 그리츠[5]를 만들어!
> 나 그 식당이 어디 있어?
> 동료 토마스빌에.
> 나 토마스빌가 어디?
> 동료 토마스빌가가 아니라, 토마스빌시에 있어.

이는 예전에 내가 직장 동료와 실제로 나눈 대화다. 대화에서 나온 토마스빌Thomasville은 우리가 사는 시의 도로명이기도 하지만, 동시에 우리 시에서 30분 떨어져 있는 다른 도시의 이름이기도 하다. 그래서 별생각 없이 그녀가 우리 도시의 토마스빌가에 있는 식당을 말한다고 생각했다. 게다가 동료가 "In Thomasville"이라고 말할 때, 중심 단어인 Thomasville에 강세를 두면서 기능어인 전치

---

5 굵게 빻은 옥수수로 만든 죽 위에 새우를 얹은 미국 음식 (필자 주)

사 in은 작게 말해서 in을 못 듣기도 했다. 그러니 자신은 도로명 Thomasville이 아니라 도시 이름인 Thomasville을 말한 것이라는 사실을 강조하기 위해서 미국인 동료가 전치사 in에 강세를 주면서 다시 말한 것이다. 하지만 이는 매우 특수한 상황이고, 대부분은 강세가 붙는 중심 단어는 관사나 전치사 같은 기능어가 아니라 내용어다.

그렇다면 한 문장에 내용어가 여러 개이고 그 내용어가 모두 중심어인 경우는 어떨까? 그럴 때 영어는 마지막 내용어에 강세를 두는 형태를 보인다.

> What do we need to make **lemonade**?
>
> All we need is water, sugar, and **lemon**.[6]
>
> 밑줄 친 문장에서 중심어는 water, sugar, lemon이다. 첫 두 중심어에도 강세가 붙지만, 마지막 내용어에 가장 강한 강세가 붙는다. 이런 강세 패턴이 영어 특유의 억양을 만들어 낸다.

영어로 말할 때 이런 중심 단어에 강세를 주어 강조해서 말하는 것만큼이나 중요한 것이 또 하나 있다. 그것은 중심 단어가 아닌 단어들을 덜 강조해서de-emphasizing 말해야 하는 것이다. 길버트는 그 이유가 중요치 않은 단어들을 비교적 약하게 발음함으로써 중요한

6 볼드체에 강세

단어가 더 잘 들리도록 하기 위함이라고 한다. 즉, 배경음을 약하게 해서 중심 단어가 더 잘 들리도록 하라는 말이다. 일반적으로 중심 단어는 내용어content words이기 때문에 덜 강조해서 발음해야 하는 단어는 주로 기능어function words다. 이처럼 중심 단어는 강조해서 emphasizing 피치를 높여 말하고, 반대로 다른 단어들은 덜 강조해서 de-emphasizing 말하는 영어의 음성적 특성으로 인해, 한국인들에게는 영어가 올라갔다 내려갔다 마치 선율이 있는 것처럼 들리는 것이다.

중심 단어를 결정할 때 내용어와 기능어의 구분 외에 또 다른 구분은 이미 아는 정보old information/the old thought와 새로운 정보new information/the new thought의 구분이다. 화자가 말을 할 때, 청자가 이미 알고 있는 정보보다는 새로운 정보에 언제나 중심 단어가 있기 때문이다. 따라서 길버트는 새로운 정보의 중심어에 강세를 둬야 한다며 다음과 같이 말한다.

All languages have one or more ways to show the difference between an old thought and a new thought, but English relies on intonation for this purpose more than most other languages do. Students, therefore, are likely to miss the spoken signals of contrast used by native speakers of English. When they learn to notice these intonation signals and recognize the implications, they make a major step forward in listening comprehension.[7]

모든 언어에는 (청자가) 이미 알고 있는 정보와 새로운 정보를 구분하는 방식이 하나 또는 여러 개 있지만, 영어의 경우는 억양이 이런 용도로 사용되는 경향이 다른 언어보다 더 강합니다. 그 결과, 영어 원어민들이 이 두 가지 정보의 대조를 보여주기 위한 언어적인 신호를 보낼 때 학생들이 놓칠 가능성이 큽니다. 학생들이 이런 류의 억양으로 인한 언어적 신호를 배워서 그 함축된 의미를 인식하게 되면 듣기 실력도 크게 향상시킬 수 있습니다.

자, 이제 지금까지 배운 모든 내용을 바탕으로 길버트의 「Clear Speech」에 나오는 연습 문제를 하나 더 풀어 보자. 앞서 했던 것과 같은 방식으로 대화에서 강세를 더해 발음해야 하는 단어를 찾아 보자.

여행사에서

Travel Agent Where do you want to go?

Traveler Brazil.

Travel Agent Where in Brazil? To the north or to the south?

Traveler Neither. I've seen the north and south. I'm going west.

7 Gilbert, J. (2012) *Clear Speech: Pronunciation and Listening Comprehension in North American English.* 4th Edition. Cambridge University Press. New York.

여행사 직원 어디로 가시고 싶으세요?

고객 브라질이요.

여행사 직원 브라질 어디 말씀이세요? 북쪽이요, 아니면 남쪽이요?

고객 둘 다 아닙니다. 저는 북쪽과 남쪽을 이미 가 봤어요. 서쪽으로 가려고요.

거리에서

Person 1 What are they building?

Person 2 They're building a school.

Person 1 What kind of school? Elementary or high school?

Person 2 Neither. I think it's a trade school.

사람 1 저 사람들은 무엇을 짓고 있습니까?

사람 2 학교를 짓고 있어요.

사람 1 어떤 학교 말씀이세요? 초등학교, 아니면 고등학교?

사람 2 둘 다 아니고요. 직업 학교라고 알고 있습니다.

캐나다 여행객과 캐나다인

Tourist What's the best part of Canada?

Canadian That depends. Do you prefer the city or the countryside?

Tourist Well, I like scenery.

Canadian Then you should go to the Canadian Rockies.

Tourist Do they have good shopping there?

Canadian Maybe you'd better go to Toronto.

여행객 캐나다에서 가장 좋은 곳이 어디예요?

캐나다인: 사람에 따라 다르겠죠. 도시가 좋으세요, 시골이 좋으세요?

여행객 저는 경치 좋은 곳이 좋아요.

캐나다인 그렇다면 캐나다 로키산맥으로 가세요.

여행객 거기 쇼핑할 좋은 곳이 있어요?

캐나다인 쇼핑하시려면 토론토로 가시는 게 아마 더 나을 거예요.

두 학생의 대화

Student 1 What are you doing?

Student 2 I'm studying.

Student 1 Studying what? Math or English?

Student 2 Neither. I'm sick of math and English. I'm studying

nutrition because I'm always hungry.

학생 1 뭐 하니?

학생 2 공부해.

학생 1 무슨 공부? 수학, 아니면 영어?

학생 2 둘 다 아니야. 수학과 영어가 지겨워. 영양학을 공부하는 중이야, 난
늘 배가 고프거든.

이제 정답을 확인하면서 단어 강세를 연습해 보자.

여행사에서

Travel Agent Where do you want to **go**?

Traveler **Brazil**.

Travel Agent **Where** in Brazil? To the **north** or to the **south**?

Traveler **Neither**. I've **seen** the north and south. I'm going **west**.

거리에서

Person 1 What are they **building**?

Person 2 They're building a **school**.

Person 1 What **kind** of school? **Elementary** or **high** school?

Person 2 **Neither**. I think it's a **trade** school.

캐나다 여행객과 캐나다인

Tourist What's the best part of **Canada**?

Canadian That **depends**. Do you prefer the **city** or the **countryside**?

Tourist Well, I like **scenery**.

Canadian Then you should go to the **Canadian Rockies**.

Tourist Do they have good **shopping** there?

Canadian Maybe you'd better go to **Toronto**.

두 학생의 대화

Student 1 What are you **doing**?

Student 2 I'm **studying**.

Student 1 Studying **what**? **Math** or **English**?

Student 2 **Neither**. I'm **sick** of math and English. I'm studying **nutrition** because I'm always **hungry**.[8]

지금까지 영어의 단어 강세 패턴을 여러모로 살펴보았다. 하지만 앞서 나온 예외적인 예시문에서 볼 수 있듯이, 늘 한결같은 음절 강세와는 달리, 단어 강세는 문맥에 따라 달라질 수도 있다. 여기서 다룬 내용은 가장 일반적인 단어 강세 패턴이며, 특정한 상황(문맥)에서는 일반적인 패턴을 살짝 벗어날 수도 있음을 인지하자. 그리고 이제부터는 영어로 소통할 때 내가 말하는 문장에 제대로 된 단어 강세를 더해 보자. 단조로운 영어에 미국식 선율이 더해지면, 한층 더 원어민에 가까운 억양을 만들어 낼 수 있다.

---

8 Gilbert, J. (2012) *Clear Speech: Pronunciation and Listening Comprehension in North American English.* 4th Edition. Cambridge University Press. New York.

화용적 능력pragmatic competence을 기르는 구체적인 방법

영어로 제대로 된 대화를 할 수 있는 능력

딸 아이가 다섯 살이 되던 해 겨울, 한국에 갔을 때 한 달 동안 동네 피아노 학원에 보냈다. 그저 피아노라는 악기와 친숙해지라고 잠시 보냈을 뿐이었지만, 아이는 미국으로 돌아와서도 계속 피아노를 치고 싶다며 나를 졸라댔다. 바쁜 워킹맘인 나는 이 지역의 다른 피아노 선생님들은 알아보지도 않고, 가까이 사는 이웃이라는 이유 하나만으로 우리 집 바로 맞은 편에 사는 피아니스트 말란Malán 선생님을 찾아갔다. 이제 은퇴해서 더 이상 개인 지도를 하지 않고 계신다던 말란 선생님은, 내가 오랜 이웃이기에 특별히 내 아이만 가르쳐 주겠다고 했다. 레슨비도 그의 표현에 따르면, "neighborhood discount이웃이라 해 주는 할인"라며 파격적으로 싸게 해 주셨다. 아무리 이웃이라지만, 플로리다 주립대에서 피아노로 박사 학위까지 받은 피아니스트에게 그런 특혜를 받기가 염치없었지만, 그의 고집스러운 호의에 마지못해 그렇게 레슨을 시작했다.

그렇게 시작된 아이의 피아노 레슨은 한 달이 지난 후부터는 말란 선생님의 계획대로 흘러가지 않았다. 다섯 살이라고는 믿기 힘들 정도로 너무나 적극적으로 피아노를 시작했던 아이는, 말란 선생님의 욕심으로 페이스가 빠르게 진행되면서 숙제가 많아지자 힘들어하기 시작했다. 그러더니 어느 날은 아예 피아노 레슨을 받기 싫다고 했다. 아이가 하기 싫어하는 것은 억지로 시키지 않는 것을 절대적인 원칙으로 삼는 엄마인 나는 일단 레슨을 중단하기로 했다. 그러나 그땐 이미 그다음 한 달 치 레슨비를 낸 상태였다. 말란 선생님께 레슨비를 환불해 달라고 하기 곤란했던 나는 내가 대신 레슨을 받기로 했다.

어릴 때 9년 가까이 피아노를 배우긴 했지만, 피아노를 그만둔 지 30년이 다 된 나는 이런저런 악보를 살펴보다가 모차르트 소나타 K545 1악장을 택했다. 악보만 봐서는 한번 도전해 볼 만해 보였고, 무엇보다 다장조였기 때문이다. 30년 만에 치는 피아노였지만, 내가 예상했던 것보다는 쉽게 쳐졌다. 역시나 다장조를 선택하길 잘했다고 내심 흐뭇해하면서, 나는 악보에 나오는 규칙들을 지키려고 하면서 열심히 연습했다. 멜로디와 박자뿐만 아니라, 메조 포르테mf: 조금 강하게 연주하기와 피아노piano: 작게 연주하기, 크레셴도cresc: 소리를 점점 크게 연주하기, 데크레셴도decresc: 점점 여리게 연주하기 등과 같은 강약까지 지켜가면서. 물론 피아니스트인 말란 선생님이 보기엔 턱없이 부족한 연주임에는 틀림없을 테지만, 최소한 악보에 나오는 음악적 문법을 지키면서 치면 그 외의 부족한 부분은 레슨하는 동안 배워서 보완할 수 있을 거로 생각했다. 그렇게 마음먹은 나는 말란 선생님 앞에서 용감하게 모차르트 소나타를 연주하기 시작했다. 그런데 1악장은커녕 반 페이지도 채 넘어가기 전에 선생님은 내 연주를 멈추게 했다. 놀랍게도 선생님이 지적한 내용은 내가 그토록 집중했던 멜로디와 박자 부분이 아니었다.

"자, 여기 보세요. 여기 보면 돌체dolce: 음악 용어로 "부드럽게" 또는 "우아하고 아름답게" 연주하라는 말라고 적혀 있지요? 그래서 이 부분은 아주 부드럽고 감미롭게 연주해야 합니다. 그러니까 마치 연인에게 사랑을 속삭이는 듯한 느낌으로 연주해야 하는 부분입니다. 그런데 아영 씨는 지금 이 부분을 행진곡처럼 씩씩하게 연주하고 있어요."

그제야 악보에 떡하니 적혀 있는 악상 기호 "돌체"가 내 눈에 들어왔다! 나는 음악적 문법을 지키면서 피아노를 치긴 했지만, 내 연주는 결코 모차르트가 원했던 화법이 아니었다. 말하자면, 나는 작곡가가 표현하고자 했던 메시지를 전혀 담아내지 못하는 연주를 하고 있었다. 사실 모차르트 소나타 K545는 동네 피아노 학원에서 초등학생들도 많이들 치지만, 모차르트가 의도했던 음악적 표현을 제대로 구현해 내는 것은 절대 쉽지 않은 곡이다. 똑같은 곡도 전문 피아니스트들이 연주할 때 더욱 음악적 진정성이 느껴지는 이유는, 그들이 작곡가가 전달하려는 메시지를 깊이 이해해서 음악적으로 정확하게 표현해 내기 때문이다.

결국 말란 선생님이 내 피아노 연주에서 문제로 삼은 것은, 언어로 치면 문법이나 발음이 아니라 화용적 능력pragmatic competence의 부재였다. 아무리 박자와 멜로디가 음악적 문법을 따른다고 해도, 작곡가가 전달하고자 하는 메시지와 화법을 정확히 이해하지 못한 상태에서 하는 연주는 제대로 된 음악이라고 할 수 없기 때문이다.

그렇다면 "화용적 능력pragmatic competence"이란 대체 뭘까? 이를 논하려면, 우선 화용론pragmatics이 뭔지부터 알아야 한다. 화용론(話用論)은 "(언어학에서) 말하는 이, 듣는 이, 시간, 장소 따위로 구성되는 맥락과 관련하여 문장의 의미를 체계적으로 분석하려는 의미론의 한 분야"[1]다. 따라서 화용적 능력pragmatic competence이란 화자가 문맥

---

1 〈표준국어대사전〉

상 의미하는 바를 이해하는 능력을 말한다.[2] 언어학 박사 드셰인에 따르면, 언어학자들은 화용적 능력pragmatic competence을 그냥 간단히 "대화를 제대로 할 수 있는 능력the ability to have conversations"이라고 부른다고 한다.[3] 즉, 화용적 능력이란 대화할 때 그 대화를 하는 문맥과 맥락을 제대로 이해하고 그 속에서 적절한 언어를 사용할 줄 아는 능력이다.

언어학 용어인 화용론을 설명하기 위해 피아노 연주를 예로 든 이유는, 언어학계뿐만 아니라 미국 음악계에서도 화용론pragmatics이라는 용어를 사용하기 때문이다. 예를 들어, 음악학자 스티븐 브라운Steven Brown은 "음악적 소통에서의 화용론Pragmatics of Musical Communication"이라는 글을 썼는데, 그 내용이 언어학을 공부하는 측면에서 보면 대단히 흥미롭다. 그의 글에는 의도하는 메시지를 제대로 전달하기 위해 그에 맞는 소리의 음악을 만들어내는 과정the pragmatic process by which musical senders fashion their sounds so as to fit particular intended meanings과 소통되고 있는 메시지에 딱 맞는 적절한 음악적 장치를 선택하는 문제the pragmatic concern of senders to select sound devices that are appropriate to the messages being communicated에 관한 내용이 나온

---

2 이는 〈미국 영어 문화 수업〉의 "문맥상 뜻하는 바를 이해하는 능력: Pragmatic Competence_ Is plastic okay?"에서 사용한 정의와 같다.

3 Dechaine, et al. (2013) *Linguistics for Dummies*. John Wiley & Sons. Ontario.

다.[4] 그러니 사랑하는 이에게 속삭이는 듯한 감미로운 느낌을 담은 메시지를 전달해야 하는 문맥에서 씩씩한 행진곡풍으로 했던 내 피아노 연주는 화용적 능력의 부재에서 오는 실수였다. 이는 언어뿐만 아니라 음악적 표현을 제대로 하기 위해서도 화용적 능력이 얼마나 중요한 요소인지 잘 보여주는 사례다. 누군가 음악을 세계 공통어a universal language라고 칭했듯이, 음악도 하나의 언어이니까.

그렇다면 우리가 영어를 공부하면서 화용적 능력(대화를 제대로 할 수 있는 능력)을 기르기 위해서는 어떻게 해야 할까? 여기서는 화자로서의 화용적 능력 향상법에 집중해 보자.[5] 화자로서 화용적 능력을 향상하는 방법은 존 서얼John Searle 박사[6]의 "스피치 액트 이론 Speech Act Theory"에서 찾아볼 수 있다. 스피치 액트speech act란 사과하기, 칭찬하기, 칭찬에 답하기, 인사하기, 감사하기, 초대하기, 거절하기, 협상하기, 논쟁하기, 모욕하기, 아부하기, 유혹하기, 부탁하기 등과 같은 발화 행위를 말한다. 존 서얼 박사는 의사소통의 최소 단위가 하나의 단어나 문장, 또는 표현이 아니라, 이런 스피치 액트(발화 행위)라고 주장한다.

---

4 Steven Brown 〈"How Does Music Work?" Toward a Pragmatics of Musical Communication〉 중 발췌
5 청자로서의 화용적 능력 향상법은 〈미국 영어 문화 수업〉을 참조
6 전 캘리포니아 대학교 버클리 캠퍼스(University of California, Berkeley)의 철학 교수

The minimal unit of human communication is not a sentence or other expression, but rather the performance of certain kind of acts, such as making statements, asking questions, giving orders, describing, explaining, apologizing, thanking, congratulating... a speaker performs one or more of these acts by uttering a sentence or sentences.

John Searle (1969)

인간이 하는 의사소통의 가장 최소 단위는 하나의 문장이나 표현이 아닙니다. 그보다는 오히려 진술하기, 질문하기, 명령하기, 묘사하기, 설명하기, 사과하기, 감사하기, 축하하기 등과 같은 어떤 특정 행위의 수행입니다… 화자는 하나 또는 여러 문장을 말함으로써 하나의 혹은 그 이상의 행위를 수행합니다.

존 서얼 (1969)

의사소통의 최소 단위가 단어나 문장이 아니라 하나의 스피치 액트 speech act: 발화 행위라고 주장하는 서얼의 이 이론에 수많은 언어학자들이 매료되었다. 그 결과, 많은 철학자와 언어학자가 인간의 의사소통 human communication을 깊이 이해하기 위해 스피치 액트 이론을 연구했다. 이는 외국어를 공부할 때도 그 나라 사람들이 의사소통하는 방식을 깊이 이해하려면 스피치 액트 이론을 적용해 볼 수 있음을 시사한다. 한 예로, 각각의 스피치 액트에 따른 미국인들의 의사소통 패턴을 익히는 것은 영어의 화용적 능력을 빠르게 향상시키는 방법이다. 더불어 각각의 스피치 액트에 자주 쓰이는 영어 단어와 표현도 함께 익혀 두면 상황과 문맥에 맞게 언어를 구사할 수 있다. 이런 공부 방식의 중요성을 생각해 보게 하는 사례를 하나 보자.

플로리다 주립대 CIES[7]의 말하기 시간speaking class에 있었던 일이다. 어느 콜롬비아 학생이 전 세계의 종교를 주제로 발표하던 중이었다. 그 학생이 이슬람교와 관련된 이야기를 하고 있던 중, 시리아 출신 무슬림 학생이 그의 발표 내용에 격하게 반기를 들었다. 물론 어떤 의견이든 그에 대한 반대를 표할 수 있다. 그렇지만 그 시리아 학생이 반대 의견을 표명하는 방식과 말투는 지나치게 무례했으며, 심지어 위협적이기까지 했다. 급기야 말하기 강사가 그 학생에게 경고했지만, 그는 수업이 끝난 후에도 여전히 자신은 잘못한 게 하나도 없다고 주장하면서, 오히려 콜롬비아 학생 편을 든다면서 강사를 비방했다. 그 학생은 처음부터 끝까지 언론[8]의 자유freedom of speech가 있는 미국에서 반대 의견도 말 못하냐면서 자신은 잘못한 게 없다는 주장을 고수했다.

그 학생의 주장대로 미국은 언론의 자유가 있는 나라다. 그러나 그

---

7 Center for Intensive English Studies: 플로리다 주립대(Florida State University) 소속 영어 센터
8 개인이 말이나 글로 자기의 생각을 발표하는 일. 또는 그 말이나 글 (《표준국어대사전》)

가 간과하고 있는 사실은, 언론 자유가 있는 나라인 미국에서도 상대방의 의견에 반대를 말하는 표현 방식이 때와 장소에 따라 크게 달라진다는 점이다. 같은 말을 하더라도 상황과 문맥에 따라 완전히 다른 화법을 써야 한다. 예를 들어, 서로 감정의 골이 깊어질 대로 깊어진 부부가 격하게 싸우면서 반대 의견을 말할 때와, 강의실에서 같은 수업을 듣는 급우와 토론 중에 반대 의견을 말할 때의 화법은 완전히 다르고, 또 달라야 한다. 즉, 각각의 스피치 액트에 따른 의사소통 스타일과 언어 사용법이 아주 다르다는 말이다. 그는 학문적인 토론의 장에서, 파경에 이른 부부가 이혼하기 일보 직전에 이 판사판으로 싸우는 화법으로 반대 의견을 말하고 있었다. 그렇게 그는 서로 존중하면서 다른 의견을 개진해야 하는 강의실 내의 토론을 이른바 "개싸움"[9] 화법으로 하고 있었다. "토론 중 반대 의견 개진하기"라는 스피치 액트를 행하는 문맥에서 "개싸움하기"라는 스피치 액트를 시전하다니, 왜 부끄러움은 그 자리에 있지도 않았던 나의 몫일까? 자신의 언사가 얼마나 부적절했는지 그는 전혀 모르는 눈치였다. 아무리 문법과 발음이 정확한 영어를 구사하더라도 문맥에 맞는 적절한 화법을 사용할 줄 모르는 그 학생은 영어 사용자로서의 화용적 능력이 전무하다고 볼 수 있다. 왜냐하면 화용적 능력이란 문법이나 발음뿐 아니라 그것을 "말하는 방식"까지 포함하는 언

---

9 개싸움: 옳지 못한 방법으로 욕망을 채우려고 하는 추잡한 싸움 (네이버 국어사전)

어 사용 능력이기 때문이다. 그래서 화용적 능력이 전혀 없는 사람이 언어를 사용하면, 마치 음악에서 사랑의 찬가를 행진곡처럼 연주하거나 왈츠를 장송곡처럼 연주하는 것과 같은 오류를 자주 범하게 된다.

자신이 어떤 실수를 저질렀는지 아예 모르거나 전혀 인정하지 않으려는 그 시리아 학생을 위해, 결국 CIES 강사들은 교수진 회의를 열었다. 그 결과, 그를 포함한 CIES의 모든 학생에게 미국 강의실에서 다른 사람의 의견에 반대할 때 사용해야 하는 적절한 화법을 가르치기로 했다. 사실 언어교육자로서는 이런 경우야말로 화용론을 가르칠 절호의 기회다. 우리는 강의실이라는 상황과 격식을 갖춰야 하는 토론이라는 문맥에 딱 맞는 화법으로 반대 의견을 말하는 법을 학생들에게 가르치기로 했다. 즉, "격식을 갖춰야 하는 자리에서 반대 의견 개진하기"라는 스피치 액트를 행할 때의 미국인들의 의사소통 방식(화법의 패턴)부터 정리했다. 이럴 때 미국인들은 상대방의 의견을 존중하거나 이해한다는 표현을 먼저 말한 후에 조심스럽게 반대 의견을 개진한다. 학생들이 미국인들의 이런 스피치 액트 패턴을 이해하게 한 후, 그때 사용할 수 있는 구체적인 표현을 함께 가르치기로 했다. 교수진 회의에서 뽑은 몇 가지 영어 표현은 다음과 같다.

I see what you mean, but I respectfully disagree. I believe that…

하신 말씀을 이해는 하지만, 저는 정중하게 반대하겠습니다. 저는 …와 같이 생각합니다.

I see where you are coming from, but I think that…

왜 그렇게 말씀하시는지는 이해하지만, 제 생각은…

That's a good point, but I have a different thought. I think that…

좋은 지적을 해 주셨지만, 저는 생각이 다릅니다. 제 생각에는…

I understand what you are saying, but I'm afraid I disagree…

무슨 말씀 하시는지 이해합니다만, 유감스럽게도 저는 다른 의견입니다.

동료들이 만든 이 리스트를 보면서, 나는 미국인들이 진짜 하고 싶은 말은 but 뒤에 나온다고 하셨던 고등학교 때 영어 선생님 말씀이 떠올라 피식 웃었다. 그만큼 미국인들은 갈등적 상황에서도 일단 상대의 의견을 존중한다는 의견을 먼저 표명하고 난 후에 자신의 의견을 말하는 소통 방식이 습관화돼 있다. 아, 물론 격식을 갖춘 자리에서의 스피치 액트가 그렇다는 말이다!

어쨌든 이런 식으로 문맥과 해당 스피치 액트를 고려한 상황별 표현까지 함께 익혀 두면, 영어 발화자speaker로서의 화용적 능력 향상에 큰 도움이 된다. 그 많은 스피치 액트를 한꺼번에 모두 살피는 것은 힘들겠지만, 드셰인 박사 팀이 영어의 다양한 스피치 액트를 아주 큰 카테고리로 분류한 다음의 도표를 참고하면 큰 그림을 보는 데는 도움이 될 것이다.

Types of Speech Acts 스피치 액트의 종류

종류	설명	사용할 수 있는 표현
Assertive 확신에 찬 발화하기	Speaker commits to the truth of the statement. 화자가 진술의 진실성을 분명하게 밝히려 할 때	I affirm that... 나는 …를 단언합니다/주장합니다 I believe that... 나는 …를 믿습니다 I conclude that... 나는 …라고 결론을 내립니다
Directive 지시하기나 명령하기	Speaker tries to make hearer do something. 화자가 청자가 무언가를 하게 하려고 시도할 때	I ask you to... 당신이 …해 줄 것을 부탁합니다 I beg you to... 당신이 …해 줄 것을 요청합니다 I challenge you to... 당신에게 …를 요구합니다 I command you to... 당신에게 …할 것을 명령합니다 I dare you to... 당신이 …할 것을 강력히 권고합니다 I invite you to... 당신이 …하기를 권합니다 I request you to... 당신이 …할 것을 정중히 요청합니다

Commissive 어떤 일이 일어날 것 이라는 사실을 확실 하게 보장하는 발화 하기	Speaker commits to a course of action. 화자가 어떤 일이 일어날 것이라는 사실을 확실히 보장할 때	I guarantee that... …가 일어날 것을 제가 보장합니다 I pledge that... …가 일어날 것을 맹세합니다 I promise that... …가 일어날 것을 약속합니다 I swear that... 맹세하건대, …가 일어날 겁니다 I vow that... …를 서약합니다 I undertake to... …할 것을 약속합니다 I warrant that... 저는 …를 장담합니다 I want to... 저는 …를 하고 싶습니다
Expressive 자신의 태도를 밝히는 발화하기	Speaker expresses attitude. 화자가 자신의 태도를 나타낼 때	I apologize for... …를 사과드립니다 I appreciate that... …를 감사드립니다 I congratulate you on... …를 축하합니다 I deplore that... …를 개탄합니다 I detest that... …를 혐오합니다 I regret that... …를 유감스럽게 생각합니다 I thank you for... …를 감사드립니다 I welcome... …를 반깁니다/환영합니다 I'm glad that... …를 기쁘게 생각합니다
Declarative 무언가를 선언/ 공표하는 발화하기	Speaker alters external condition of object. 화자가 어떤 외적 요건이 변했음을 선언할 때	I now pronounce you man and wife. 이제 두 분을 부부로 선언합니다. I sentence you to life in prison. 당신에게 종신형을 선고합니다. I name this ship the Black Pearl. 저는 이 배의 이름을 흑진주라고 짓겠습니다. I declare you innocent of the charges. 저는 당신이 무죄임을 선언합니다.

드셰인 박사가 지적하듯이, 언어학자들과 철학자들은 세상에 얼마나 많은 종류의 스피치 액트가 있는지, 그리고 어떻게 하는 것이 그 모든 스피치 액트를 가장 잘 분석하는 방법인지에 관한 여전히 논쟁 중이다.[10] 그러니 앞의 도표는 스피치 액트 이론의 적용 사례를 보여주는 하나의 예시로 참고하시면 된다.

이 글을 읽고 계시는 독자분도 직업상 영어를 사용하게 되는 상황과 그러한 문맥 속에서 자주 발생하는 스피치 액트가 무엇인지 생각해보자. 해당 스피치 액트를 할 때 미국인들이 가진 패턴이 어떤지 먼저 알아본 후, 그때 자주 사용되는 문장과 표현을 찾아 함께 공부하고 익히자. 이런 식으로 자주 접하는 스피치 액트의 패턴과 표현을 하나하나 익히다 보면, 청자로서뿐만 아니라 화자로서의 화용적 능력 또한 함께 일취월장할 것이다.

---

10 Dechaine, et al. (2013) *Linguistics for Dummies*. John Wiley & Sons. Ontario.

악기 교육과
언어 교육의 공통점

운동 신경이 있는 것과 운동을 잘하는 건 다르다.

말란 선생님과의 첫 번째 레슨에서 돌체dolce 때문에 한없이 작아진 나는, 두 번째 레슨에서는 레가토legato[1] 때문에 다시 한번 작아졌다. 두 번째 레슨을 위한 곡은 바흐의 인벤션inventions[2]이었는데, 이번에는 처음부터 끝까지 틀린 것 없이 쳤다고 생각한 내 착각을, 말란 선생님은 완전히 깨 주셨다. 선생님은 바로크 시대의 건반악기는 레가토로 연주하는 것이 아니라고 하셨는데, 내가 그 곡의 대부분을 레가토로 연주한 것이 문제였다. 대학 때 첼로를 배울 때는 바흐의 첼

---

1 레가토: (음을 끊지 않고) 부드럽게 이어서 연주하라는 음악 용어 (《옥스포드 영한사전》)
2 인벤션: 요한 세바스티안 바흐Johann Sebastian Bach가 교육용으로 작곡한 피아노 독주 곡 시리즈

로 곡들을 연습하면서 레가토 기법으로 연습했던 기억에 피아노도 그와 비슷한 스타일로 연주한 것 같다. 그런데 바로크 시대의 건반 악기는 지금 우리가 연주하는 피아노와는 다른 오르간이나 하프시 코드, 또는 클라비코드와 같은 것들이었다. 이런 악기들은 연주 소 리가 명확하게 들리도록 하려면 논 레가토로 연주해야 해서, 바로크 시대 건반악기의 일반적인 연주법은 논 레가토 터치non-legato touch라 고 한다. 말란 선생님은 이와 더불어 논 레가토와 대척되는 이른바 "슈퍼 레가토"기법은 쇼팽이나 리스트 같은 낭만파 음악가들의 곡 에서 자주 사용되는 기법이라고 가르쳐 주셨다.

선생님의 설명을 듣고, 나는 충분히 이해하면서 새로운 것을 배웠다 는 희열감에 설레기까지 했다. 하지만 그런 나의 설렘은 그리 오래 가지 않았다. 논 레가토로 연주해야 한다는 사실을 머리로는 완벽 하게 이해했지만, 내 손가락에 이미 배어 버린 습관 때문에 알면서 도 여전히 몇몇 부분을 레가토로 연주하는 실수를 반복했다. 머릿속 으로는 "레가토로 치지 마!"라고 비명을 지르고 있었지만, 오랫동안 레가토로 연주해 왔던 내 손가락이 말을 듣지 않았다. "배워서learn" 머리로 아는 것과 "습득해서acquire" 완전한 내 것으로 만드는 것은 서로 별개의 문제라는 게 언어 교육에서뿐만 아니라, 악기 교육에서 도 마찬가지라는 사실을 깨닫는 순간이었다. 악기도 언어도 배워서 머리로 이해하는 것이 그 끝이 아니라 충분한 연습을 통한 체화(몸에 배어서 자기 것이 됨)와 습득이 그 최종 목표다.

피아노를 좀 더 깊이 공부하고 싶었던 나는 말란 선생님 외에 한국인 피아노 전공자인 최웅기 선생님과도 레슨을 시작했다. 말란 선생님과는 달리, 최 선생님은 첫 레슨에서 내 연주의 박자부터 문제로 삼았다. 박자가 일정하지 않으니 메트로놈을 켜 놓고 연습하라는 충고가 그의 첫 번째 가르침이었다. 그런 선생님의 말씀에 살짝 억울해진 나는, "제가 음감은 몰라도 박자감은 있는 편이라고 생각했는데요?"라고 말했다. 실제로 대학 시절 오케스트라 활동을 할 때 지휘자 선생님께 "우와, 수석 첼로 박자감은 베를린 필하모닉 수준인데요?"라고 칭찬을 듣기도 해서 내 자신감이 전혀 근거 없는 것은 아니었다. 그렇게 항변하는 내게 그는 이렇게 말했다.

"운동 신경이 있는 것과 운동을 잘하는 것은 다르잖아요."

선생님이 무심코 툭 던진 말을 듣고 내 정신이 번쩍 들었다! 아무리 운동 신경이 있는 사람이라도 운동 연습을 충분히 하지 않으면 운동을 잘할 수가 없다. 너무나도 이치에 맞는 말이었다. 운동을 잘하는 근육과 몸을 만들기 위해서는 부단히 연습하고 노력해야 한다. 운동 신경이 아무리 뛰어나도, 그런 노력이 뒤따르지 않으면 운동을 잘할 수 없다. 음악도 마찬가지다. 나는 음악을 좋아하고 늘 듣기 때문에 내 귀에는 음악이 너무나도 익숙할 뿐만 아니라, 대학 시절 오케스트라 활동을 해서 음악의 이론적인 면도 충분히 이해하고 있다. 하지만 30년 동안 피아노를 안 쳐서 굳어 있던 내 손이 음악을 귀와 머리로 이해한 것만으로 갑자기 잘 치는 손으로 변하지 않는다. 바로 이 지점이 악기 교육과 운동 교육, 그리고 언어 교육이 가진 공통점이다. 나는 〈미국 영어 문화 수업〉에서 '알아차려야 습득한다'는 슈미트의 이론The Noticing Hypothesis을 설명하면서 언어적 감각이 뛰어난 학생들이 영어가 가진 언어적 특성들을 더 빨리 알아차린다고 한 적이 있다. 하지만 아무리 재능이 뛰어나서 언어적 특성을 이것저것 재빨리 알아차린다고 해도, 그런 것들을 자기 말과 글에 녹여 내는 연습을 하지 않으면 결코 내 언어로 만들 수가 없다. 즉, 그렇게 "알아차린 언어적 특성"을 자신의 것으로 만들기 위해서는 반복적인 연습 과정이 반드시 필요하다.

그렇다면 내 책에 계속 나오는 배움learning과 습득acquisition이라는 용어를 언어교육학계에서는 정확히 어떻게 정의하는지 이번 기회에 좀 더 명확히 이해하고 넘어가자. 언어교육학계에서 배움과 습득의 차이를 처음으로 소개한 언어교육학 교수 크라센Krashen은 배움을 다음과 같이 정의한다.

Learning is what many students experience in high school

or college foreign language classes. Learning is a conscious process that involves studying rules and vocabulary. Students who attempt to learn a language break the language down into manageable chunks and try to memorize and practice the different parts of the language with the goal of being able to use the language to communicate. A student might study vocabulary lists or verb conjugations. Students would practice using this knowledge in a class with different exercises and drills and then be tested on what they learned.[3]

배움learning이란 많은 학생이 고등학교나 대학교의 외국어 수업 시간에 경험하는 것을 말합니다. 배움은 의식적인 과정으로 문법 법칙과 어휘를 공부하는 것과 관련되어 있습니다. 언어를 배우려고learn 시도하는 학생들은, 해당 언어를 의사소통하는 데 사용할 수 있도록 하는 목표를 가지고, 언어를 소화할 수 있는 단위로 나누고, 그 언어의 여러 부분을 외우고 연습합니다. 아마도 학생은 어휘 목록이나 동사 활용을 공부할 겁니다. 수업 시간에 학생들은 여러 연습 문제와 반복 훈련을 통해 이런 지식을 사용하는 연습을 할 것이며, 그들이 배운 것을 시험으로 평가받을 겁니다.

쉽게 말해, 한국 중·고등학교의 영어 교실에서 학생들이 경험하는 대부분은 배움에 해당한다. 여기서 중요한 사실은 우리가 언어를 배우기learning만 해서는 자유 발화spontaneous speech: 억지로 연습해서 하는 말이 아니라, 즉흥적이고 자연스러운 말하기가 힘들다는 점이다. 자유 발화가 안 되면 자연스러운 대화를 하는 것이 불가능하다는 건 모두가 아는 사실이다. 크라센에 따르면, 자유 발화가 가능해지려면 언어를 배우기만 하지 말고 습득acquisition 해야 한다고 한다. 그러니까, 한국에서 수년간 영어를 배우고도 미국에 와서 영어로 한마디조차 하기 힘들어하는 사람들은 영어를 배우기learning 만 하고 습득acquisition 하지는 않아서 그런 것이다. 그렇다면 크라센이 말하는 습득의 정의도 알아보자.

In contrast to learning, acquisition is subconscious. Students acquiring a language may not even be aware that they are picking up vocabulary or sentence structures. Acquisition occurs as students use language for a variety of purposes... While learning is usually restricted to the school context, acquisition can take place in or out of school. Acquisition is what happens when someone goes to another country and "picks up" the language in the process of day-to-day living and interactions with native speakers of the language.[4]

배움learning과 달리, 습득acquisition은 잠재의식적으로 일어납니다. 언어를 습득하고 있는 학생들은 자신들이 어휘나 문장 구조를 익히고 있다는 사실조차 의

3,4 Freeman, D. & Freeman, Y. (2014) *Essential Linguistics*. Heinemann. NH.

식하지 못합니다. 습득은 학생들이 다양한 목적으로 언어를 사용할 때 일어납니다…(중략) 배움이 보통 학교 (교실) 내에서 일어나는 것으로 한정되어 있지만, 습득은 학교 (교실) 안팎에서 일어날 수 있습니다. 습득은 누군가 다른 나라에 가서, 하루하루 일상을 살면서 그 언어의 원어민들과 소통하는 과정에서 그 언어를 "익히게" 될 때 일어나는 것을 말합니다.

크라센이 말하는 배움과 습득의 차이를 정리하면 다음과 같다.[5]

Learning 배움	Acquisition 습득
Conscious 의식적으로 일어남	Subconscious 잠재의식적으로 일어남
We are aware we are learning. (배울 때) 우리가 배우고 있다는 사실을 자각한다.	We are not aware we are acquiring. (습득할 때) 우리가 습득하고 있다는 사실을 자각하지 못한다.
It's what happens in school when we study rules and grammar and then are tested on what we learned. 배움은 우리가 법칙과 문법을 공부하고, 그런 후 배운 내용으로 시험을 볼 때 일어나는 것이다.	It's what happens in and out of school when we receive messages we understand. 습득은 학교 안팎에서 우리가 이해하는 메시지를 받아들일 때 일어나는 것이다.

여기서 가장 핵심은 바로 습득은 우리가 언어를 사용할 때 일어난다는 점이다. 잘 되지도 않는 영어로 아무리 말해 봐야 영어가 늘겠냐고 항변하는 학생들이 있다. 아마도 배움과 달리 습득은 의식적이 아

---

5 Freeman, D. & Freeman, Y. (2014) *Essential Linguistics*. Heinemann. NH.

니라, 우리가 의식하지 못하는 사이(잠재의식적으로)에 일어나기 때문에 그렇게 생각하는 것이 아닐까 싶다. 예를 들어, 우리가 새로운 문법 법칙을 배워서 이해하거나, 새로운 단어의 뜻을 배워서 외운 경우, 우리는 무엇을 배웠고 새로 알게 되었는지를 의식적으로 명확하게 인지하게 된다. 반면, 영어로 대화하면서 우리의 언어 시스템이 새롭게 습득하게 된 정확한 언어 습관 같은 것들은 잠재의식적으로 일어나기 때문에, 우리는 그걸 인지하지 못한다. 참고로, 여기서 말하는 언어 습관이란 정확한 문법과 단어 사용법이나 발음을 말한다. 설사 인지한다고 하더라도, 정확하게 어떤 부분을 새로이 습득하게 되었는지를 측정하는 것 또한 배우는 처지에서는 쉽지가 않다. 그렇지만 "진료는 의사에게 약은 약사에게 언어 교육은 언어 교육 전문가에게"라는 말이 있다. 잘 되든 안 되든 계속 사용해 봐야 언어 실력이 는다는 언어 교육 전문가들의 판단을 믿고 따르면, 언젠가는 나도 모르게 외국어를 습득하는 놀라운 경험을 하게 될 것이다.

그럼 무작정 영어를 많이 사용하면 제대로 된 영어를 습득할 수 있을까? 그렇지는 않다. 자신의 발음과 문법 단어 사용 등을 지속적으로 점검모니터: monitor하면서 제대로 된 영어를 구사하는지를 늘 확인하면서 영어를 사용해야만 진정한 의미에서의 실력이 향상된다. 바로 이 과정이 우리가 배운learning 것들이 우리의 언어 습득acquisition에서 관여하는 지점이다. 크라센은 언어 습득에서 배움이 어떻게 관여하는지를 다음과 같이 주장한다.

> Learning also plays a role in language competence. The rules that
> people learn can be used to monitor spoken or written output.
> People can use learned rules to check what they say or write.[6]

배움 또한 언어 실력에 중요한 역할을 한다. 사람들이 배운 문법 법칙들은 그
들이 말하거나 쓰는 것들을 모니터하는 데 사용될 수 있다. 즉, 그들이 말하거
나 쓰는 것이 맞는지 체크할 때 배운 법칙들을 사용할 수 있다.

이를 언어교육학계에서는 "크라센의 모니터 가설The Monitor Hypothesis"
이라고 한다. 내 피아노 선생님도 피아노를 생각 없이 그냥 연습하지
말고, "meaningful practice의미 있는/유의미한 연습"를 하라고 늘 강조하신
다. 즉, 단 한 번을 치더라도 자신이 제대로 연주하고 있는지를 듣고
점검하면서 연습하라는 뜻이다. 이 말씀을 들을 때마다, 크라센의 모
니터 가설이 떠오른다. 이렇게 피아노를 배우면 배울수록, 악기 교육
과 언어 교육의 공통점을 더 보게 된다. 둘 다 배워서 머리로 이해하
는 것이 그 끝이 아니라, 배운 내용을 제대로 적용한 기술skills을 연마
해서 습득하는 과정까지 함께 거쳐야 비로소 완성되는 교육이기 때
문이다.

---

6 Freeman, D. & Freeman, Y. (2014) *Essential Linguistics*. Heinemann. NH.

회피성 어구hedges와
강조성 어구boosters

언어의 강약을 조절하는 기술

내가 늦은 나이에 피아노를 다시 시작하고 피아노 선생님들에게 가장 많은 지적을 받은 부분은 연주 시 소리의 강약 조절 기술이었다. 많은 피아노곡들이 오른손은 주 선율을, 왼손은 반주를 담당하는 형식인데, 이런 경우 당연히 주 선율을 담당하는 오른손 부분은 비교적 크게, 왼손 반주 부분은 다소 은은하고 약하게 연주해야 한다. 오른손이 연주하는 주 선율이 곡의 주요 테마를 표현하고 왼손은 배경음이기 때문이다. 그런데 30년 만에 피아노를 치는 내 굳은 손으로는 오른손과 왼손의 강약을 적당히 달리하면서 연주하는 것이 생각처럼 쉽지 않았다. 나는 악보에 포르테f: 포르테/강하게가 등장하면, 오른손 왼손 가릴 것 없이 강하게 쳤고, 피아노p: 피아노/여리게가 보이면

양손 모두 비슷한 강도로 약하게 쳤다.

바흐 인벤션을 칠 때는 좀 더 힘들었는데, 그 이유는 인벤션 곡들은 주 선율을 오른손과 왼손이 번갈아 가며 연주하기 때문이다. 이런 경우는 물론 오른손 왼손 가릴 것 없이 주 선율을 담당하는 손의 연주 소리가 더 잘 들리도록 해야 한다. 스페인 무곡으로 레슨을 받을 때도 강약 조절 문제로 비슷한 지적을 받았다. 선생님은 악보에서 칸타빌레cantabile: 노래하듯이 부드럽게라고 적혀 있는 부분에서, "이 파트는 이 곡 전체의 주 선율 부분이니까, 멜로디를 좀 더 강조하면서 노래하듯 연주해야 합니다. 주 선율이 잘 들릴 수 있도록 왼손 반주는 더 약하게 들어가야 하고요."라고 했다. 선생님의 지시대로 나는 왼손 반주는 약하게, 주 멜로디는 크게 연주해 봤다. 그랬더니 선생님이 난감한 표정을 지으면서 이렇게 말했다. "멜로디를 강조하라고 해서 확 건반을 때리듯이 연주하지는 마시고요. 음… 그러니까, 이 부분은 포르테f:포르테/세게 연주하라는 말가 아닌 메조 포르테mf: 메조 포르테/조금 강하게 정도로 다시 가 볼까요?" 하느님 맙소사!

이렇듯 피아노를 연주할 때 정확한 음악적 표현을 위해서는 멜로디와 박자뿐만 아니라 음과 선율의 강약 조절 또한 핵심 기술이다. 나는 음악적 표현에서 강약 조절이 얼마나 중요한지를 대학 시절 아마추어 오케스트라 활동을 할 때부터 알고 있었다. 관현악 합주 연습을 할 때 지휘자 선생님께서 "포르테시모ff: 아주 크게!"라고 외치면 다 같이 크게 연주했고, 피아니시모pp: 매우 여리게 연주하라는 말 사인을 주면 모두 소리를 최대한 줄여 약하게 연주했다. 어느 날에는 "지금 첼로 소리 너무 큽니다. 이 부분은 클라리넷이 주 선율이니까, 클라리넷 소리가 더 잘 들릴 수 있도록 첼로 포함 다른 악기는 모두 더 작게 갑시다."라고 말씀했던 기억도 난다. 이런 예를 통해, 우리는 음악적 메시지를 효과적으로 전달하기 위해서는 연주 시 강약 조절이 얼마나 중요한 요소인지 잘 알 수 있다. 그렇다면 언어는 어떨까?

많은 독자가 예상하셨듯이, 언어적 메시지를 효과적으로 전달하기 위해서도 우리가 하는 말의 강약을 잘 조절하는 것은 매우 중요한 기술이다. 언어를 사용하면서 강약을 조절하는 것은 모국어로 말할 때는 조금만 신경 쓰면 그리 어려운 기술이 아니지만, 영어(외국어)로 말할 때는 절대로 쉽지가 않은 기술이다. 전달하려는 메시지의 강도를 효과적으로 잘 조절하기 위해서는 적절한 단어 선택과 더불어 말할 때의 어감과 어조, 게다가 미묘한 뉘앙스 차이까지 모두 관여되는, 생각보다 꽤 복잡한 과정을 거쳐야 하기 때문이다.

여기서는 그중 비교적 쉽게 배워서 익힐 수 있는 단어 선택, 즉 어휘 사용에 중점을 둔 강약 조절 기술을 다룰까 한다. 일반적으로 미국인들은 자신의 의견을 강하게 주장하기 싫을 때는 회피성 어구hedge words/hedges를, 반면 단호한 어조로 강하게 전달하고 싶을 때는 강조성 어구boosting words/boosters를 사용한다.

콩코르디아 대학Concordia University of Edmonton 영어과 다이크Conrad Van Dyk 교수는 "회피성 어구"를 뜻하는 hedge라는 단어는 원래는 문자 그대로 "숲이나 울타리에 숨는다hiding in a bush or hedge"라는 의미로 쓰였지만, 현재는 "확신하지 못함doubt"이나 "주저함/머뭇거림/망설임hesitancy" 등과 같은 의미로 쓰인다고 한다.[1] 미국인들이 자신의 의견이나 주장에 "주저함"이나 "머뭇거림"과 같은 뉘앙스를 더하는 회피성 어구를 자주 사용하는 이유는 무엇일까? 다양한 이유가 있지만, 가장 큰 이유는 자신이 하는 말이나 의견을 강하지 않게, 즉 약화해서 표현하기 위해서다. 이렇게 자신의 의견이나 주장을 약화해 표현해야 설령 상대방이 자신과 다른 의견을 가지고 있다고 해도 기분 상하지 않을 것이기 때문이다. 이는 미국인들이 사람들과 대화할 때 예의를 갖추는 방식이기도 하다. 그 이유는 의견을 강하게 주장하는 직설 화법을 무례하게 여기는 것이 대부분의 미국인이 공유하는 관점shared view이기 때문이다. 영어학자 리치 박사Geoffrey N. Leech 또한 영어에서 회피성 어구 사용 이유를 이렇게 말한다.

---

1 Conrad Van Dyk의 칼럼 〈Hedges and Boosters〉에서 발췌

Hedging is used to show courtesy and respect for others' views.[2]

회피성 어구는 공손함과 다른 사람들의 견해를 존중한다는 것을 보여주기 위해 쓰입니다.

우리가 의식하지 못해서 그렇지 이런 식의 회피성 언어 사용의 예는 한국어에서도 종종 목격할 수 있다. 다음은 바로 얼마 전 목격한 한국어에서 회피성 어구의 사용 예다.

"어머, ○○엄마도 은근히 까다롭네."

이 문장에서 회피성 언어는 조사 "도"와 부사 "은근히"다. "은근히"의 사전적 정의는 "행동 따위가 함부로 드러나지 아니하고 은밀하게"다. 솔직히 그때 ○○엄마의 행동으로 봐서 그는 "은근히"가 아니라 무척 까다로운 사람이었다. 그러나 화자는 "은근히"라는 부사를 넣어서 언어의 강약을 조절하여, "○○엄마가 까다롭다"라는 자신의 주장에 살짝 힘을 뺐다. "까다롭네"가 부정적인 의미를 담은 말이기 때문이다. 그래서 이 말을 듣는 상대방의 기분이 상하지 않게 하려고 "은근히"라는 회피성 어구를 더해서 그 의미를 약화했다. "은근히"와 마찬가지로 조사 "도"도 회피성 표현이다. "까다로운 사

2   Leech, G. (1983) *Principles of Pragmatics*. Longman. London and New York.

람"이 당신만이 아니라는 의미를 더해 주기 때문이다. 그래서 "당신은 (또는 당신이) 까다롭다"라는 문장보다 부정적 의미를 약화하는 표현이다. 물론 이렇게 회피성 어구가 들어간 말을 듣고도 여전히 까다롭다는 평가에 기분이 나쁠 수는 있을 테다. 그렇지만 기분이 나쁜 정도를 수치화했을 때, 회피성 어구의 사용은 10 정도 기분 나쁠 수 있는 말을 6이나 7 정도로 떨어뜨리는 역할을 한다. 어떤 근거로 6과 7이라는 수치가 나왔는지는 묻지 마시라! 나는 언어학을 공부하는 사람이지, 수학이나 과학을 공부하는 사람이 아니다. 혹시라도 이에 동의를 못 하시는 분들이 계신다면, "어머, ○○엄마는 엄청 까다롭네!"와 앞의 문장을 한번 비교해 보시기 바란다. 어느 쪽이 더 기분이 나쁜 말인지.

그렇다면 영어 사용자들이 주로 쓰는 회피성 어구에는 어떤 것들이 있을까? 앞의 한국어 예로 든 문장에서 조사와 부사 등 다양한 품사의 회피성 어구를 볼 수 있듯이, 영어에서도 다양한 품사의 회피성 어구가 존재한다. 영어 교육용 웹사이트인 아카데믹 마커Academic Marker는 다양한 품사의 회피성 어구의 예를 다음과 같이 든다.[3]

---

3 Academic Marker 〈Which 7 English language structures are academic?〉 중에서 발췌

회피성 언어 Hedging Language	예
어휘 동사 Lexical Verbs	The results **appear** to show...
조동사 Modal Verbs	The findings **might** provide...
보고할 때 쓰이는 동사 Reporting Verbs	Smith **claims** that...
빈도 부사 Adverbs of Frequency	Students **often** use smartphones...
가능성을 나타내는 부사 Adverbs of Probability	This research **probably** indicates...
가능성을 나타내는 형용사 Adjectives of Probability	It is **unlikely** that these findings...
수량을 나타내는 형용사 Adjectives of Quantity	**Many** students today find English...
양태(樣態) 명사 Modal Nouns[4]	One **assumption** is that...
It을 사용한 구절 It Phrases	**It can be argued** that...

언어학자 살라저-마이어Salager-Mayer는 회피성 어구를 좀 더 체계적
으로 분류했다.[5]

회피성 어구 타입 Types of hedges	예
조동사 Modal auxiliary verbs	may, might, can, could, would, should

---

4 양태(樣態)란 발화 내용과 현실의 관계에 대하여 화자의 주관적 태도를 나타내는 범주를 뜻한
다. 예를 들면, '눈이 온다.'는 단정적인 양태성이며, '눈이 오겠다.'는 가능성을 확인하는 양태
성이다. (〈표준국어대사전〉)

5 Almutairi, M., Al Kous, N., Zitouni, M. (2022). *The Uses and Functions of Barack
Obama's Hedging Language in Selected Speeches*, Eurasian Journal of Applied
Linguistics, 8(1) (2022) 73-84

어휘 동사 Modal lexical verbs	seem, appear, believe, suggest, assume, indicate
형용사형 양태구 Adjectival modal phrases	possible, probable, un/likely
명사형 양태구 Nominal modal phrases	assumption, claim, possibility, estimate
부사형 양태구 Adverbial phrases	perhaps, possibly, probably, likely, presumably
정도, 수량, 빈도, 시간 등의 근사치 Approximates of degree, quantity, frequency and time	approximately, roughly, about, often, generally, usually
도입부 Introductory phrases	I believe..., To our knowledge..., It is our view that..., We feel that...
If 절 If clauses	If true..., If anything...
복합 회피성 어구 Compound hedges a) 이중 회피성 어구 Double hedges b) 삼중 회피성 어구 Treble hedges c) 사중 회피성 어구 Quadruple hedges	It may suggest... It seems reasonable to assume that... It would seem somewhat unlikely that...

참고로, 일상생활에서 쉽게 접하는 회피성 표현hedge words에는 maybe, possibly, perhaps, usually, probably, somewhat, somehow, it seems that ~, might, relatively, likely, admittedly, predominantly, presumably, so to speak, it appears that ~, may, to some degree어느 정도는, to some extent다소, sometimes, often, around, about, roughly, fairly 등이 있다. 이런 표현을 추가하면 자신의 주장이나 의견의 강도를 다소 약화하는 효과를 내기 때문에, 예의를 차려서 의견을 내야 하는 자리에서는 이런 단어를 적

절히 섞어서 써 보자.

이제는 회피성 표현hedges과 달리 주장을 강화하는 표현을 공부해 보자. 일단, 의견이나 주장을 강하게 만들어주는 강조성 어구를 영어로는 "boosters"라고 한다. 일상생활에서 자주 접할 수 있는 강조성 어구의 예는 다음과 같다.

> actually, always, certainly, clearly, completely, conclusively, definitely, evidently, indeed, in fact, know, must, obviously, prove, should, totally, truly, undoubtedly, without a doubt

이런 강조성 어구boosters를 사용하면 주장하는 내용에 확실함과 확고함을 더해 주므로, 이는 강한 어조로 자기주장을 펼치고 싶을 때 쓰는 표현들이다. 그런데 문제는 이런 표현들은 자신이 하는 말에 관한 의심의 여지나 반대 의견을 완벽하게 차단해 버리겠다는 의지와 태도를 나타낸다는 데 있다. 따라서 잘못 사용하면 굉장히 무례하게 들릴 수 있다. 다이크Conrad Van Dyk 교수는 이런 강조성 어구를 잘못 사용했을 때의 위험성을 경고하면서 그 사용법과 관련해서 다음과 같이 충고한다.

The danger with boosters is that they can make you seem cocky and pompous. However, if you use them sparingly, they can convey the right amount of self-assurance.[6]

강조성 어구의 위험성은 그런 표현이 말하는 사람이 자만심에 차 있고 거만하게 보이도록 할 수도 있다는 점에 있다. 그렇지만 강조성 어구를 조금씩만 사용하면 적당량의 자신감을 전달할 수 있다.

바로 이런 이유로 나는 회피성 어구보다 강조성 어구를 사용할 때 더 조심한다.

그렇다면 회피성 어구와 강조성 어구는 일상 회화에서뿐만 아니라 학술적인 말하기나 글쓰기에서도 사용할 수 있을까? 물론 사용할 수 있다. 영어의 회피성 어구와 강조성 어구는 생활 회화뿐만 아니라, 학술적인 글쓰기에서도 빈번하게 쓰인다. 학술적인 글쓰기에서 자신의 주장에 힘을 빼거나 주장을 약화하는 회피성 어구를 사용하는 이유가 뭘까? 아카데믹 마커는, 학술적인 글쓰기에서 회피성 어구가 조심성과 신중함의 정도degrees of caution, 또는 확실성의 정도 levels of certainty를 나타내기 위해 사용된다고 한다.[7]

A. Students who study hedging language get higher grades.

---

6 Conrad Van Dyk의 칼럼 〈Hedges and Boosters〉에서 발췌
7 Academic Marker 〈Which 7 English language structures are academic?〉 중에서 발췌

B. Students who study hedging language **tend to** get higher grades.

이 예문에서 볼 수 있듯이, 똑같은 내용의 문장이라도 회피성 어구인 tend to를 덧붙이면 진술에 신중함을 더해 준다. 언어학자들은 학술적인 글쓰기에서 이런 회피성 어구의 역할을 "과학의 근본적인 특성인 의심과 회의적 태도를 전달하는 언어적 장치a linguistic resource which conveys the fundamental characteristics of science of doubt and skepticism"[8] 라고 주장한다. 그래서 고급 영어로 연설하기로 정평이 난 오바마 전 대통령이 자주 사용하는 회피성 어구를 분석한 논문도 있다.

이처럼 진술에 신중함을 더하는 회피성 어구와 달리, 강조성 어구는 확실성을 더한다. 학술적인 글쓰기에서 이런 강조성 어구를 사용하는 이유를 언어학자 하이랜드(2000)는 다음과 같이 주장한다.

Boosting is used to show confidence in your claims and results.[9]

8 Almutairi, M., Al Kous, N., Zitouni, M. (2022). *The Uses and Functions of Barack Obama's Hedging Language in Selected Speeches*, Eurasian Journal of Applied Linguistics, 8(1) (2022) 73-84

9 Hyland, K. (2000) *Disciplinary Discourses: Social Interactions in Academic Writing*. Longman. Harlow.

강조성 어구는 자신의 주장과 연구 결과와 관련한 자신감/확신을 보여주기 위해 쓰입니다.

그래서 학술적인 글을 쓸 때 강조성 어구를 적절하게 잘 사용하면 독자들에게 자기 분야에서의 전문성을 보여줄 수 있다. 바로 이런 이유로, 설득력 있는 학술적인 글쓰기를 위해서는 회피성 어구뿐만 아니라 강조성 어구의 사용도 필요하다. 물론 강조성 어구를 지나치게 자주 사용하면 위험성이 따른다는 점은 기억해 둘 필요가 있다. 듣는 사람에게 거부감을 주는 화법은 내용과 상관없이 설득력을 잃기 쉽다. 회피성 어구를 자주 사용하는 오바마 전 대통령과는 달리, 강조성 어구를 압도적으로 많이 사용하는 트럼프 전 대통령의 화법에 거부감을 느끼는 사람들이 많은 이유다. 트럼프식 화법은 그의 지지자들에게는 시원하게 느껴질지 몰라도, 그렇지 않은 사람에게는 반감부터 키워 오히려 말의 내용을 가려 버리는 역효과를 낸다.

이처럼 음악을 연주할 때뿐만 아니라, 언어를 사용할 때도 효과적인 메시지 전달을 위한 강약 조절 기술을 연마할 필요가 있다. 영어의 경우, 말을 하거나 글을 쓸 때 회피성 어구와 강조성 어구를 적절하게 섞어 사용하는 것이 그 첫걸음이다.

영어의 성별 언어 1

(genderlect: 성별에 따라 달라지는 언어 사용)

미국 남자와 미국 여자는 서로 다르게 말할까?

내가 부산대학교 정치외교학과 로버트 켈리Robert E. Kelly 교수를 알게
된 계기는 순전히 BBC 뉴스 방송 사고 때문이다. 켈리 교수가 자신
의 서재에서 한국의 정치 상황에 관해 BBC 뉴스와 생방송으로 화상
인터뷰를 하던 도중, 난데없이 그의 네 살배기 딸 아이가 춤을 추면
서 등장한다. 설상가상으로, 그 뒤를 이어 보행기를 탄 한 살배기 아
들까지 BBC 생방송 뉴스에 합류한다. 심각한 주제로 진지하게 인터
뷰를 이어가던 켈리 교수는, 사태가 이 지경이 되자 더 이상 말을 잊
지 못하고는 진땀을 뻘뻘 흘리다가 눈을 질끈 감아 버린다. 켈리 교
수와 그의 사랑스러운 아이들의 이 모습은 생방송 전파를 타고 전
세계로 퍼져 나갔고, 유튜브 등 각종 인터넷 사이트에서 폭발적으로

117

인기 있는 영상으로 등극한다. 이 해프닝으로 인해 켈리 교수의 가족들은 TV 인터뷰까지 하게 될 정도로 유명해졌고, 해당 BBC 뉴스 장면은 지미 펠론Jimmy Fallon 쇼 등의 미국 유명 TV 쇼에서까지 재해석해서 만들어질 정도로 수십 가지의 패러디로 재탄생되었다.

나는 그 수많은 패러디 영상 중에서 만약 켈리 교수가 여자였다면 어땠을지를 가정해서 만든 것이 가장 흥미로웠다. 생방송 도중에 나타난 딸아이 때문에 어찌할 바를 몰라 쩔쩔매던 켈리 교수와는 달리, 이 패러디 속 여자 교수는 아이를 자기 무릎에 앉히고는 분유를 먹이면서도 태연하게 계속해서 인터뷰를 이어간다. 그 상태 그대로, 잠시 후 보행기를 타고 들어오는 아기에게는 딸랑이 장난감으로 달래가면서도 인터뷰를 멈추지 않는다. 생방송 카메라 앞에서도 그녀는 두 아이의 육아와 자신의 직업적 인터뷰를 눈 하나 깜짝하지 않고, 문자 그대로 "동시에" 해낸다. 아이들이 나간 후에도 여자는 요리, 다림질 등의 각종 집안일을 계속 하면서도 뉴스 인터뷰가 끊이지 않고 매끄럽게 진행된다. 심지어 그녀는 인터뷰 도중에 양말을 찾는 자기 남편에게 양말을 건네주기도 한다. 아내가 생방송 인터뷰를 하는 와중에도 자기 양말조차 스스로 찾아 신지 않고 아내에게 물어보는 그 남자의 한심한 모습까지 이 패러디는 코믹하게 담아낸다.

뉴질랜드에서 만들었다는 이 패러디 영상이 미국 등 다른 나라에서까지 폭발적인 반응을 얻은 이유는, 직업적인 일과 가사, 육아를 모두 동시에 해내야 하는 전 세계 워킹맘들의 상황과 그에 따라 형성된 여성들의 행동 패턴인 "멀티태스킹multi-tasking: 동시에 여러 가지 일을 하는 상태나 능력"을 적나라하게 보여주기 때문이다. 이는 물론 일하는 엄마인 나 또한 십분 공감할 수 있는 내용이다. 딸아이에게 줄 감자를 삶으면서, 감자가 푹 익기까지의 40여 분 동안 부엌 한쪽 구석에 앉아 학생들이 제출한 숙제를 읽어 내거나 하는 정도의 멀티태스킹은 이미 충분히 일상화돼 있기 때문이다. 똑같이 직장 생활을 하고 돈을 벌어 오더라도 가사와 육아의 책임은 여성에게 훨씬 더 많이 지워지는 성차별적인 문화로 말미암아 이런 행동 패턴이 굳어졌다는 사실이 솔직히 씁쓸하기도 하다. 바로 이런 상황으로 인해 여러 가지 일을 동시에 하는 멀티태스킹이 내 또래 세대의 일하는 엄마들 대다수가 가진 행동 패턴이라는 점에 관해서는 이견이 없는 듯하다. 물론 성별에 따라 일반화시킨 "다름"에 관한 관점들이 성차별의 도구로 쓰여서는 안 될 일이다. 정치적인 올바름political correctness을 지키자는 분위기로 인해 예전보다는 덜해졌지만, 그래도 남녀가 보이는 행동을 각각 패턴화해서 그 차이점을 부각한 코미디나 농담을 한국에서도, 또 미국에서도 여전히 드물지 않게 접할 수 있다.

남성과 여성의 차이는 단지 행동에서만 나타날까? 남녀가 각각 사용하는 언어는 어떨까? 앞의 패러디 영상을 만든 사람이 남녀가 각각 가지고 있는 행동 패턴의 차이를 찾아 보여주려 했다면, 사회언어학자[1]들은 남녀가 각각 사용하는 언어 패턴의 차이를 찾아 보여주려고 했다. 이에 따라 등장한 용어가 바로 "genderlect성별 언어"다.

genderlect성별 언어를 논하려면, 먼저 성별을 뜻하는 두 영어 단어인 gender와 sex의 차이점부터 확실하게 알아야 한다. 이 두 단어의 차이를 드셰인 박사Dechaine, R. PhD는 그가 공저로 쓴 「Linguistics for Dummies바보들도 이해할 수 있는 언어학」에서 다음과 같이 정리했다.

Gender is a social role associated with feminine versus masculine behavior.

Sex is a trait associated with the biological difference between female (two X chromosomes) and male (X and Y chromosome).

gender란 여성과 남성의 행동과 연관된 사회적 역할을 말한다.

sex란 여성(두 개의 X 염색체)과 남성(X와 Y염색체)의 생물학적 차이와 연관된 특징을 말한다.[2]

---

1   사회언어학(社會言語學):언어가 사회적 요인에 의하여 어떻게 변이되어 나타나는가를 다루는 학문. 언어학의 한 분야이다. 언어의 변이를 일으키는 사회적 요인에는 사회 계층, 연령, 성별, 직업 따위가 있다. (《표준국어대사전》)

그러니까 언어학에서 말하는 성별 언어genderlect란 남성과 여성의 생물학적 차이와는 아무런 상관없이 남녀 각각이 가진 사회적 역할의 차이로 인해 달라지는 언어 사용을 말한다. 참고로, lect는 dialect방언, idiolect개인어, sociolect특정 사회 계층의 사람들이 쓰는 언어, ethnolect특정 민족이 사용하는 방언 등의 단어에서 볼 수 있는 것처럼, 개인이나 그룹이 사용하는 특수한 형태의 언어와 언어 패턴을 뜻하는 접미사다. 성별 언어genderlect, 즉, 남성과 여성의 언어 차이를 뚜렷하게 보여주는 대표적인 예를 드셰인 박사는 일본어를 통해 다음과 같이 보여준다.

In casual Japanese, for 'I' a woman says watasi, but a man says boku. And women often add wa to the end of their sentences. So, for 'I will go back', a woman says watasi kaeru wa; a man says boku kaeru.[3]

일본어 일상 회화에서 여성은 '나는'을 "와타시"라고 말하지만, 남성은 "보쿠"라고 한다. 그리고 여성들은 문장 끝에 "~와"를 붙인다. 그래서 "내가 돌아갈게요."라는 문장을 여성은 "와타시 카에루 와"라고 말하고, 남성은 "보쿠 카에루"라고 말한다.

드셰인 박사는 이렇게 일본어를 포함한 몇몇 언어에서 남성과 여성

2,3 Dechaine, et al. (2013) *Linguistics for Dummies*. John Wiley & Sons. Ontario.

이 사용하는 단어 자체가 아예 다르다는 점을 지적한다. 이는 어떤 언어에서는 남녀가 각각 사용하는 언어의 어휘적 차이lexical difference 가 존재함을 보여준다. 우리가 사용하는 한국어는 이런 경향이 강하지는 않지만, 그렇다고 남녀 언어의 어휘적 차이가 아예 존재하지 않는 것은 아니다. 이를테면, 나이가 많은 남자 형제를 남성은 "형"이나 "형님"이라고 부르지만, 여성은 "오빠"나 "오라버니"라고 부른다. "누나"와 "언니" 또한 마찬가지의 예다. 또 한국어에는 여성들은 사용하지만, 남성들은 거의 사용하지 않는 단어도 존재한다. "계집애"가 변형된 "기지배", "지지배", "기집애" 등이나, "어머머"와 같은 감탄사가 그 예다. 바로 그런 이유로 홍석천 씨 같은 배우들이 여성스러운 말투를 표현할 때면 언제나 이런 식의 단어를 선택하고 강조해서 사용하는 것이다.

같은 책에서 드셰인 박사는 남녀의 언어 차이가 어휘뿐만 아니라 문법에서 나타나는 예시도 제시한다. 호주 원주민들의 언어인 야뉴와어Yanyuwa에서는 명사, 동사, 대명사 등에 각종 접미사를 붙이는데, 남성이 사용하는 접미사 체계와 여성이 사용하는 접미사 체계가 서로 완전히 다르다고 한다. 남녀의 언어 사용에서 이런 문법 형태의 차이morphological difference 또한 우리 한국어에는 두드러지게 나타나지는 않지만, 한국어에 이런 차이가 아예 존재하지 않는 것은 아니다. 예를 들어, 여성들에게서 가끔 들을 수 있는 "몰라 몰라."나 "어머 어머!" 등과 같이 똑같은 단어가 반복되는 형태를 보통의 한국 남자에게서 듣는 일은 거의 없다. 동사 활용의 경우, 여성은 "~하니?"를 남성은 "~하냐?"를 주로 사용하는 것 또한 한국어에서 남녀 언어가 가진 문법 패턴의 차이로 볼 수 있다.

우리가 공부하고 있는 영어는 어떨까? Genderlect 성별 언어가 영어 단어라는 사실은 남녀 언어 사용의 차이를 영어에서도 찾아볼 수 있다는 뜻일 테다. 일례로, 2019년에 출간된 〈미국 영어 회화 문법〉의 모든 대화문은 내가 미국에서 직접 녹음했는데, 그때 미국인 남자 성우들이 한 대화문을 녹음하던 중에 갑자기 웃어 버려서 잠시 녹음이 중단된 적이 있다. 내가 쓴 두 남성의 대화가 지나치게 여성적이라서 남자들의 대화처럼 느껴지지 않는다는 것이 그 이유였다. 그때 녹음 작업의 프로듀서가 "그냥 이 두 사람이 게이라고 치고 계속 녹음합시다!"라고 해서 일단 녹음은 끝냈지만, 나는 찜찜한 마음이 들어서 후에 해당 대화 내용을 두 여성 사이의 대화로 바꿔서 다시 녹음했다. 그 사건이 있고 난 뒤부터, 나는 영어에서 여성들이 사용하는 언어와 남성들이 사용하는 언어에 어떤 차이점이 있는지 주시하기 시작했다. 두 남자 성우가 내가 글로 적어 놓은 대화문을 보면서 여성스럽다고 느꼈다는 것은, 두 성별이 사용하는 언어 차이가 단지 억양과 톤에만 있지는 않다는 걸 의미하기 때문이다.

이런 나의 궁금증을 조금이나마 해소해 준 책이 바로 텍사스 대학교University of Texas 심리학과 제임스 페니베이커James W. Pennebaker 교수가 쓴 「The Secret Life of Pronouns단어의 사생활[4]」이다. 사회심리학자인 페니베이커 박사는 아주 오랫동안 영어 사용자들이 쓰고 말하는 단어 유형을 분석하고 연구했는데, 단어를 사용하는 스타일이 성별에 따라 다르다고 주장하면서 자신의 연구 결과를 다음과 같이 요약했다.[5]

- ◆ 1인칭 단수 대명사I, me, my는 여성이 더 많이 사용한다.
- ◆ 1인칭 복수 대명사we, us, our의 사용에는 남녀의 차이가 없다.
- ◆ 관사a, an, the는 남성이 더 많이 사용한다.
- ◆ 긍정적인 감정을 나타내는 단어(예 love, fun, good) 사용에는 남녀의 차이가 없다.
- ◆ 인지적 단어cognitive words(예 think, reason, believe, understand, know, because, rationale)는 여성이 더 많이 사용한다.
- ◆ 사회적 단어social words(예 they, friend, parent)는 여성이 더 많이 사용한다.

---

4 pronouns는 "단어"가 아니라 "대명사"지만, 한국의 사이 출판사에서 출간한 이 책의 번역본 제목이 〈단어의 사생활〉이기 때문에 그 제목 그대로 쓰기로 한다. 참고로, 페니베이커 박사의 원서를 내가 직접 번역해서 인용한 부분은 각주에 원서의 영어 제목으로 표기했고, 사이 출판사의 번역본을 그대로 인용할 때는 번역본의 한국어 제목으로 표기했음을 밝힌다.

페니베이커 박사는 남녀의 이런 언어 사용의 차이가 남자와 여자가 다른 사람들과 어떤 이야기를 더 많이 하는지를 보여준다는 점도 함께 지적했다. 즉, 여자들은 다른 사람들에 관한 이야기를, 남자들은 어떤 사물이나 물체에 관한 이야기를 더 많이 한다고 한다. 이 밖에도 페니베이커 박사가 제시한 남녀 언어 사용의 차이는 다음과 같다.[6]

- 남자들이 더 많이 사용하는 단어는 거창하고 어려운 단어big words, 명사, 전치사, 숫자, 욕설 등이며, 여자들이 더 많이 사용하는 단어는 인칭대명사, 동사, 부정적 감정을 나타내는 단어(예 anxiety), 부정어(예 no, not, never), 확실성을 나타내는 단어 (예 always, absolutely) 등이다.
- 남성들의 언어에 한 문장당 단어 수가 더 많다.
- 여성들은 회피성 표현hedge phrase을 훨씬 더 많이 사용한다.

앞에서도 언급했듯이, 회피성 어구란 상대방의 기분이 상하지 않도록 부드럽게 돌려서 말하는 화법에서 덧붙여지는 표현을 말한다. 페니베이커 박사는 "I think ~내 생각에는 ~", "I believe저는 이렇게 믿는데 ~", "It seems to me제가 보기에는 이런 것 같은데 ~", "I don't know, but ~전 잘 모르겠지

5,6 Pennebaker, J. W. (2011). *The Secret Life of Pronouns: What Our Words Say About Us*. Bloomsbury Press. New York.

만, ~" 등을 여성들이 자주 사용하는 회피성 표현의 예로 든다.[7]

페니베이커 박사는 이런 연구 결과를 중심으로 영화와 문학 작품 속의 남녀 주인공의 언어 사용을 분석했는데, 그 결과가 참으로 흥미롭다. 일례로, 어떤 영화에서는 여자와 남자가 모두 여자처럼 말한다고 한다. 다 그런 건 아니지만, 주로 여성 작가들이 쓴 여성적인 작품들이 그렇다고 한다. 달콤하고 감미로운 로맨틱 코미디 영화로 잘 알려진 시나리오 작가 노라 에프론Nora Ephron의 "유브 갓 메일You've got mail"과 "시애틀의 잠 못 이루는 밤Sleepless in Seattle"이 그 대표적인 예이며, 또 다른 로맨틱 코미디 영화인 소피아 코폴라Sofia Coppola가 쓴 "사랑도 통역이 되나요?Lost in Translation"도 마찬가지라고 한다. 그리고 페미니즘 영화의 대표 격이라고 할 수 있는 캘리 쿠리Callie Khouri의 "델마와 루이스Thelma & Louise"도 그 예라고 한다. 마찬가지로, 페니베이커 박사는 여자와 남자가 모두 남자처럼 말하는 작품들도 함께 언급한다. 이런 경우는 당연히 남성 작가가 쓴 영화나 작품이 주를 이룬다. 쿠엔틴 타란티노Quentin Jerome Tarantino 감독이 직접 각본을 쓴 "펄프 픽션Pulp Fiction"과 캐머런 크로Cameron Crowe의 "올모스트 페이머스Almost Famous"와 "제리 맥과이어Jerry Mcguire", 그리고 윌리엄 셰익스피어William Shakespeare가 쓴 "로미오와 줄리엣Romeo and Juliet"과

---

7 hedge phrase(회피성 표현)에 관해서는 이 책의 "회피성 어구(hedges)와 강조성 어구(boosters)_언어의 강약을 조절하는 기술"에서 자세히 다뤘다.

"티투스 안드로니쿠스Titus Andronicus"가 그렇다고 한다. 이런 야무진 분석을 내놓은 페니베이커 박사의 이야기를 직접 한번 들어보자.

캘리 쿠리의 작품에 등장하는 남자들이 흥미로운 이유는 그들이 여자보다 더 여자같이 말하기 때문이다. (중략) 이 영화[8]에서 또 중요한 점은 브래드 피트가 맡은 역할을 포함하여 모든 남자가 여성적인 스타일로 말한다는 점이다. 그렇기는 하지만 조금이라도 여성적으로 간주될 행동을 하는 사람은 없다.

쿠엔틴 타란티노의 "펄프 픽션"에서는 이와 정반대의 양상을 볼 수 있다. 이 영화에서 가장 전형적으로 여성적인 인물은 아마도 부치(브루스 윌리스 분)의 여자 친구인 젊은 프랑스 여자 파비안일 것이다. 하지만 여성스러운 외모와 아이 같은 목소리에도 불구하고 파비안이 쓰는 말은 분명 남성적인 언어다. (중략) 영화를 좋아하는 사람들에게는 쿠엔틴 타란티노 작품의 등장인물들이 남성의 언어를 사용한다는 점이 그리 놀라운 일이 아닐지도 모른다. 그럼 윌리엄 셰익스피어 같은 시인이라면 어떨까? "로미오와 줄리엣"에서 가장 유명한 장면, 젊은 연인들이 서로 찬미하는 장면을 살펴보자. (중략) 그럭저럭 읽어만 본다면 두 사람, 특히 줄리엣이 남성적인 스타일로 자신을 표현하고 있다는 사실이 전혀 드러나지 않을 것이다. 두 사

---

8 델마와 루이스 (Thelma & Louise, 1991)

람 모두 "나"라는 단어를 매우 적게 사용하고, 인칭대명사의 사용 빈도가 대체로 평균 이하이며, 관형사의 사용 빈도가 평균 이상이다. 특히 이런 사적이고 분위기 있는 상황치고는 더욱 그렇다. 셰익스피어와 타란티노는 남자이고 남자처럼 글을 쓴다. 이들의 남녀 등장인물은 남자들의 스타일로 기능어를 사용한다. (중략) 셰익스피어가 흥미로운 이유는 그가 현실에 기반을 둔 주제와 여자들의 관심사를 훌륭히 담아내기 때문이다. 하지만 기능어 사용이라는 측면에서 보면 셰익스피어는 타란티노와 마찬가지로 여자들의 마음속까지 들어가지는 못한다는 것을 알 수 있다."[9]

---

9 제임스 W. 페니베이커 (2016) 〈단어의 사생활〉, 사이

영어의 성별 언어 2

(**genderlect**: 성별에 따라 달라지는 언어 사용)

여성적 화법과 남성적 화법의 실례

페니베이커 박사의 「The Secret Life of Pronouns 단어의 사생활」를 읽으면서 볼 수 있었던 이런저런 구체적인 단어와 문법의 예시들은 아 선생의 가려웠던 부분을 시원하게 긁어 주었으며, 오랜 기간 영어를 사용하며 일상생활을 해온 내게는 꽤 설득력 있게 들렸다. 그런데 흥미롭게도, 언어학 서적에서 영어의 성별 언어genderlect를 다룰 때는 구체적인 단어나 문법을 통한 예시보다는 남녀의 서로 다른 말하기 방식에 중점을 둔 설명이 대다수다. 페니베이커 박사가 언어학자가 아닌 심리학자라는 사실을 고려해 보면 참으로 아이러니하다. 그렇지만 그 이유를, 언어학자인 드셰인 박사가 말하는 다음의 설명에서 찾을 수 있다.

For languages like English, the differences between female and male speech are more elusive. In response to the first wave of modern feminism, research in the 1970s and 1980s focused on uncovering differences between male and female speech. But the more they looked, the less they found! After a lot of prodding and poking around, linguists concluded that men and women – at least in English speaking countries such as Australia, Canada, New Zealand, the United States, the United Kingdom – use the same linguistic features but differ in the contexts and extent to which they use them. [1]

영어와 같은 언어의 경우, 남녀 언어 사용의 차이는 더욱 규정하기가 힘듭니다. 모던 페미니즘의 첫 번째 물결에 대한 응답으로, 1970년대와 1980년대의 연구는 남녀의 언어 사용 차이를 알아내는 것에 집중했습니다. 그러나 더 많이 연구할수록 더 적은 차이점을 발견했죠! 많이 들쑤시고 여기저기 파본 결과, 언어학자들은 적어도 호주, 캐나다, 뉴질랜드, 미국, 영국과 같은 영어 사용 국가에서는 남자와 여자가 똑같은 언어 형태를 사용하되, 사용하는 문맥과 또 어느 정도를 사용하는지만 차이를 보인다는 결론을 내렸습니다.

한마디로, 영어권 국가의 여성과 남성은 사용하는 언어의 형태는 같

---

1 Dechaine, et al. (2013) *Linguistics for Dummies*. John Wiley & Sons. Ontario.

고, 그것을 사용하는 문맥과 사용 정도에서만 차이를 보인다는 말이다. 나는 이 말을, 남녀가 똑같은 단어와 문법을 사용하되, 그 화법은 달리한다고 해석했다. 결론적으로, 드셰인 박사는 영어권 남녀가 가진 화법의 차이를 다음 세 가지로 요약한다.

대화의 목적conversational goal이 다르다. 여성들은 사회적 유대감social bonds을 강화하려고 대화하기 때문에 칭찬을 자주 한다.

"What a gorgeous dress!" 너무나도 아름다운 드레스네요!
"You're so smart!" 정말 똑똑하세요!

반면, 남성들은 서로 정보를 교환하기 위해 대화한다.

"The Alberta economy is heating up."
앨버타의 경제가 좋아지고 있습니다.

대화의 내용conversational content이 다르다. 여성들은 주로 자신이 어떻게 느끼는지how they feel에 관해, 남성들은 자신이 무엇을 하는지what they do에 관해 이야기한다.

대화의 흐름conversational flow이 다르다. 여성들은 질문을 해서 상대가 말을 하도록 격려함으로써 대화가 지속되도록 하는데, 이는 서로 협력cooperation과 친밀한 관계rapport를 쌓는 데 집중하기 때문이다. 반면, 남성들은 대화하면서 자주 주도권 경쟁seek to dominate and control the interaction을 하는데, 끼어들거나 이의를 제기하거나, 반박함으로써 그렇게 한다. 이 모든 방법으로도 주도권을 빼앗기면 상대를 아예 무시해 버리기도 한다.[2]

나는 앞의 첫 번째 차이점을 읽으면서 피식하고 웃음이 났다. 그 이유는 언어학자들이 예로 든 이 문장들이 실제로 내 주변 미국 여성들이 지나치다 싶을 정도로 자주 사용하는 표현이기 때문이다. 한국인인 내가 느끼기에 미국 여성들은 좀 과하다 싶을 정도로 칭찬을 많이 한다. 옷이나 구두, 가방 같은 패션이나 헤어스타일, 외모뿐만 아니라, 상대방이 한 일이나 상대방의 지적 능력 등에 관한 칭찬까지도 미국 여성들과 말하다 보면 단골로 등장하는 대화 소재다. 심지어 마트 계산대에 줄 서 있다가도 모르는 사람에게 뜬금없이 내 패션이나 헤어스타일에 관한 칭찬을 들었던 적이 한두 번이 아니다. "I like your shoes.당신 구두가 마음에 드네요." 정도의 가벼운 칭찬에서부터 "amazing놀라운"이나 "fabulous기막히게 멋진/엄청난/굉장한" 등의 표현이 들어간, 어찌 보면 다소 과장된 화법으로 칭찬하는 사람들도 심심찮게 볼 수 있다. 이는 내가 패셔니스타라서가 아니라, 미국 여성들이 상대방과의 유대감이나 친밀감을 강화하기 위해 사용하는 커뮤니케이션 방식이 그런 것이다. 이렇게 영어권 여성들은 대화 시 협력과 친밀한 관계에 집중하는 화법을 주로 사용한다.

---

2 Dechaine, et al. (2013) *Linguistics for Dummies*. John Wiley & Sons. Ontario.

반면, 드셰인 박사가 언급한 앞의 세 번째 차이점에서 볼 수 있듯이, 영어권 남성들은 여성들과는 달리 주도권 경쟁에 집중하는 화법을 쓴다는 점을 다수의 언어학자가 지적한다. 일례로, 드셰인 박사의 이런 지적을 뒷받침하는 내용을 언어학자인 조지 율George Yule의 저서에서도 찾아볼 수 있다. 율은 남녀 언어 사용의 이런 차이를 세 살 무렵부터 이미 볼 수 있다고 주장하면서, 그 이유를 다음과 같이 말한다.

> Throughout childhood, boys socialize in larger groups, often in competitive activities, establishing and maintaining hierarchical relationships (I'm Spiderman, and you have to follow me). Girls socialize in smaller groups, more often in co-operative activities, establishing reciprocal relationships and exchanging roles (You can be the doctor now, and I'll be ill). In many societies, this pattern of same-gender socialization is reinforced through separate educational experiences and different social practices.[3]
>
> 어린 시절을 거치면서, 남자아이들은 더 큰 그룹에서 또래들과 어울리면서 서열이 존재하는 관계를 형성하고 유지하면서, 자주 경쟁적인 활동에 참여합니다. (예 "내가 스파이더맨이니까, 넌 나를 따라와야 해.") 여자아이들은 더 작은 그

---

3 Yule, G. (2017) *The Study of Language*. 6th edition. Cambridge University Press. Cambridge.

룹에서 또래들과 어울리고, 서로 동등한 관계를 형성하고 역할을 바꿔 가면서 비교적 자주 서로 협력적인 활동에 참여합니다. (〔예〕 "이제 네가 의사가 될 수 있어. 내가 환자가 될 테니까.") 많은 사회에서 같은 성끼리 보이는 이런 사회화 패턴은 남녀가 다르게 받는 교육적 경험과 다양한 사회적 관습을 통해서 강화됩니다.

각각 2013년에 캐나다에서, 그리고 2017년에 영국에서 출판된 위에서 언급한 언어학 서적들에 나오는 이런 내용들은, 놀랍게도 1990년 미국에서 출판된 언어학 박사 데보라 테넌Deborah Tannen의 책 「You Just Don't Understand당신은 그저 이해를 못 할 뿐이에요」 내용과 크게 다르지 않다. 참고로, 테넌 박사는 미국의 조지타운 대학Georgetown University에서 사회언어학을 가르치는 교수로, 미국 사회에서 남녀의 언어 차이를 주제로 다수의 책을 출간했다. 그중 「You Just Don't Understand」는 지금까지도 미국에서 성별 언어를 주제로 다룬 책 중 가장 유명한 베스트셀러다. 이 책에서 테넌 박사는 자기 남편과 자신의 화법이 다른 이유를 미국 사회의 성별 언어를 연구한 후에야 비로소 이해할 수 있었다고 하면서 다음과 같이 주장했다.

Having done the research that led to this book, I now see that my husband was simply engaging the world in a way that many men do: as an individual in a hierarchical social order in which he was either one-up or one-down. In this world, conversations are negotiations in which people try to achieve and maintain the upper hand. (중략)

I, on the other hand, was approaching the world as many women do: as an individual in a network of connections. In this world, conversations are negotiations for closeness in which people try to seek and give confirmation and support, and to reach consensus.[4]

이 책을 쓰게 한 연구를 마치고 난 후에, 나는 내 남편이 그저 많은 남성이 하는 방식으로 세상과 소통했다는 사실을 깨닫는다. 그 자신이 위나 아래가 될 수 있는 계급적 사회의 서열 속에서의 한 개인으로서 말이다. 이런 세계에서 대화란 우위를 획득하고 지키려고 노력하는 사람들 사이에서의 협상과도 같다. (중략) 그와는 반대로, 나는 많은 여성이 하는 방식 그대로 세상에 접근했다. 서로 연결된 관계 속에서의 한 개인으로서 말이다. 이런 세계에서 대화란 서로 확인시켜 주고 응원하면서 합의를 하려는 사람들 속에서 친밀감을 나누기 위한 협상과도 같다.

테넌 박사는 남녀의 각기 다른 이런 세계관의 차이로 인해, 여성은 친밀감intimacy 또는 친밀감을 나타내는 화법으로, 반면 남성은 개인

---

4 Tannen, D. (1990) *You Just Don't Understand : Women and Men in Conversation.* Ballantine Books. New York.

으로서의 독립성과 자립성independence을 중심으로 주도권 경쟁seek to dominate and control the interaction에 집중하는 화법으로 대화한다고 한다. 바로 이런 차이 때문에 서로 다른 성이 소통하기 힘들다고 테넌 박사는 말한다.

영어의 성별 언어를 다룬 이런 언어학 서적들을 읽으면서, 나는 내가 아는 나이 든 미국 남자들의 화법과 대화 방식이 떠올랐다. 어느 날 저녁, 친구 부부와 저녁 식사를 하던 중 이스라엘의 팔레스타인에 대한 폭압적 체제를 비판하는 내게 친구의 미국인 남편이 이렇게 말했다.

> "If you study more about their history, you won't criticize Israelis."
> 당신이 그들의 역사에 대해 더 공부해 보면, 이스라엘 사람들을 비판하지 못할 거요.

이 문장은 바꾸어 말하면, "당신은 나만큼 그들의 역사에 관해 공부를 안 했고, 그래서 이스라엘을 비판하는 거요."가 된다. 이스라엘과 팔레스타인의 얽히고설킨 역사적 배경을 나도 잘 알고 있다. 그들의 복잡한 사정 때문에, 나는 누구든 나와 다른 의견을 가질 수도 있다고 생각한다. 그런데 이 문장에 나타나는 그의 화법을 보자. 상대방과 다른 자신의 의견을 나누고 싶어 하는 존중보다는 그저 서열상으로 우위에 서고 싶어 하는 우월적인 태도가 담겨 있을 뿐이다. 상대방과 다른 의견을 개진하며 대화를 이어가려는 사람이라면 자신의 의견이 어떻게 다른지를 설명하지, 상대가 공부를 더 하면 그런 소리를 안 할 거라는 말은 안 할 테니까. 만약 그가 이스라엘 출신이거나, 유대인이거나, 혹은 역사학자이거나, 아니면 최소한 학부에서라도 역사학을 전공한 사람이라면, 나는 이 문장을 충분히 납득하고 있는 그대로 받아들일 수도 있었을 테다. 그렇지만 그는 유대인도아니고, 역사와는 전혀 무관한 이공계 전공자였다. 아무리 상대가 나보다 그 주제에 관한 지식이 없다는 생각이 들더라도, 상대를 존중한다면 "If you study more about it, ~"이라는 말을 하지 못할 것이다. 나는 작정하고 싸우자는 의도를 가졌을 때만 그런 화법을 쓰기 때문에, 사교 목적으로 마련된 저녁 식사 자리에서 그런 말을 하는 그를 이해할 수가 없었다. 그렇지만 성별 언어를 공부하면서, 친밀한 관계에 집중하는 여성적 화법을 쓴 나와는 달리, 그는 그저 그세대의 미국 남자답게 주도권 경쟁에 집중하는 화법을 썼을 뿐이라는 사실을 알게 되었다.

남편과 플로리다에서 우연히 알게 된 어느 한국계 미국인 남성과 처음으로 식사하게 된 자리에서는 이런 일도 있었다. MIT Massachusetts Institute of Technology: 매사추세츠 공과 대학와 하버드 대학에서 공부했다는 그의 대단한 학벌에 관한 이야기를 한참 듣고 난 후에, 남편이 그에게 나를 소개하면서 플로리다 주립대에서 강의하면서 한국에서 책을 출간했다고 이야기했다. 그러자 그는 나한테 무슨 책을 쓰냐고 물었다. 당시 〈미국 영어 문화 수업〉이 막 출간된 직후였기에, 나는 계속 영어책을 쓰다가 이번에 미국 문화에 관한 에세이집을 출간했다고 했다. 나의 대답에 그가 이렇게 말했다.

> "I don't get it. I've lived in America for a long time, but I still don't understand American culture."
> 이해가 안 되네요. 나는 미국에 그토록 오래 살았는데도, 여전히 미국 문화를 이해 못하겠는데.

그는 1960년대 한국에서 미국으로 이민해 온 부모님 밑에서 태어나 지금까지 쭉 미국에서 살았으며, 나이도 나보다 열 살 정도 많은 사람이다. 그가 나보다 미국에 훨씬 더 오래 살았다는 건 그도 나도 서로 잘 알고 있는 사실이었다. 게다가 한국어를 못하는 그는, 나와는 달리, 100% 영어의 세계에서만 사는 미국인이다. 그런 그가 말한 앞의 문장에 대한 화답으로, 나는 내 책은 한국과 미국의 언어, 문화적 차이를 중심으로 한국 독자들에게 한국 문화와 대비되는 미국 문화를 중점적으로 소개하는 내용의 책이라고 말하려 했다. 내가 말을 꺼내는 바로 그 순간, 그는 내 말을 끊고는 갑작스럽게 대화의 주제를 바꿔서 전혀 다른 이야기를 하기 시작했다. 그러니 그가 주도하는 대화의 흐름을 보면, 그가 말한 앞의 문장은 처음 만난 나와 유대감이나 친밀감을 쌓으려는 의도는 전혀 없는 말이었다는 것을 알 수 있었다. 내 책에 대해서는 궁금하지도 않고 듣지도 않으려고 하면서 그런 말을 한 그가, 내 입장에서 다소 무례하게 느껴지는 것은 어쩔 수 없었다. 설사 무례하게 굴 의도는 아니었다 하더라도, 그는 그런 식으로 상대방의 말을 듣는 것보다는 자기 말을 하는 것에만 집중하는 화법을 초지일관 사용했다. 어쩜 그렇게 처음부터 끝까지 테넌 박사가 말하는 "주도권 경쟁에 집중하는seek to dominate and control the interaction" 남성적 화법을 사용할 수가 있는지 신기할 따름이었다.

테넌 박사는 미국 남성들이 왜 이런 식의 화법을 갖게 되었는지 그 배경을 이렇게 말한다. 대부분의 남성은 서열이 존재하는 세계에 살고 있어서 상대방과의 서열 속에서 자신이 우위를 점하려고 하므로 자연스럽게 그런 화법이 일상화되었다고.[5] 물론 주말에 편안하게 만나는 친구 부부와 함께하는 저녁이나 남편 지인과의 식사 자리에서조차도 "서열"이 존재할 거로 생각하지 않는 여성인 나로서는 도무지 이해할 수 없는 일이지만 말이다. 또 다른 어느 미국인 남성과의 대화에서 비슷한 일을 겪었을 때, 난 내 친구 제니에게 불만을 토로하며 하소연했다. 그런데 제니가 별로 놀라지도 않으면서 이렇게 말하는 것이었다.

5   Tannen, D. (1990) *You Just Don't Understand : Women and Men in Conversation.* Ballantine Books, New York.

"Well, he's just a white man doing a white man thing."
뭐, 그 사람은 그냥 백인 남자들이 흔히 하는 짓을 하는 백인 남자일 뿐이야. (이 문장은 요즘 유행하는 화법으로 말하자면, "백인남이 백인남했네." 정도로 표현될 수 있을 것이다.)

자신도 백인인 제니가 백인 남자의 그런 행동을 "백인 남자가 하는 짓white man thing"이라고 못 박는 것이 우스워서 나는 깔깔 웃었다. 이렇게 미국에서 나이 많은 남자들과 대화하다가 이런 식의 화법에 멍해졌던 순간이 여러 번 있었는데, 성별 언어를 다룬 테넌 박사의 책은 그런 남자들의 화법이 내포한 의도, 또는 그런 화법의 심리적 배경이 되는 그들의 사고방식과 태도를 파악하는 데 큰 도움이 됐다. 테넌 박사의 책에는 미국 남자들의 대체적인 커뮤니케이션 패턴과 그들의 속내가 적나라하게 드러나는 화법의 구체적인 예시가 다양하게 나와 있었다.

그렇지만 앞의 사례들을 보고 모든 미국 남성들이 이런 식의 화법을 가졌다고 오해하면 절대로 안 된다. 솔직히 나는 예의 바르고 겸손한 미국 남성들을 훨씬 더 자주 접하기 때문이다. 더불어, 데보라 테넌 박사가 1945년생으로 현재 80대라는 사실을 강조하고 싶다. 앞서 예로 든 지인인 미국인 남성 둘은 현재 50대와 60대다. 굳이 이들의 나이를 언급하는 이유는, 플로리다 주립대에서 내가 가르치는 20대 초반의 미국인 남학생들에게 이 책을 읽게 했을 때는 또 다른 이야기를 들을 수 있었기 때문이다. 한 남학생은 자신의 경우는 남자임에도 불구하고 오히려 테넌 박사가 말하는 여성적 화법을 구사하는 편인 것 같다고 했다. 그는 자신의 친구 중에는 이 책이 말하는 남성적 화법을 사용하는 녀석들이 아주 조금 더 많긴 하지만, 그래도 이 책이 말하는 여성적 화법을 사용하는 남성을 보는 것이 자신의 세대에서는 그리 드문 일이 아니라고 했다. 그리고 그의 이런 주장이 전혀 놀랍지 않았다. 실제로 나는 테넌 박사의 책에서 묘사하는 남성들과는 사뭇 다른 화법을 사용하는 요즘의 젊은 세대 미국 남성들을 꽤 봐 왔기 때문이다. 이는 아마도 세상이 바뀐 만큼 여성과 남성이 가진 세계관도 함께 변했기 때문일 것이다. 이렇게 바뀐 그들의 세계관으로 인해 각각의 성에 부여되는 사회적 역할 또한 달라졌을 테고, 이는 그들이 사용하는 언어와 화법에도 적지 않은 영향을 줬을 것이다. 이미 언급했듯이, 성별 언어ggenderlect에서 gender는 남성과 여성의 생물학적 차이가 아닌 "사회적 역할의 차이"를 의미하기 때문이다. 만약 테넌 박사가 타임머신을 타고 2050년으로 가서 미국 영어의 성별 언어에 관한 연구를 다시 해 본다면, 그때는 어떤 결과가 나올지 알 수 없는 일이다. 미국 사회가 변하는 만큼 미국 여성과 미국 남성이 사용하는 언어 또한 함께 변할 테니 말이다.

언어를 문화적 관점에서
이해하지 않으면 생기는 일

유창한 바보fluent fool가 되지 않으려면

M은 영어를 원어민 수준으로 유창하게 구사하는 학생으로, 미국의 한 대학에서 이미 석사 과정을 마쳤고, 자기 나라로 돌아가기 전에 영어 실력을 더 쌓기 위해 플로리다 주립대 CIES[1]로 왔다. 그의 영어는 문법과 발음, 그리고 유창성 면에서 보면 원어민에 가까웠다. 하지만 그는 자신을 가르치는 선생님들이 자신을 무례하게 생각한다는 사실조차 모르고 있었다. 솔직히 나는 M의 언행을 크게 문제 삼지 않았는데, CIES에서 아예 대놓고 무례하게 구는 학생들을 수도 없이 봐 왔기 때문이었다. 하지만 미국인 강사들의 생각은 달랐다. 그들은

---

1 Center for Intensive English Studies: 플로리다 주립대(Florida State University) 소속 영어 센터

M이 영어를 원어민 수준으로 잘하기 때문에 그런 그의 행동을 더욱 용납할 수 없다고 했다. 그것은 CIES의 센터장인 케넬 박사가 영어 수업을 듣는 국제 유학생들보다 영어 교사 자격증 수업을 듣는 미국인 학생들에게 더 엄격한 잣대를 들이대는 이유와도 같았다.

M이 아무리 영어를 잘한다고 해도 그는 미국인이 아니다. 내가 보기에는 그의 무례한 언행이 100%까지는 아니더라도 상당 부분 본의 아니게 저지르는 실수로 보였다. 어떤 경우에는 자신이 무례함을 저지르고 있다는 사실조차 인지하지 못하고 있는 것 같았다. 언어교육학계에서는 M과 같은 학생을 "유창한 바보fluent fool"라고 부른다. 「New Ways in Teaching Culture문화를 가르치는 새로운 방식」라는 책은 "유창한 바보"를 이렇게 정의한다.

> A fluent fool is someone who speaks a foreign language well but doesn't understand the social or philosophical content of that language. Such people are likely to get into all sorts of trouble because both they themselves and others overestimate their ability. They may be invited into complicated social situations where they cannot understand the events deeply enough to avoid giving and taking offense. Eventually, fluent fools may develop negative opinions of the native speakers whose

language they understand but whose basic beliefs and values continue to elude them.[2]

유창한 바보란 외국어를 매우 잘하지만, 해당 언어의 사회적 또는 철학적 내용은 이해하지 못하는 사람을 말합니다. 그런 사람들은 모든 종류의 곤란에 부딪히기 쉬운데, 그 이유는 그들 자신과 다른 사람들 모두 그들의 (언어) 실력을 과대평가하기 때문이죠. 그들은 복잡한 사회적 상황에 부닥치게 됐을 때 그런 상황에서 벌어지는 일들을 충분히 이해하지 못해서 다른 사람의 기분을 상하게 하거나 자신이 화를 내는 상황을 모면하지 못합니다. 결국 유창한 바보들은 원어민들에 관해 점점 더 부정적인 의견을 갖게 되는데, 원어민들의 언어는 이해하지만, 그들의 기본적인 믿음과 가치는 이해하지 못하기 때문이지요.

미국에 이런 국제 학생들이 얼마나 많았으면, 1993년에는 "유창한 바보가 되지 않는 법: 언어의 문화적 차원을 이해하기How Not To Be a Fluent Fool: Understanding the Cultural Dimension of Language by Milton J. Bennett"라는 책까지 출판됐다. 영어를 "유창하게" 잘한다면 상당히 열심히 공부한 사람일 텐데, 왜 이런 처참한 결과가 나오게 된 걸까? 언어교육학자인 판티니 박사는 이들이 언어를 공부하는 방식에 다음과 같은 문제가 있음을 지적한다.

2, 3, 4 Fantini, A. (1997) *New Ways in Teaching Culture*. TESOL, Inc. Virginia.

Many students view language only as a communication tool... In this view, languages are sets of words tied together by rules, and learning a foreign or second language is the simple (but tedious) process of substituting words and rules to get the same meaning with a different tool.[3]

많은 학생이 언어를 그저 의사소통의 도구로만 봅니다. (중략) 이런 관점으로는, 언어는 그저 규칙으로 묶인 단어들의 조합일 뿐이며, 외국어를 배운다는 것은 다른 도구로 똑같은 의미를 전달하기 위해 단어와 법칙을 교체하는, 단순하지만 지루한 과정일 뿐이지요.

이는 바로 우리 세대의 한국인들이 학교에 다닐 때 영어를 공부했던 방식이다. 이렇게 공부한 사람이 영어로 유창하게 말하게 되는 것도 드문 일이지만, 유창한 영어 실력을 갖춘다고 하더라도 "유창한 바보"가 될 확률이 무척 높다. 유창한 바보가 되지 않기 위해서는 언어를 문화적인 관점cultural dimension of language에서 온전하게 이해해야 한다고 주장하는 판티니Fantini 박사의 말을 좀 더 들어 보자.

Language proficiency must be developed within the context of appropriate behaviors, determined by the norms of a specific culture. To achieve this, both the target language and culture must be explored.[4]

언어 능숙도는 해당 문화권의 규범에 따라 정해진 적절한 행동의 문맥 안에서 성장해야 합니다. 이를 성취하기 위해서는 해당 언어와 문화를 둘 다 탐구해야 합니다.

판티니 박사는 문화를 탐구한다는 것은 그 문화가 가지고 있는 가치 values, 신념beliefs, 관습customs 뿐만 아니라, 적절한 소통 방식과 행동 양식appropriate interactional strategies and behaviors까지 함께 분석하는 것이라고 말한다. 사실 내가 보기에 이는 당연한 말이다. 한 문화 안에서의 소통 방식과 행동 양식은 그 문화권 사람들이 가지고 있는 가치와 신념을 담고 있는 관습이기 때문이다. 바로 이런 이유로, 나는 영어 교사가 되려는 학생들에게 말하기 시간에 이런 문화적 측면을 반드시 함께 가르치라고 강조한다. 그 구체적인 사례로, 지금부터는 미국 문화권 내에서 사제 간의 소통방식과 행동 양식을 집중적으로 탐구해 보는 시간을 갖겠다.

앞서 언급한 M의 이야기로 돌아가 보자. M에게 여러 강사가 격식을 갖춘 자리에서 쓰이는 영어, 선생님이나 교수님과 대화할 때 사용해야 하는 어법 등을 가르쳤지만, M은 변하지 않았다. 나도 M에게 회피성 어구hedge phrase를 몇 가지 가르쳐 주면서, 격식을 갖춘 예의 바른 표현에 관해 언급했지만, 소용이 없었다. 그러자 씨아페타Ciappetta 박사가 극약처방을 내렸다. M이 수업 시간에 하는 말 중에서 적절하지 않거나 무례한 표현들을 모두 기록해서 M에게 그 발언들의 문제점을 하나하나 지적해 주기로 한 것이다. 다음은 그 기록의 일부다.

> M (To the instructor) I've got a problem with this article. I don't like it. Do you know the author? (Stated this with a very matter-of-fact tone.)
>
> Instructor Yes.
>
> M You know the author personally? (Stated with a condescending tone)
>
> M (강사에게) 이 글과 관련해 문제가 하나 있습니다. 저는 이 글이 싫습니다. 이 저자를 아세요? (사무적인 말투로 말함)
>
> 강사 예.
>
> M 이 저자를 개인적으로 아신다고요? (아랫사람 대하는 듯한 말투로 말함)

이 부분에 관해 M은 자신은 선생님에게 그저 농담했을 뿐이라고 말했지만, 교실에서 학생이 선생님께 이런 식의 농담을 하는 것은 부적절한 행동이다. 더군다나 그는 이 말을 "유쾌한 농담"이 아닌, 비꼼이나 빈정댐sarcasm에 주로 쓰이는 어조(말투)로 했다. 게다가 "I don't like it."이라는 문장을 보자. M은 자신을 가르치는 선생님이 아니라, 수업 시간에 사용된 자료가 싫다고 말하는 게 왜 무례한 거냐고 반문했지만, 이는 아주 노골적으로 무례한 언사다. 나도 오래전 고급 듣기 수업에서 이와 비슷한 일을 겪은 적이 있다. 어느 대학 강의를 듣기 교재로 사용했는데, 그 내용을 이해하지 못해서 질문에 답하지 못한 어느 학생이 대뜸 화를 내며 이렇게 말했다.

"This lecture is stupid!"

나는 수업이 끝나고 그 학생에게 수업 중에 선생님께 그런 말을 하는 게 얼마나 무례한 언사인지 알려줬다. M처럼 그 학생도 선생님이 멍청하다는 게 아니라 그 강의가 그렇다고 말한 것도 무례한 것이냐며 반박했다. 하지만 그 강의를 수업 교재로 선택한 것이 누군가? 그 발언이 간접적으로 선생님을 비난하는 것과 대체 무엇이 다른가 말이다. 물론 학생 입장에서 수업 자료가 마음에 들지 않을 수도 있고, 그런 의견을 선생님에게 이야기할 수는 있다. 하지만 그런 자신의 의견을 예의 있게 표현하는 방법 또한 영어에 존재한다. 그래서 대부분의 미국 학생들은 선생님의 기분이 상하지 않게 충분히 존중을 표하면서도 수업 자료의 문제점을 지적할 수 있다. 내가 이렇게 조곤조곤 설명하자, 그 학생은 더 이상 항변하지 못했다. 사실 내가 국제 유학생들을 위한 영어 수업을 하다가 미국인 학생들이 듣는 영어 교사 자격증 과정으로 온 가장 큰 이유 중 하나가, 바로 이 부분 때문이다. 무례한 학생들은 어느 강의실에나 있지만, 외국어 수업을 듣는 학생 중에는 자신의 언행이 상대를 불쾌하게 만들고 있다는 사실조차 인지하지 못하고 있는 이들도 존재하기에 강사에게 더 큰 인내심이 필요하다.

> (Context) A new student introduces herself and shares information about her research in biomedical science.
> M We don't know what any of that means. (Stated in a matter-of-fact tone, but exhibiting a partial smile)

> (문맥) 새로 온 학생이 자신을 소개하고, 의생명과학 분야의 자신의 연구에 관한 정보를 나누자는 상황
> M 우리는 네가 무슨 말을 하는지 하나도 모르겠어. (사무적인 말투로 말했지만, 약간 웃음)

이 부분에 관해서 씨아페타 박사에게 이 정도는 그냥 농담으로 받아들일 수도 있지 않냐고 했더니, 씨아페타 박사는 그의 말투, 어조, 표정이 모두 농담의 뉘앙스가 전혀 아니었다고 했다. 내가 그 자리에 없었으니, 씨아페타 박사가 느낀 것이 더 정확하다고 봐야 할 것이다. 같은 말을 해도 말투와 어조를 달리했을 때, 그 느낌이 확 달라지는 것은 우리 모국어인 한국어에서도 많은 사례를 찾을 수 있다. 그래서 상황에 따른 적절한 말투, 어조, 표정을 사용할 수 있는 것 또한 화용적 능력pragmatic competence을 이루는 주요 구성 요소다.

> (Context) Instructor asks students to read the research article a second time, but this time read and take notes using the Cornell method.

M Is this the only article we're going to read!? We must be REALLY going deep into it!" (Stated with a condescending tone)

(문맥) 강사가 학생들에게 연구 논문을 두 번째 다시 읽으라고 하는데, 이번에는 코넬 방식을 사용해 필기하면서 읽으라고 지시하는 상황
M 우리가 이 논문만 읽을 거예요? 우리 정말로 이 논문을 깊게 파고들겠어요! (거들먹거리는 어투로 말함)

M의 이 발언은 내용도 문제지만, 이 말을 할 때 그의 말투, 억양, 단어 강세, 표정이 내용의 무례함을 증폭시켰다.

(Context) Students are reading and writing notes after directions have already been given.
M How long are our notes supposed to be!? The article is 28 pages! So, the notes are going to be massive! What is the purpose of the notes? Like what are we supposed to capture? How many publications do the researchers have!? (Stated with a condescending tone)

(문맥) 강사의 지시에 따라 학생들이 읽고 필기를 하는 상황
M 우리는 필기를 얼마나 길게 해야 하죠!? 이 논문은 28페이지예요! 그러니까 필기하면 엄청날 거라고요! 필기하는 목적이 뭐죠? 그러니까, 우리가 뭘 포함해야 합니까? 이 연구자들이 얼마나 많이 출간했죠!? (업신여기는 듯한 말투)

(Context) At the end of M's presentation, M answered a few questions. To gauge if there were additional questions, M said.
M "Okay, what else?"

(문맥) M이 발표를 마치고 다른 학생들의 질문에 대답한 후, 질문이 더 있는지 보기 위해 말하는 상황
M "자, 또 뭐죠?"

이 부분은 M이 선생님에게 직접적으로 무례했다기보다는 같이 수업을 듣는 다른 학생들을 존중하지 않는 태도를 드러내는 화법이다. 이 발언이 적절하지 않은 이유는 여기서 "What else?"라는 질문은 당신들의 질문에 나는 관심이 없다라거나 질문이 많아서 짜증 난다는 의미를 함축하는 표현이기 때문이다. 이 상황에서는 "Are there any additional questions I can answer?제가 답해 드릴 수 있는 질문이 더 있습니까?"나 "Is there anything else that I might be able to address?제가 언급할 만한 것이 더 있을까요?"가 훨씬 더 적절한 표현이다. 게다가, M의 경우는 단어 선택뿐만 아니라, 말투와 어조tone 또한 부적절하다는 것이 큰 문제였다.

M의 사례를 보면서 그가 아시아 학생은 절대로 아닐 거라고 생각하는 독자들이 계실지도 모르겠다. 그런 독자분들의 예상을 뒤엎게 되어 송구하지만, M은 아시아인이다. 나는 플로리다 주립대에서 일하

면서 M보다 더 예의 없는 한국 학생들도 심심찮게 봤다. 아무리 〈오징이 게임〉이 히트를 하고 K팝과 K푸드의 인기가 하늘을 찌르더라도, 일반인들이 외국에 나가서 무례한 행동을 하면 힘들게 쌓아 온 한국의 좋은 이미지를 다 깎아 버린다. 판티니 박사는 동방예의지국인 한국에서 온 학생들을 포함한 이런 아시아 학생들이 미국에서 본의 아니게 무례를 범하는 이유를 이렇게 설명한다.

> Often, when Asian students visit the United States, they are struck by the directness of North Americans. As students adjust to U.S. life, they too learn to be more direct. Unfortunately, some are unaware that a subtle indirectness also exists within U. S. culture.[5]
>
> 아시아인 학생들이 미국에 가면, 북미 사람들의 직설적인 소통 방식에 놀라는 일이 자주 있습니다. 이런 아시아인 학생들도 미국 생활에 차츰 적응해 감에 따라, 그들 또한 좀 더 직설적으로 소통하는 법을 배우게 되지요. 하지만 불행히도 몇몇 아시아인 학생들은 미국 문화권 내에서도 미묘한 우회적인(간접적인) 소통 방식이 존재한다는 사실은 인지하지 못합니다.

판티닐 박사는 "미묘하게" 간접적인 방식의 의사소통이라고 표현했

---

5 Fantini, A. (1997) *New Ways in Teaching Culture*. TESOL, Inc. Virginia.

지만, 내가 보기엔 미국인들은 상당히 간접적이고 우회적인 의사소통 방식으로 말할 때가 많다. 특정 상황에서는 돌려서 말하는 완곡어법[6]을 압도적으로 선호하는데, 특히 강의실에서 교수님과 대화할 때처럼 격식을 갖춰야 하는 문맥에서는 더욱 그렇다. 그렇다면 영어에서 간접적이고 우회적인 소통 방식, 즉 완곡한 어법은 어떻게 만들 수 있을까? 문장 구조와 문법과 관련해서 몇 가지 구체적인 팁을 드리면 다음과 같다.

자신의 의견을 주장할 때 단순 현재시제는 피하자. 기초 문법책에서 단순 현재시제가 보편적 진리universal truths를 나타낸다는 설명을 본 적이 있을 것이다. 내 의견을 말하면서 그게 마치 보편적인 진리인 양, 단순 현재시제를 사용하면 독선적이거나 거만해 보일 수 있다.

단순 현재시제를 꼭 써야 한다면 회피성 어구hedge words를 함께 사용하자. 격식을 갖춘 자리에서 자신의 의견을 개진할 때도 회피성 어구를 더하면 좋다. (이 부분은 이 책의 "회피성 어구hedges와 강조성 어구boosters언어의 강약을 조절하는 기술" 부분을 참고하면 된다.)

반면, 강조성 어구boosters는 꼭 필요한 경우가 아니라면, 쓰지 않는 편이 낫다. (이 부분 또한 이 책의 "회피성 어구hedges와 강조성 어구boosters-언어의 강약을 조절

---

6 (언어) 듣는 사람의 감정이 상하지 않도록 모나지 않고 부드러운 말을 쓰는 표현법. '변소'를 '화장실'이라고 하거나 '죽다'를 '돌아가다'로 표현하는 것 따위를 이른다. (〈표준국어대사전〉)

하는 기술" 부분을 참고하면 된다.)

단순 시제보다는 진행형 시제를 쓰자. 특히, 과거 진행형은 영어에서 우회적인 표현을 할 때 쓰이는 대표적인 시제다. 부탁할 때 "I was wondering…"이나 "I was hoping…"이라고 말하는 것이 그 예다. 또, 예의를 갖춰 상대의 일정을 알려 줄 때는 미래 진행형will be -ing을 쓰는 것도 여기에 해당한다.

직접 의문문보다는 간접 의문문을 쓰자. "Where is the restroom?화장실이 어디예요?"보다 "Could you tell me where the restroom is?화장실이 어디인지 알려 주시겠어요?"가 더 우회적인 표현이라 훨씬 부드럽게 들린다.

조동사를 자주, 그리고 제대로 사용하면 좀 더 격조 있으면서도 부드럽게 들린다. 이를테면, 허락을 구할 때는 May I go to the restroom?처럼 can보다는 may가 더 공손하게 들린다. 또 can보다는 could로, will보다는 would로 현재형 조동사보다는 과거형 조동사가 더 우회적인 표현이라 공손하게 들린다는 것도 알아두자.

이와 더불어, 미국인들이 일상 회화에서 쓰는 단어와 격식 있는 자리에서 쓰는 단어를 구분해서 기억해 두고 문맥에 따라 적절하게 골라 쓰면 "유창한 바보"가 될 일은 절대로 없다. 미국인들은 격식을 갖춘 자리나 학술적 문맥에서 사용하는 단어를 big words, 일상 회화에서 쓰는 단어를 small words라고 부른다.[7] 다음의 도표를 보자.

일상적인 회화에서 주로 쓰이는 단어/표현	학술적이거나 전문적인 문어체, 또는 격식을 갖춰야 하는 자리에서 주로 쓰이는 단어/표현
buy 사다	purchase 구입하다
ask ask a question 질문하다	inquire/enquire pose a question 문의하다
get 얻다	receive 취득하다
give 주다	provide 제공하다
bad 나쁜	negative 부정적인
wrong 틀린	incorrect 부정확한
about (부사) 대충	approximately 대략적으로
cheap 싼	inexpensive 저렴한
gather 모으다	garner 수집하다
far 먼	distant 떨어져 있는
problem 문제	inconvenience 불편
leave 떠나다	exit 퇴장하다
find 찾다	navigate 검색하다
make 만들다	create 제작하다
funny 웃긴	humorous 익살스러운
show 보여주다	present 제시하다

---

7 〈미국 영어 문화 수업〉의 "개인어Idiolect에 대하여: 우리는 모두 다르게 말한다" 참조

start 시작하다	begin 시작하다
insult 모욕하다	disparage 폄하하다
stingy 쩨쩨한	frugal 인색한
rich 돈 많은	affluent 부유한
poor 가난한	impoverished 빈곤한
test 시험	assessment 평가
free 시간이 있는	available 만날 수 있는
email 이메일	correspondence 서신
boring 지루한	mundane 일상적인
shy 수줍음 많은	reserved 내성적인
threat 협박	duress 협박/압력
avoid 피하다	eschew 삼가다
be enough 충분하다	suffice 충분하다
beforehand ~ 전에 미리	in advance 사전에
"I told you..." 내가 …라고 말했잖아.	"I communicated with you..." 저는 당신과 …라고 소통했습니다.
"I talked to..." …와 이야기했다.	"I spoke with..." …와 대화했다.

이런 단어 쌍을 많이 접할수록, 어떤 단어가 일상 회화에서 쓰이는지, 또 어떤 단어가 학술적인 문맥에서 쓰이는지를 느낌으로 알 수 있는 직관력intuition을 키우게 된다. 참고로, 격식을 갖춘 영어나 학술

적인 문어체에서 쓰이는 단어는 보통 사전에 "formal"이라고 표시돼 있으니, 새로운 단어를 공부할 때는 이런 부분에도 주목하자.

지금까지 꽤 많은 내용을 다뤘는데, 이 모든 내용은 결국 영어로 style-shifting상황에 따라 반말과 경어를 달리하여 사용하기을 하는 방법이다. Style-shifting이란, 사회언어학sociolinguistics 용어로, 한 사람의 화자가 주어진 상황에 따라 문법이나 단어 등을 바꿔 가며 다른 스타일로 말하는 것을 뜻한다.[8] 그리고 style-shifting을 제대로 해서 상황에 따라 적절한 화법으로 말하는 것은 영어를 할 때도 중요하다. 한국어와 달리 영어에는 문법적인 존댓말honorifics 체계가 없지만, 상대를 존대하면서 말해야 하는 상황은 많다. 따라서 영어로 격식을 갖춰 말할 때 미묘하게 달라지는 화법에 관해서는 여기서 다룬 것처럼 하나하나 공부해서 알아가며 그 패턴을 익히는 수밖에 없다. 어찌 보면 한국어처럼 문법적 체계를 갖춘 존댓말보다 영어식 style-shifting이 언어를 배우는 입장에서 오히려 더 까다롭고 어렵게 느껴지기도 한다. 처음 배울 때는 쉽게 느껴지는 영어가 고급으로 올라갈수록 어려운 이유이기도 하다. 그런데 영어 교사 자격증 수업 시간에 미국인들에게 이 내용을 가르쳤더니, 한 학생이 이렇게 말했다.

---

8 Style-shifting에 관해서는 〈미국 영어 문화 수업: 합하고 더한 책〉의 "한국어는 존댓말 영어는 style-shifting_영어에도 격식은 있다"에서 이미 자세히 다룬 바 있다.

"교수님, 이제는 style-shifting도 AIartificial intelligence: 인공지능가 대신해 준답니다."

그 말을 그냥 웃어넘기려는 내게, 그는 농담이 아니라면서 AI가 했다는 style-shifting 문장의 예시까지 제시했다. 다음은 GoodNotes 라는 앱이 그가 자기 친구와 나눈 가벼운 대화를 격식 있는 톤으로 바꾼 것이다.

(그가 말한 원래 문장)
Sorry, dude! I am suffering from a major hangover. I was up late and passed out before setting my alarms.
미안하다, 자식아. 내가 숙취 때문에 지금 아주 힘드네. 늦게까지 놀다가 알람 맞추기도 전에 완전히 뻗어 버렸거든.

(이 문장을 AI가 바꾼 격식을 갖춘 버전)
I apologize for any inconvenience, but I am unfortunately experiencing the effects of excessive alcohol consumption from the previous night. I stayed up later than intended and fell asleep before activating my morning alarms.
불편을 끼쳐드렸다면 죄송합니다만, 유감스럽게도 저는 전야의 과도한 알코올 섭취로 인한 후유증을 겪는 중입니다. 의도했던 바보다 더 늦게 취침에 들었고, 자명종 시계를 작동시키기 전 잠들게 되었습니다.

AI버전의 style-shifting을 보면서 학생들과 크게 한바탕 웃었지만, 문득 이런 생각이 들었다. 아무리 AI가 인간보다 뭐든 더 잘하는 세상이 온다지만, 예의와 격식을 갖추는 일만큼은 그래도 인간인 우리가 더 잘해야 하는 일이 아닐까? 물론 자신의 목표가 그저 영어권 국가를 별문제 없이 여행하면서 원어민 친구들과 재밌게 어울리는 것에 그친다면, 여기서 다룬 세부적인 내용들까지 신경 쓰지 않아도 상관없을 테다. 하지만 영미권 국가에서 유학을 계획하는 학생이나, 학술적인 세미나, 또는 직업적인 회의와 발표 등과 같이 격식을 갖춘 자리에서 영어를 써야 하는 사람이라면 이런 것들은 매우 중대한 사안이다. 그런 자리에서는 무엇을 말하느냐(말하는 내용)와 더불어 어떻게 말하느냐(문장 구조, 단어 선택, 어조, 말투)도 특히 신경 써야 하기 때문이다. 그저 영어를 유창하게 하는 데서 그칠 것이냐, 아니면 세련되고 품위 있는 영어를 구현해 내는 표현력까지 갖출 것이냐는 결국 학습자 스스로가 정할 목표다.

잠재의식적
영어 습득의 지름길

자동성automaticity **확보와 직관력**intuition **기르기**

미국인들에게 한국어를 가르칠 때 어느 학생과 이런 대화를 나눈 적
이 있다.

아선생 누가 단어 정리를 했죠?
미국인 학생 드니스**는** 단어 정리를 했습니다.

한국인이라면 밑줄 친 문장이 어색하게 들리며, 이 경우 "드니스**가**
단어 정리를 했습니다."라고 말해야 한다는 사실을 누구나 안다. 이
문장 자체는 문법적으로 틀린 게 없지만, 조사 '는'이 문맥에 어울리
지 않기 때문이다. 즉, 문장 자체의 grammar-in-use문법 사용에는 이

상이 없지만, grammar-in-context^{문맥에 맞는 문법 사용}의 측면에서 보면 이는 틀린 문장이다. 이를 지적하자, 그 학생이 이렇게 질문했다.

> "'은/는'도 '이/가'처럼 주격 조사인데 여기서는 왜 '드니스는'이라고
> 하면 안 되나요?"

지금 이 책을 읽는 독자님들은 이 질문의 답을 알고 계시는지? 만약 독자님이 한국어를 가르치는 언어교육자라면 이야기가 달라지겠지만, 그렇지 않다면 이 질문의 답을 모를 가능성이 96.87%라고 아선생은 확신한다. 인제 그만 뜸 들이고 질문의 답을 알려 드리겠다. 일단 질문자가 제시한 기본 명제 자체가 틀렸다. "이/가"가 주격 조사인 것은 맞는 말이지만, "은/는"은 주격 조사가 아니라 보조사(보조조사)다. 그래서 "은/는"의 용법은 주격 조사인 "이/가"와는 다르다. 대화에서 아선생이 "누가" 단어 정리를 했는지를 묻고 있으므로 대답하는 입장에서도 "누가(주어)"를 강조해서 말해야 문맥에 맞다. 그래서 주어를 강조하여 말할 때 쓰는 주격 조사인 "이/가"를 써야 한다. 반면, "은/는"은, "이/가"와는 달리, 주격 조사가 아니라 보조사다. 따라서 주어 뒤에 "은/는"을 사용하면 주어(드니스)가 아니라 행위(단어 정리를 했다는 사실)를 강조하는 문장이 된다. 이렇게 주격 조사와 달리, 보조사는 주어 말고 행위를 강조할 때 쓰인다. 그러니 만약 질문자가 "누가" 단어 정리를 했느냐가 아니라 드니스는 "무엇

을" 했느냐고 묻는다면, "드니스는 단어 정리를 했습니다."가 올바른 문장이다. "은/는"과 "이/가"의 또 다른 점은, "은/는"은 주어뿐만 아니라, 목적어, 심지어 부사 뒤에도 사용할 수 있다.

> 우리 아이는 패스트푸드를 싫어하지만, 감자튀김**은** 잘 먹어요.
> (목적어 뒤)
> 우리 팀이 오늘**은** 졌지만, 내일**은** 이길 거라고 믿어요. (부사 뒤)

이렇게 바로 앞 단어가 주어임을 결정짓는 주격 조사 "이/가"와 달리, "은/는"은 앞 단어가 주어인지, 목적어인지 등의 문장 성분을 결정짓지 않기 때문에 주격 조사가 아니라 보조사로 분류된다.

재밌는 점은 이런 문법 지식을 전혀 모르는 독자님들도 한국어로 말할 때 "은/는"과 "이/가"를 문맥에 따라 자유자재로 사용하는 데 전혀 어려움이 없다는 사실이다. 실제로 한국인이라면 유치원을 다닐 정도의 나이가 되기 전에 이미 "은/는"과 "이/가"를 구분해서 정확하게 사용할 수 있다. "나는 비행기를, 예원이는 나비를 그렸어요." "선생님, 재원이가 꽃병을 깼어요."처럼 말이다. 주격 조사(이/가)와 보조사(은/는)의 차이와 그에 따른 용법을 단 한 번도 공부한 적이 없는 한국의 유치원생들이 이 둘을 정확하게 구분해서 사용할 수 있는 이유는 이런 문법 사용을 의식적 과정conscious process이 아니라 잠재의식적 과정subconscious process을 통해 습득했기 때문이다.

이처럼 언어 습득은 의식적인 과정보다는 주로 잠재의식적인 과정을 통해 일어난다. 아무리 열심히 공부해도 영어 실력이 크게 늘지 않는 사람은 바로 이 잠재의식적 언어 습득 과정은 완전히 무시한 채, 의식적 언어 습득 과정에 기댄 학습법만 사용하기 때문에 그렇다. 언어를 공부하는 사람이라면 이 두 과정의 차이점을 명확하게 인지한 후, 자신에게 필요한 학습법이 무엇인지 구체적으로 알고 접근해야 한다.

먼저 의식적 과정을 통한 언어 학습의 예로는 문법 법칙을 배우고 단어를 외워서 그 조합을 머릿속으로 생각하면서 문장을 만들어 내는 것이 있다. 말하다가 법칙을 어기는 실수를 했을 때 이를 알아차리고 고치는 것 또한 의식적 과정을 통한 언어 학습이다. 앞서 다뤘던 한국어 주격 조사와 보조사의 문법적 차이를 명확하게 인지하고 그 문법 법칙을 머릿속으로 생각하면서 한국어 문장을 만들려는 의식적인 노력도 의식적 과정을 통한 언어 학습이다. 쉽게 말해, 한국의 중·고등학교 교실에서 일어나는 영어 공부 방식은 대부분 의식적 과정을 통한 학습법이다. 여기서 우리가 알아야 하는 중대한 사실이 있다. 그것은 의식적인 학습 과정을 통해 알게 된 문법은 우리가 올바른 문법 사용grammar-in-use을 습득하는 데 별 도움이 되지 않는다는 점이다. 이는 언어교육학계에서 1980년대 초반에 이미 명명백백하게 밝혀진 사실이다.

1974년 듈레이와 버트Dulay and Burt라는 학자들이 영어 학습자는 자신의 모국어와 상관없이 영문법을 습득하게 되는 순서가 모두 비슷하다고 주장했다. 그들은 연구를 통해 모든 학습자가 거치는 "Natural Sequence자연적인 문법 습득 순서"가 있음을 증명했다. 이는 학습자의 모국어가 한국어든 스페인어든 아랍어든 그 무엇이든 상관없이 같은 순서에 따라 영문법 사용을 습득하게 된다는 이론이다. 그렇다면 특정 문법을 집중해서 먼저 가르치면 모든 학습자가 거친다는 이 자연 습득 순서를 뒤집을 수 있을까? 결론부터 말하면, No! 언어교육자가 그 무엇을 먼저 가르치더라도 이 자연 습득 순서를 뒤집을 수가 없다고 학자들은 말한다. 이거 참 신기하지 아니한가? 이 "Natural Sequence" 이론과 관련된 모든 연구 결과를 언어교육학자 누난Nunan은 이렇게 정리했다.

> Not one study showed that the so-called natural order could be changed through instruction. It was also found that knowledge of grammatical rules was no guarantee of being able to use those rules for communication. Learners who were able to identify instances of rule violation, and who could even state

the rule, frequently violated the rules when using language for communication.

그 어떤 연구도 강의와 지도를 통해 이 자연 문법 습득 순서를 바꿀 수 있음을 증명하지 못했습니다. 문법 지식이 있다는 사실이 의사소통 시 문법을 제대로 사용할 수 있음을 보장하지 않는다는 것 또한 증명되었습니다. 문법 법칙을 어긴 사례를 잘 찾아낼 수 있는 학습자들과 심지어 문법 법칙을 잘 설명할 수 있는 학습자들조차도 그들이 대화를 위해 언어를 사용할 때는 자신이 알고 있는 법칙을 어기는 실수를 자주 합니다.

이는 영문법 지식에 관한 한 넘사벽인 한국의 영문법 최고 인기 강사조차도 미국인들과 영어로 대화할 때 자신이 알고 있는 문법 내용을 모두 완벽하게 사용할 수 있다는 보장이 없다는 말이다. 완벽한 문법 지식grammar knowledge이 있는 것과 문법 사용grammar-in-use을 완벽하게 할 수 있는 것은 별개의 문제이기 때문이다. 이런 연구 결과는 모두 언어 학습에서 의식적인 과정과 잠재의식적인 과정이 완전하게 따로 분리되어 있다는 사실을 증명한다. 가장 중요한 것은 실제 사용 가능한 언어 습득은 주로 잠재의식적 과정을 통해 이루어진다는 사실이다. 그렇다면 잠재의식적 과정을 통한 언어 습득은 대체 어떻게 이루어지는 걸까? 잠재의식을 심리학에서는 다음과 같이 정의한다.

잠재의식: 무의식과 의식의 중간 과정. 어떤 경험을 한 후, 그 경험과 관련된 사물, 사건, 사람, 동기 따위와 같은 것을 일시적으로 의식하지 못하고 있으나 그것이 필요하면 다시 의식할 수 있는 상태를 이른다.[1]

이를 언어 습득과 관련해서 보면 이렇다. 우리가 충분한 양의 언어 샘플을 경험하면 즉, 읽고 듣고 말하면, 그 의미를 뇌가 받아들이는 과정에서 자신도 모르는 사이에 해당 언어의 문법, 단어, 발음 등을 습득하게 되어 대화할 때 사용할 수 있게 된다. 이것이 바로 잠재의식적 과정을 통한 언어 습득이다. 이를 구체적으로 구분 지은 학자가 크라센Krashen인데, 그는 언어 학습 시의 의식적 과정과 잠재의식적 과정을 완전히 따로 분리시켰다. 그리고 의식적 과정을 배움learning, 잠재의식적 과정을 습득acquisition이라 칭했다. 크라센의 이 이론에 관해 누난Nunan은 이렇게 말한다.

According to Krashen, when using the language to communicate meaning, the learner must draw on subconscious knowledge. There was nothing particularly new or radical in the suggestion that there were conscious and subconscious processes functioning in language development. What was new and radical

---

1 〈표준국어대사전〉

was Krashen's assertion that these processes were totally separate; in other words, that learning could not become acquisition.[2]

크라센에 따르면, 언어 학습자가 의미를 전달하기 위해 언어를 사용할 때는 잠재의식 속의 (언어) 지식에 기대야 합니다. 사실, 언어 발달에서 의식적, 잠재의식적 과정이 모두 기능해야 한다는 주장은 전혀 새롭거나 급진적인 것이 아니었습니다. 새롭고 급진적인 내용은 <u>이 두 과정이 완전하게 따로 분리되어 있다는 크라센의 주장</u>이었습니다. 그러니까 <u>의식적으로 배운 내용이 (잠재의식적) 습득으로 이어지지 않는다는 주장</u> 말이죠.

이렇게 잠재의식에 저장된 문법과 단어는 우리가 의식적인 노력을 전혀 하지 않아도 "반사적이고 자동으로automatically" 사용할 수 있으며, 이런 언어 능력을 "Implicit Knowledge잠재된 언어 지식"라고 부른다. 이와 반대되는 개념인 "Explicit Knowledge분명하고 명쾌한 언어 지식"는 명확하게 인지하고 있어서 말로 설명할 수 있는 종류의 지식을 뜻한다. 앞서 한국어 문법 예시에서 봤던, 주격 조사와 보조사의 차이를 정확히 이해하고 명쾌하게 설명할 수 있는 지식이 바로 Explicit Knowledge의 예다. 반면, 그 둘의 문법적 차이를 말로 설명할 수는 없지만, 한국어로 말하고 쓸 때 '은/는'과 '이/가'를 이용해 자연스럽게 문장을 만들어 낼 수 있는 능력은 Implicit Knowledge다. 차츰

---

2 Nunan, D. (1999) *Second Language Teaching and Learning.* Heinle & Heinle Publishers. Boston.

변하는 추세긴 하지만, 지금까지 한국의 영어 교육은 의식적 과정에만 기댄 Explicit Knowledge를 쌓는 학습법에만 과잉 집중된 경향이 있었다. 따라서 여기서는 잠재의식적 과정을 통한 언어 습득으로 자연스러운 의사소통을 위해 꼭 필요한 Implicit Knowledge를 키우는 방법에 관한 이야기를 하려 한다.

Implicit Knowledge를 이루는 주요 구성 요소는 자동성automaticity과 직관력intuition: 직감이다. 언어교육학 박사 드케이저DeKeyser는 심리학적 관점에서의 자동성automaticity을 이렇게 설명한다.

> In the psychological sense, every layman has had experience with automaticity too. When typing, driving a stick-shift car or using a word-processor to edit a text, we perform a complex series of tasks very quickly and efficiently, without having to think about the various components and subcomponents of action involved; sometimes we are even unable to think of them explicitly, and therefore we may have trouble visualizing the keyboard or explaining to somebody else how to use a piece of software, even though we use keyboard or the software with great ease. [3]

3 Robinson, P. (2001) *Cognition and Second Language Instruction*. Cambridge University Press. Cambridge.

심리학적인 의미에서 모든 사람은 자동성을 경험한 적이 있습니다. 타이핑을 할 때나 수동 변속기로 운전할 때, 또는 워드 프로세서로 편집 작업을 할 때, 우리는 복잡한 일련의 과정을 거치는 이 모든 작업을, 이 동작에 연루된 다양한 요소들과 부분적 요소들을 생각할 필요도 없이, 매우 빠르고 능률적으로 수행합니다. 가끔 우리는 그런 과정들을 명확하게 기억해 내지 못할 때도 있는데, 그래서 키보드를 머릿속에 정확하게 떠올려 보거나, 누군가에게 어떤 소프트웨어 사용법을 설명하는 데 애를 먹기도 합니다. 우리가 키보드와 그 소프트웨어를 매우 쉽게 사용할 줄 아는데도 불구하고 말이지요.

자동성이란 이렇게 생각 없이 의식적 과정을 거치지 않고서도, 아주 쉽고 빠르게 행할 수는 있는 기술을 말한다. 언어교육학자 가스Gass와 세린커Selinker에 따르면, 언어교육에서 자동성이란 학습자가 자신의 "언어 지식을 의사소통 시 자유자재로 사용할 수 있음to control over one's linguistic knowledge"을 뜻한다. 언어를 사용할 때 우리는 지각 영역perceptual, 인지 영역cognitive, 사회적 영역social domains 등의 여러 기술을 모두 동시에 함께 사용해야 한다. 가스Gass와 세린커Selinker는 이런 기술들이 무의식적/자동적으로automatically 행할 수 있도록 습관화되어야 비로소 쉽게 언어를 사용할 수 있다고 한다.

자동성automaticity과 더불어 잠재 언어 지식Implicit Knowledge을 구성하는 주요 측면에는 직관력/직감intuition도 있다. "교수님가 오세요."가 왜 틀린 건지 논리적으로 설명하지 못하는 한국인도 이게 어색하게 들리고 부자연스러운 문장이라는 것을 안다. 그런 한국인이 "교수님가"가 아니라 "교수님이"가 옳은 문법임을 판단하는 근거는 그가 알고 있는 문법 지식Explicit Knowledge: 분명하게 설명할 수 있는 언어 지식이 아니라 그에게 잠재된 한국어 사용과 관련된 직감과 직관력이다. 영어로는 intuition이라 부르는 직감과 직관력의 사전적 정의는 다음과 같다.

> 직관력intuition 판단이나 추리 따위의 사유 작용을 거치지 아니하고 대상을 직접적으로 파악할 수 있는 능력.[4]
>
> 직감intuition 설명하거나 증명하지 아니하고 진상을 곧바로 느껴 앎. 또는 그런 감각.[5]

즉, 사유나 사고와 같은 의식적 노력 없이 그냥 느낌으로 아는 것을 직감/직관력이라고 한다. "느낌적 느낌"이라는 유행어가 딱 이것과 비슷하다. 제대로 된 직감을 기르기 위해서는 충분한 양의 언어 샘플을 보고 들어야 한다. 그래서 나는 〈미국 영어 회화 문법〉 시리즈에서 해당 문법 사용을 보여주는 대화문을 다수 제시하면서 "직감을 키우세요!Develop your intuition!"라고 누차 강조했다. 이렇게 익힌 문법적 감을 완전한 자신의 언어로 사용할 수 있게 하려면 말하기 연습은 필수다. 자신이 입으로 말하고 있는 문장의 문법성을 머릿속에

4,5 〈표준국어대사전〉

서 "의식적으로" 따져가면서 천천히 말하는 게 아니라, 원어민처럼 자동적으로 자연스럽게 말하는 수준(자동성)에 도달하기 위해서 충분히 말하고 써 봐야 한다. 영어에 "Practice makes perfect.연습이 완벽을 만든다."라는 격언이 있다. 플로리다 주립대의 영어 강사들은 이를 조금 변형해서 "Practice makes permanent.연습이 영원히 사용 가능한 내 말을 만든다."라고 학생들에게 늘 말한다.

그렇다면 영어를 자유자재로 사용할 수 있는 자동성을 확보하고 직감을 키우는 잠재의식적 언어 습득을 위해서는 구체적으로 어떻게 학습해야 할까? 언어교육학자 브라운Brown박사는 그 방법을 다음과 같이 제시한다.

첫째, 의미 전달을 위해 언어를 사용해 봐야 그것을 잠재의식적으로 습득하게 된다subconscious absorption of language through meaningful use고 한다. 되든 안 되든 계속 영어로 말하고 쓰다 보면, 자신도 모르는 사이에 잠재의식적으로 영어를 습득하게 된다는 말이다. 영어 회화 수업을 듣거나, 스터디 그룹에서 영어로 대화하는 연습을 하거나, 전화나 인터넷 등의 일대일 회화 수업을 듣는 등, 영어로 의사소통을 직접 해 보는 모든 행위는 그 과정에서 잠재의식을 통한 언어 습득을 유도한다.

둘째, 언어의 형태(예 문법)에 의식적으로 집중하는 방식의 학습법에서 의사소통의 의도와 용도에 따른 언어 사용법에 집중하는 방식의 학습법으로 능률적이면서 빠르게 이동하라efficient and rapid movement away from a focus on the forms of language to a focus on the purposes to which language is put고 충고한다. 이 역시 문법 내용을 이해하는 공부 방식에서 의사소통을 통한 언어 사용에 집중하는 연습 방식으로 재빠르게 넘어가야 한다는 뜻이다. 즉, 최소한의 문법 지식만을 익힌 후, 문맥에 따른 문법의 사용grammar-in-use에 집중하는 회화 연습으로 빨리 넘어가는 방식의 학습법을 채택하라는 말이다.

셋째, 몇 가지 정보만 처리할 수 있는 제한된 용량의 의식적 과정을 통한 언어 처리 방식에서 비교적 무제한적인 자동적 언어 처리 방식으로 능률적이고 빠르게 이동해야 한다efficient and rapid movement away from a capacity-limited control of a few bits and pieces to a relatively unlimited automatic mode of processing language forms고 한다. 부연 설명을 덧붙이자면, 우리가 열심히 생각해야 하는 즉, 의식적인 과정을 통한 정보 처리 과정을 담당하는 작업 기억working memory은 안타깝게도 극히 제한된 정보만을 처리할 수 있다. 그러니 주어, 동사, 목적어, 외운 단어 등을 의식적으로 조합해서 만들어 내는 문장으로 대화하는 데는 한계가 있을 수밖에 없다. 반면, 잠재의식에 습득된 언어 지식은, 이에 비하면 거의 무한대로 처리할 수 있다. 브라운은 이런 잠재의식에 습득된 언어를 사용할 수 있는 상태가 바로 우리가 "유창함 fluency"이라고 부르는 그것이라고 한다. 이렇게 유창한 상태로의 재빠른 이동을 위해서는, 문법과 같은 언어 형태를 지나치게 분석하는 방식으로 공부하면 안 된다resistance to the temptation to analyze language forms고 그는 충고한다.[6]

브라운은 자동성 습득을 위한 이 모든 과정을 한마디로 요약한다.

Efficient second language learning involves a timely movement of the control of a few language forms into the automatic, fluent processing of a relatively unlimited number of language forms. Overanalyzing language, thinking too much about its forms, and consciously lingering on rules of language all tend to impede this graduation to automaticity.[7]

효율적인 외국어 습득은 몇 가지 언어 형태(문법)를 조절할 수 있을 때 비교적 무제한적인 수의 언어 형태를 자동적이고 유창하게 처리하는 방식으로 적절한 시기에 넘어가는 것과 크게 관련이 있다. 언어를 지나치게 분석하면서 그 형태(문법)에 관해 지나치게 많이 생각하고 의식적으로 문법에 집착하는 것은 모두 자동성으로 넘어가는 것을 지연시킨다.

6,7   Brown, H. D. (2007) *Teaching by Principles: An Interactive Approach to Language Pedagogy*. Pearson Longman. New York.

결국 브라운은 의식적인 과정에만 의존하는 문법과 단어 공부는 최소한으로 끝내고 재빠르게 말하기 활동을 통한 언어 "사용" 연습 단계로 넘어가야 한다는 주장을 시종일관하고 있다. 물론 "최소한의 문법/단어 공부"에 대한 기준은 사람마다 다를 것이다. 여기서 중요한 것은 그 "최소한"의 범위가 아니라, 자신이 문법을 "마스터했다"라는 정도의 완전한 자신감을 가지게 될 때까지 말하기 연습을 미뤄서는 안 된다는 것이다. 만약 그 "최소한"만큼은 꼭 알고 다음 단계로 넘어가야겠다는 강박이 있는 분들이라면, 기본 문장 형태, 기본 시제, 기본 관사, 기본 전치사 용법 등과 같이 회화에 필요한 기초 문법 사항들로 체크리스트를 만들어서 그 리스트에 있는 정도만 익힌 후 곧바로 말하기 연습을 시작하면 된다. 하지만 한국인이라면 중학교만 졸업해도 회화에 필요한 최소한의 문법을 이미 다 배운 상태라고 나는 믿고 있다. 그러니 어떻게든 영어를 사용할 수 있는 환경을 만들어서 듣고 말하면서 자동성을 키워 나가는 학습 방법을 선택하도록 하자.

브라운의 주장을 읽으면서, 한국인으로서 직감을 키우면서 자동성을 확보할 수 있는 가장 현실적인 영어 학습법에 관해 생각해 봤다. 그러던 중, 서울대 교육심리학과 신종호 교수가 한 TV 프로그램에 나와서 하는 말을 들었다. 신종호 교수는 효과적인 공부 방법에 관해 이런 말을 했다.

"문제를 공부하는 친구로 삼아야 합니다. 문제를 많이 푸는 게 되게 중요해요. 근데 우리 학생들은 어떻게 생각하냐면, 내용을 내가 완벽하게 공부한 다음에 문제를 풀어야지… 이렇게 생각해요. 그렇게 하면 안 돼요. 한 번 보고 (문제를 풀면서) 내가 얼마나 알고 있고 뭘 모르고 있는지 확인하는 활동을 하게 되면, 훨씬 더 공부 과정이 깊이 있게 남게 돼요. 즉, 내가 뭘 알고 있고 뭘 모르고 있는지를 확인하는 것이 문제 풀이입니다. 이걸 소크라테스 공부법이라고 합니다. 자기 자신을 이해하면서 하는 공부, 내가 뭘 알고 있고 모르고 있는지를."

신 교수가 언급한 소크라테스 공부법을 언어 교육에서도 그대로 적용해 볼 수 있다는 생각이 든다. 마치 문제를 풀면서 내가 뭘 알고 모르는지를 이해하는 과정처럼, 주어진 상황별 회화 연습을 하면서 자신이 뭘 알고 뭘 모르는지를 이해하는 과정에서 말하기 실력speaking skills은 일취월장하게 된다. 주어진 상황을 자신에게 주어진 문제, 그 상황에서 직접 말하기 연습을 해 보는 것은 문제 풀이처럼 생각하자. 그 과정에서 내가 사용하는 단어와 문법이 정답인지 오답인지를 확인해 가면서 올바른 언어 사용법을 터득하면서 습득하면 된다. 언어교육학자 스웨인Swain의 "아웃풋 이론The output hypothesis, 1985"이 바로 이런 과정을 통해 우리가 언어를 습득하게 된다는 내용이다. 스웨인도 학습자가 특정 상황에서 해당 언어로 말해 봐야 자신이 잘못 알고 있거나 모르고 있는 언어 지식을 비로소 깨닫게 되며, 그 과정에서 정확한 언어 사용을 익힘과 동시에 습득하게 된다고 한다.

끝으로, 브라운의 충고처럼 어느 정도 자동성이 확보될 때까지는 말하면서 문법을 지나치게 의식하는 습관을 버릴 필요가 있다. 물론 자동성이 확보된 후부터는 누차 강조했듯이, 자신이 말하는 문장의 문법 사용grammar-in-use을 점검monitor해야 한다. 우리가 의식적으로 배운 문법은 바로 이럴 때 사용하는 것이다. 결국 이렇게 의식과 잠재의식을 모두 활용해야 언어를 제대로 습득할 수 있는 것이다.

구동사 phrasal verbs 를 알아야 하는 이유와 공부 방법

구동사를 아십니까?

서울 시내를 돌아다니다 보면 도를 아는 사람은 참 많은 것 같은데, 구동사를 아는 사람은 드문 것 같다. 이게 웬 뜬금없는 소리냐고 하시겠지만, "영어 공화국"이라고 불릴 정도로 거의 전 국민이 영어를 공부하는 이 나라에서 구어체 영어의 핵심 요소인 구동사의 중요성을 모르는 사람들이 여전히 많다는 사실은 참으로 아이러니하다. 왜냐하면 미국인들은 우리가 힘들게 외우는 고급 어휘보다 오히려 구동사를 압도적으로 더 많이 사용하기 때문이다. 영어 공부의 주를 이루는 것을 문법과 단어 공부라고 볼 때, 구동사를 공부하는 것은 문법 공부의 범주에도, 또 단어 공부의 범주에도 들어간다. 단어라면 몰라도 문법 공부의 범주에 왜 구동사가 들어가는지 이해 못 하시는 분들께 말씀드리자면, 실제로 미국 대학의 어학원에서 쓰이는 영문법 교재에는 구동사를 다루는 챕터가 항상 들어가 있다. 그만큼 영어에서 구동사가 차지하는 비중이 크다.

그렇다면 구동사란 무엇일까? 구동사는 동사가 전치사 또는 부사와 결합해서 해당 동사가 가진 원래의 뜻과는 조금, 때로는 완전히 다른 뜻을 만들어내는 동사구다. 이를테면, run은 '뛰다'라는 의미의 동사지만, 전치사 into와 결합하여 run into가 되면 '누군가를 우연히 만나다to meet someone by chance'라는 완전히 다른 뜻이 된다. Go는 '가다'지만, 부사 on과 결합해 go on이 되면 '무언가를 계속하다to continue라는 의미로 재탄생한다. '던지다'라는 의미의 throw는 또 어떤가? 부사 up과 결합해서 throw up이 되면, '토하다to vomit'의 의미로 변해 버린다. 공부하면 할수록, 영어는 참으로 재미있는 언어다.

이렇게 쉽디 쉬운 단어들로 이루어져 있는 구동사가 우리에게 그토록 어렵게 느껴지는 이유는 무엇일까? 겨우 전치사 하나처럼 짧은 한 단어의 차이로 아예 다른 뜻이 되어 버리는 이 신기한 현상 때문에 우리 머리가 어지러워져서 그런 게 아닐까 싶다. 즉, 작디작은 차이들이 크게는 십 수 가지의 뜻을 만들어 버리니, 그것을 다 공부해야 하는 입장에서는 무지하게 헷갈리는 게 당연하다. 고백하자면, 나는 구동사를 공부하다가 황당했던 적이 한두 번이 아니었다. '아니 이 동사에 이 전치사 하나 붙었다고 어떻게 이런 뜻이 되지? 도대체 왜?' 지금은 독자들에게 잘난 척하면서 영어 전문가 행세를 하지만 영어 공부를 하면서 가장 힘들었던 종목이 바로 구동사를 외우고 익히는 일이었다. get about, get across, get after, get ahead, get along, get around, get at, get away 같이 계속되는 구동사들의 서로 다른 뜻을 모두 다 정확하게 외우는 게 절대 쉽지 않은 일이라는 건, 조금이라도 구동사를 공부해 본 사람이라면 누구나 동의할 것이다.

이 중요하지만 헷갈리는 구동사를 대체 어떻게 공부해야 내 것으로 만들 수 있을까?

그 첫 번째 방법은, 같은 의미와 용법을 가진 부사나 전치사가 쓰인 구동사들을 묶어서 함께 공부하면서 그 패턴을 익히는 것이다. 이렇게 공부하면, 생각보다 어렵지 않게 여러 구동사를 동시에 기억할 수 있다. 예를 들어, '아래로'라는 뜻의 부사 down은 영어 초보자도 아는 쉬운 단어다. 이 단어의 의미를 염두에 두면서, 동작을 나타내는 동사와 down이 결합한 다음 구동사들을 소리 내어 한번 읽어 보자.

> sit down: 앉다(서 있다가 앉는 동작)
>
> lie down: 눕다(서 있거나 앉아 있다가 눕는 동작)
>
> fall down: 넘어지다 (바로 걷거나 뛰어가다 낮은 곳으로 넘어지는 동작)

bend down: 허리나 몸을 굽히다 (바로 서 있다 몸을 아래로 굽히는 동작)

go down: 넘어지다/쓰러지다 (걷거나 뛰다가 아래로 넘어지거나 쓰러지는 동작)

jump down: 점프해서 아래로 뛰어내리다 (높은 곳에 있다가 낮은 곳으로 뛰어 내리는 동작)

위의 구동사들을 각각의 의미를 이해하면서 읽어 보면 부사 down 이 들어간 구동사의 패턴이 보인다. 이렇게 동작 동사에 down이 결합하면, 그 동작에 '위에서 아래로의 움직임'을 더해 준다. 이제 down이 들어간 또 다른 구동사 리스트도 한번 만들어 보자. 이번에 는 모두 목적어를 취하는 타동사 리스트다.

cut something down: ~를 잘라서 넘어뜨리다

burn something down: ~를 태워서 무너뜨리다

break something down: ~를 부러뜨리거나 헐어서 무너뜨리다

shoot something down: ~를 쏘아서 아래로 떨어뜨리다(격추시키다)

이 구동사들의 경우는 부사 down이 앞에 나오는 동사에 뭔가를 아 래로 쓰러뜨리거나 무너뜨린다는 의미를 더해 주고 있다. 즉, 부사 down이 cut, burn, break, shoot 등의 동사와 결합하면서 '위에서 아래로 쓰러뜨리거나, 위에서 아래로 확 쏟아지게 하는 느낌'을 더해 준다고 이해할 수 있다. 이런 식으로 패턴을 이해하면서 비슷한 부류

의 구동사를 묶어서 함께 공부하면 훨씬 더 쉽게 기억할 수 있다.

구동사를 공부하는 두 번째 방법은, 구동사를 뜻만 외우지 말고 문맥과 함께 공부하는 것이다. 내가 쓴 모든 책에서 누차 강조했듯이, 단어와 문법은 모두 문맥과 함께 공부하는 것이 가장 효과적인 학습법이다. 자신이 가지고 있는 영어 회화책을 아무거나 꺼내서 대화문에 구동사가 있는지 살펴보자. 원어민들의 구어체 스타일로 된 영어책이라면, 어떤 대화든 반드시 구동사가 들어 있을 것이다. 그 문맥에서 구동사가 어떻게 쓰였는지 집중해서 살펴보자. 만약 새로운 구동사를 배우게 되었다면, 반드시 사전에서 예문을 찾아 읽어 보자. 많은 예문을 보면 볼수록 습득할 확률이 높아지지만, 연구 결과에 따르면 중급 영어 학습자들의 경우 새로운 단어를 일곱 번 정도 만나면 완전히 자기 말이 된다고 한다.

마지막으로, 문맥 속에서 공부하는 구동사 학습의 예로, 다음의 대화문을 보자.[1] 결혼을 하든 안 하든, 살면서 결혼에 관한 이야기를 해야 하는 상황은 누구나 있을 테니, 결혼과 관련된 재미있는 구동사를 몇 가지 공부해 봐도 좋을 것 같다. 다음의 대화 속에서 각각의 구동사가 무슨 뜻인지 문맥을 통해 알아맞혀 보자.

1 김아영 (2023) 〈미국인 사용빈도 다반사 구동사〉, 사람in

Laurie Ray proposed to me.

Penny Ahhh! Congrats! You guys have been dating for years, so I knew it would happen eventually. Gosh, I'm so excited for you! Getting married to someone you love, **bringing up a baby** with him, and…

Laurie (Interrupting Penny) Oh, actually, I didn't say yes. I told him I needed some time.

Penny What? Do you believe in marriage?

Laurie Yes.

Penny Are you in love with him?

Laurie Yes.

Penny Do you think you can count on him for the rest of your life?

Laurie Yeah.

Penny Then, go for it!

Laurie Well, it's not that simple.

Penny What's the problem?

Laurie You know, his family is super rich, but I never wanted to **marry up**.

Penny I don't get it. Isn't **marrying up** better than **marrying down**?

Laurie I mean I always wanted to marry someone who has a similar background to mine. To me, marrying someone means **marrying into his family**, but I feel extremely uncomfortable when I'm around his family. I feel like I need to walk on eggshells around them.

Penny That's not a good sign. That's exactly how my sister felt when she was around her ex's family.

Laurie Are you serious?

Penny Yup. I met them a couple of times, and every time, I got the impression that something was not right. Now that I think about it, they probably think my sister **married for his money**. Plus, whenever we invited them over, something always came up, and they couldn't make it, which was kind of weird. Oh, I also remember when my sister made a small mistake at the wedding ceremony, her ex's mom made a stink about it. There were lots of dramas like that. Long story short, my mom and dad were happy to **marry her off** to a wealthy guy at first, but they're the ones who convinced her to divorce him. Oh, please don't get me wrong. I'm not telling you every rich family is like them. Ray's family might be different.

로리 레이가 나한테 청혼했어.

페니 아, 축하해! 너희 둘이 몇 년 동안 데이트해 왔으니, 결국 이렇게 될 줄 난 알았지. 우와, 네가 결혼할 생각을 하니까, 너무 신난다! 사랑하는 누군가와 결혼하고, 그와 함께 아기를 키우고, 또…

로리 (페니 말을 막으며) 오, 실은 내가 승낙하지 않았어. 그에게 내가 시간이 좀 필요하다고 말했거든.

페니 뭐? 넌 결혼이 가치 있는 일이라고 생각하니?

로리 응.

페니 그를 사랑하니?

로리 응.

페니 네 남은 생을 그에게 의지하며 살 수 있다고 생각하니?

로리 응.

페니 그럼, 그냥 결혼해!

로리 글쎄, 그게 그리 간단한 문제가 아니야.

페니 문제가 뭐니?

로리 있잖아, 레이네 집은 엄청 부자인데, 난 단 한 번도 나보다 너무 잘 사는 사람과 결혼하고 싶었던 적이 없거든.

페니 이해가 안 되네. 너보다 잘사는 사람과 결혼하는 게 너보다 가난한 사람과 결혼하는 것보다 더 좋지 않니?

로리 내 말은, 그러니까 난 언제나 나와 비슷한 배경을 가진 사람과 결혼하고 싶었거든. 나한테 누군가와 결혼한다는 건 그 사람의 가족들에게 시집가는 건데, 그 사람 가족들과 함께 있을 때면 내가 너무나도 불편하거든. 내가 그 사람들 눈치를 봐야 할 것 같은 느낌이 들어.

페니 그건 좋지 않은 징조네. 우리 언니가 언니 전남편 가족들과 함께 있을 때 바로 그렇게 느꼈었거든.

로리 정말 그러니?

페니 그래. 나도 그 사람들을 두어 번 만났는데, 매번 뭔가 잘못됐다는 인상을 받았어. 지금 와서 생각해 보니까, 그 사람들이 우리 언니가 돈 때문에 결혼했다고 생각하는 것 같아. 게다가, 우리가 그 사람들을 초대할 때마다, 언제나 무슨 일이 생겨서 그 사람들이 오지 못했는데, 그것도 좀 이상했고. 아, 이것도 기억나는데, 우리 언니가 결혼식 때 작은 실수를 했을 때, 언니의 전남편 엄마가 그걸로 얼마나 야단법석을 피우던지. 암튼 그런 사건이 많았지. 요약하면, 우리 엄마와 아빠가 처음에는 언니를 부잣집 남자한테 시집 보냈다고 좋아하셨지만, 엄마 아빠가 바로 언니한테 그 사람하고 이혼하라고 설득한 당사자들이지. 아, 제발 내 말을 오해해서 듣지는 마. 난 모든 부자가 다 그렇다고 말하려는 게 아니야. 레이의 가족들은 아마도 다르겠지.[2]

자, 이제 각각의 구동사의 뜻을 공부하면서, 몇 개나 알아맞혔는지 확인하자. 그런 후, 같은 구동사가 들어간 또 다른 예문들도 크게 소리 내어 읽으면서 완전히 습득해서 내 것으로 만들어 버리자.

bring up ~/bring ~ up: To raise ~ (아이를) 기르다/양육하다

• My grandfather passed away during the Korean war, so my grandmother **brought up four children** all by herself.

2 김아영 (2023) 〈미국인 사용빈도 다반사 구동사〉, 사람in

우리 할아버지가 한국 전쟁(6.25) 중에 돌아가셔서, 우리 할머니가 혼자 네 아이를 키우셨지.

- Ben is such a wonderful young man. I think his parents **brought him up** right.

  벤은 너무나도 훌륭한 청년이야. 난 벤의 부모님이 그를 잘 키우셨다고 생각해.

- **Bringing up a baby** is literally a full-time job because you're on duty twenty-four seven.

  아기를 양육하는 일은 말 그대로 온종일 해야 하는 일이야. 하루도 빠짐없이 24시간 동안 일해야 하니까.

---

marry up: To marry a person who is in a higher socio-economic class 자신보다 사회 경제적 지위가 높은 사람과 결혼하다

- My mom always tells me I should **marry up**, but I want to get married to someone who has a similar background to mine.

  우리 엄마는 언제나 나한테 나보다 조건이 더 좋은 사람과 결혼하라고 말씀하시지만, 난 나하고 비슷한 배경을 가진 사람과 결혼하고 싶어.

- When my sister was getting married, everyone was envious of her because she **married up**, but unfortunately, she got divorced two years later.

우리 언니가 결혼할 때, 모두가 언니를 부러워했어. 언니가 훨씬 더 부자하고 결혼했으니까. 근데 불행히도 언니는 2년 후에 이혼했어.

• Do I want to **marry up**? Yes, but then again, I also want to marry for love.

내가 나보다 조건이 좋은 사람과 결혼하고 싶냐고? 그래, 하지만, 그래도 난 사랑해서 결혼하고 싶기도 해.

marry down: To marry a person who is in a lower socio-economic class 자신보다 사회 경제적 지위가 낮은 사람과 결혼하다

• A Should I **marry up or down**?
  B What kind of question is that? Just marry someone you love.

  A 나보다 조건이 더 좋은 사람과 결혼해야 할까, 아니면 더 안 좋은 사람과 결혼해야 할까?
  B 무슨 그런 질문이 다 있니? 그냥 네가 사랑하는 사람과 결혼해.

• I don't understand why some people still say she **has married down**. Who cares? She has a happy marriage, and that's all that matters!

난 왜 어떤 사람들이 여전히 그녀가 자기보다 조건 나쁜 사람과 결혼했다고 수군거리는지 모르겠어. 그게 무슨 상관이야? 그녀는 행복한 결혼 생활을 하고 있고 그게 중요한 거잖아.

- Just because she's in a higher social class than her husband, you cannot say she **married down** because he makes a whole lot more money than she does.

  단지 그녀가 자기 남편보다 사회적으로 높은 지위에 있다는 이유로 그녀가 자기보다 조건이 나쁜 사람과 결혼했다고 할 수는 없어. 그 남자가 그녀보다 훨씬 더 돈을 많이 벌거든.

> **marry into ~**: To become a member of a family or a group by getting married to a member of that family/group ~ 집안으로 시집/장가가다

- My daughter **married into a Muslim family**, but she still goes to Catholic church.

  우리 딸은 무슬림 집안에 시집을 갔지만, 여전히 성당에 다닙니다.

- Not everyone wants to **marry into a super-rich family**.

  모든 사람이 엄청난 부잣집에 시집/장가가고 싶어 하지는 않습니다.

- My dad always says when I marry someone, I **marry into his family** as well.

  우리 아빠는 내가 누군가와 결혼하면 그 사람의 집안으로 시집/장가가는 것이기도 한 거라고 항상 말씀하셔.

marry for~: To get married because of~ ~ 때문에 결혼하다

• Can you believe this? Some economist guy says **marrying for money** is not a bad thing at all.

이걸 믿을 수 있어? 어떤 경제학자가 돈 때문에 결혼하는 게 전혀 나쁜 게 아니라고 하네.

• I don't think people **marry for love** these days.

내 생각에 요즘은 사람들이 사랑해서 결혼하는 게 아닌 것 같아.
참고로, 이 구동사는 수동태형인 get married for ~로도 많이 쓰인다.

• Jimmy says I should marry an American citizen and get a green card, but I cannot **get married** just **for a green card**.

지미는 내가 미국 시민과 결혼해서 영주권을 얻어야 한다고 하지만, 단지 영주권을 얻기 위해 결혼할 수는 없잖아.

marry off ~/marry ~ off: To get rid of one's child by having them marry someone ~를 시집/장가보내다

• Mr. Lee wants to **marry off all his daughters**, but none of them want to get married.

이 선생님은 그의 딸들을 모두 결혼시키고 싶어 하지만, 그들 중 아무도 결혼하고 싶은 사람은 없다.

- My mom wants to **marry my brother off** as soon as possible, but I don't think he's ready to get married yet.

  우리 엄마는 우리 오빠를 가능한 한 빨리 장가보내고 싶어 하지만, 내 생각에 오빠는 아직 결혼할 준비가 안 됐어.

- In that country, some people **marry off their young daughters** just because they are too poor to feed them.

  그 나라에서 어떤 사람들은 그저 너무 가난해서 밥 먹여줄 돈이 없다는 이유로 어린 딸들을 시집을 보내.

자, 지금까지 물고기를 잘 잡는 법을 알려드렸으니, 구동사 물고기를 더 잡을지 말지를 결정하는 것은 이제 독자님의 몫이다.

2부

영어의 무늬로 본
미국 문화

미국 무형 문화 subjective culture의 바탕을 이루는 미국인들의 가치관

우리가 미국보다 북한에 더 큰 문화 충격을 느끼는 이유

예전에 인기리에 방영된 〈사랑의 불시착〉이란 드라마를 보면 남북 간의 미묘한 언어 차이로 인해 발생하는 이런저런 재미나는 일화가 나온다. 북한에서는 조울증이라고 알려진 양극성 기분 장애를 "기쁨 슬픔병", 주스를 "단물", 젤리를 "단묵", 택시를 "발바리차"라고 부른다는 사실을 많은 사람들은 이 드라마를 보면서 알게 됐을 것이다. 작가가 의도했든 의도하지 않았든, 그런 장면들은 우리에게 다소 코믹하게 다가오기도 한다. 나는 이 드라마를 보면서, 이런 언어 차이와 더불어 남북 간의 문화 차이까지 자연스럽게 대본에 녹여낸 작가의 재치에도 무척 감탄했다. 예를 들어, 남한에서 온 윤세리(손예진 분)가 북한에서 급전을 마련하기 위해 북한 시장의 전당포에 가서 자신의 명품 시계를 맡기면서 돈을 빌리는 장면이 그렇다.

윤세리 (무지하게 값비싼 명품 가죽 시계를 건네며) 2019년 FW 시즌 한 정판으로 딱 다섯 개 나온 거 본점에서 디자이너한테 직접 구매한 거예요.

전당포 주인 (세리가 하는 말에 별 관심 없어 하면서, 시계를 받아 무게를 잰다.)

윤세리 다섯 개 중의 하나는 내가 샀고, 나머지 네 개는 누가 샀을까~요? 들으면 진짜 깜짝 놀라실 텐데? 패리스 힐튼이랑 미란다 커랑… 내 얘기 듣고 있어요?

전당포 주인 가볍구먼.

윤세리 (회심의 미소를 지으며) 그렇죠! 바로 알아보시네요! 차고 있어도 안 찬 것 같은 착용감. 우리 흥정할 시간 아끼죠. 반의반만 받을게요. 20,000달러.

전당포 주인 (주판을 튕기며) 구리가 10,000원에 가죽이 7,000원, 19,000원은 줄 수 있갔네.

세리를 전당포로 데리고 간 명순 내 친군데, 20,000원에 맞춰 주라요.

전당포 주인 기라지, 뭐. 20,000원.

윤세리 아니, 20,000원이 아니라 20,000달러라구요. 아니 이 아이가 어딜 봐서?

(바로 그때, 다른 손님이 나타나서 전당포 주인에게 허름한 가죽 벨트를 주

면서)

다른 손님 이거 좀 맡아 달라요.

전당포 주인 (가죽 벨트의 무게를 달더니) 35,000원!

윤세리 (미치고 팔짝 뛰는 표정으로) 저기요! 왜 내 시계가 이 벨트보다 더 싸요? 이거 명품이라고요! 무려 한정판!

전당포 주인 의미 없소. 우리는 근으로 재니까. 가죽을 더 썼어야지. 너무 가벼워.

윤세리 (엄청나게 황당한 표정으로) 이렇게 가볍게 만드는 게 기술이라구요. 이게 아무나 흉내 낼 수 없는! 값으로도 매길 수 없는!

전당포 주인 기래서 우리는 안 매긴다고, 값을. 20,000원에 가져가기 싫으면 그냥 가라요!

윤세리: 지금 그 얘기가 아니잖아요.

전당포 주인 기라믄?

윤세리 (다 포기한 표정으로) 5,000원만 더 쓰시라는 얘기지.

전당포 주인 기랍시다. 25,000원.

명순 고맙습니다. 잘 됐습니다. 원래 이렇게 마이 아이 쳐주는데.

윤세리 (거의 우는 표정으로) 네.

윤세리가 전당포 주인과 대화를 나누면서 핵폭탄급의 문화 충격을 느낄 때, 윤세리와 같은 남한 출신인 우리가 깔깔대며 웃는 이유는 우리도 그녀의 심정을 십분 공감하기 때문이다. 우리 또한 이 상황을 윤세리와 똑같은 평가 기준으로 바라본다. 그래서 값비싼 명품 시계를 단지 가볍다는 이유만으로 다 낡아빠진 싸구려 가죽 벨트의 반값 정도로 쳐주면서도 그걸 당연하게 여기는 북한 전당포 주인의 태도가 황당하다 못해 코믹하게 느껴지는 것이다.

흥미로운 건 미국인들도 우리와 같은 관점을 갖고 있어 이 장면을 보며 우리처럼 박장대소한다는 사실이다. 참으로 아이러니하다. 북한은 우리와 같은 언어를 쓰며 같은 음식을 먹는 한민족임에도 불구하고, 이 전당포 장면은 우리가 미국에서도 느끼지 않을 문화 충격을 오히려 북한에 가면 느끼게 된다는 사실을 보여준다. 이는 문화 차이에 두 가지 측면이 있어서 벌어지는 현상으로, 바로 유형 문화 objective culture/material culture를 바탕으로 하는 문화 차이와 무형 문화 subjective culture를 바탕으로 하는 문화 차이다. 이에 관해 미시간 대학 출판사의 「Crossing Culture in the Language Classroom언어 강의실에서의 서로 다른 문화의 만남」에는 이렇게 기술되어 있다.

Cultural differences may be viewed in terms of objective and subjective cultures. Differences in objective culture refer to such readily observable things as different eating habits, manner of dress, types of housing, and modes of transportation. Differences in subjective culture refer to more abstract concepts such as

differing belief systems, values, norms of behavior, attitudes, and
social roles.[1]

문화 차이들은 유형 문화와 무형 문화의 측면에서 살펴볼 수 있습니다. 유형 문화의 차이점은 음식 문화나, 옷을 입는 방식, 사는 집이나 교통수단 등의 차이처럼 쉽게 관찰할 수 있는 차이들을 말합니다. 무형 문화의 차이점은 신념 체계, 가치, 행동 규범, 태도, 사회적 역할 등과 같은 좀 더 추상적인 개념과 관련된 차이를 뜻합니다.

정리하면, 유형 문화objective culture란 음식이나 의복, 말하거나 인사하는 방식 등과 같이 눈에 보이는 측면의 문화를 말한다. 그래서 이를 "물질 문화material culture"라고 부르기도 한다. 반면, 무형 문화subjective culture는 생각, 태도, 믿음, 어떤 상황에서의 기본 전제 등과 같이 뚜렷하게 눈으로 볼 수 없는 측면의 문화를 말한다. 심리학 박사 스튜어트Edward C. Stewart는 무형 문화를 "심리/정신적 측면의 문화psychological features of culture"라고 정의하면서, 추정assumptions, 가치values, 생각하는 패턴patterns of thinking 등이 이에 포함된다고 한다.[2]

북한 사람들도 우리처럼 한식을 먹고, 명절에는 한복을 입으며, 똑

1 DeCapua, A. & Wintergerst, A. (2019) *Crossing Cultures in The Language Classroom*. University of Michigan Press. Ann Arbor.
2 Stewart, E. & Bennett, M. (2005) *American Cultural Patterns: A Cross-Cultural Perspective*. Intercultural Press, Inc. Maine.

같은 언어(한국어)를 사용하고, 게다가 허리 숙여 하는 인사 방식까지 우리와 같다. 이렇게 우리는 북한과 같거나 꽤 비슷한 유형 문화 objective culture를 공유한다. 그렇지만 한국 전쟁 후 미국의 민주주의와 자본주의 시스템을 받아들인 대한민국 국민인 우리와, 그때부터 쭉 공산주의 시스템으로 운영되어 온 북한 국민들은 그 긴 시간 동안 서로 완전히 다른 체제에서 생활해 왔다. 그 점은 각자의 무형 문화 subjective culture에 절대 적지 않은 영향을 미쳤을 것이다. 특히 상반된 경제 체제로 인해 서로의 경제 관념과 관련된 무형 문화는 아마도 굉장히 다를 것이다.

서로 크게 달라진 남북 간의 무형 문화 차이를 〈사랑의 불시착〉에서는 코믹하게 그려내지만, 실제로 현실 세계에서 일어나는 심각한 문화 충돌은 유형 문화보다는 보통 이런 무형 문화의 차이에서 야기되는 경우가 많다. 무형 문화는 그 나라 사람들의 믿음, 가치, 태도 등과 같이 그들의 신념과 가치관을 내포하는 것이니 당연한 일이다. 그래서 나는 영어 교사가 되려는 미국인 학생들에게 미국 문화를 가르칠 때, 유형 문화보다는 무형 문화를 중심으로 접근하라고 가르친다. 이는 사실 개인적인 경험을 바탕으로 내린 결론이기도 하다. 한국을 방문할 때마다, 우리 한국 문화가 점점 더 미국화된다는 생각이 든다. 음식과 음료, 패션, 심지어 핼러윈과 같은 명절이나 블랙 프라이데이 같은 이벤트까지, 한국인들 일상의 곳곳이 이미 미국의 유형 문화를 받아들여 익숙해져 있으니 말이다. 그런데도 미국인의 무형 문화까지 깊이 있게 이해하는 한국인은 드물다는 생각이 든다. 그도 그럴 것이, 눈에 분명하게 보이는 유형 문화와 달리, 개념이나 관념, 또는 태도에 불과한 무형 문화는 제대로 공부하지 않으면 알기가 힘들기 때문일 것이다. 물론 스튜어트가 지적하듯이, 유형 문화가 "표면화된 무형 문화externalization of subjective culture"[3]이기 때문에, 유형과 무형 문화는 서로 밀접하게 관련되어 있다. 그러니 유형 문화를 제대로 이해하기 위해서라도 무형 문화에 대한 깊이 있는 이해가 필요하다.

우리에게는 고맙게도 미국 무형 문화의 바탕을 이루는 미국인들의 가치를 단 하나의 짧은 글로 쉽게 요약해서 정리한 사람이 있다. 워싱턴 국제 센터Washington International Center의 로버트 콜즈Robert Kohls는 미국을 방문하는 외국인들이 미국 문화를 이해하고 미국 사회에 동화되는 것을 돕기 위해 "미국인들이 지키며 살아가는 가치The Values Americans Live By"라는 제목으로 글을 썼다. 그가 1984년에 쓴 이 글은 40년이 훌쩍 넘은 현재까지도 많은 미국 대학의 웹사이트에 게재되어 있으며, 미국인들이 국제 유학생들에게 미국 문화를 가르칠 때 인용된다. 그만큼 다수의 미국인이 공감하는 이 글은 영어와 미국

---

3 Stewart, E. & Bennett, M. (2005) *American Cultural Patterns: A Cross-Cultural Perspective.* Intercultural Press, Inc. Maine.

문화를 배우는 우리로서 충분히 읽어 볼 가치가 있다고 판단해서 여기 싣는다. 다음은 보스턴 대학교Boston University 웹사이트에서 가져온 그 글의 요약본이다.

1. PERSONAL CONTROL OVER THE ENVIRONMENT

People can/should control nature, their own environment and destiny. The future is not left to fate.

Result: An energetic, goal-oriented society.

환경에 대한 개인의 통제

인간은 자연을 포함한 환경을 지배할 수 있다.

사람들은 자연과 그들이 처한 환경, 그리고 운명을 통제/지배할 수 있고 해야 한다. 미래는 운명에 맡겨진 것이 아니다.

그 결과: 미국은 활기차고 목표 지향적인 사회다.

2. CHANGE / MOBILITY

Change is seen as positive and good. This means progress, improvement and growth.

Result: An established transient society geographically, economically and socially.

변화 / 유동성

변화는 긍정적이고 좋은 것으로 보여진다. 그것은 진보, 발전, 성장을 의미한다.

그 결과: 지리적으로, 경제적으로, 사회적으로 언제든 변할 수 있는 사회가 수립되었다.

3. TIME AND ITS IMPORTANCE

Time is valuable – achievement of goals depends on the productive use of time.

Result: An efficient and progressive society often at the expense of interpersonal relationships.

시간과 시간의 중요성
시간은 소중하다 – 목표 달성은 시간을 생산적으로 사용하는 데 달렸다.
그 결과: 종종 사람들과의 관계를 대가로 만들어진 효율적이고 진보적인 사회다.

4. EQUALITY / EGALITARIANISM

People have equal opportunities; people are important as individuals, for who they are, not from which family they come.

Result: A society where little deference is shown or status is acknowledged.

평등 / 평등주의
사람들은 똑같은 기회를 가지고 있다; 사람들은, 어떤 출신이라서가 아니라, 그 자신으로의 한 개인으로서 중요하기에 존중받아야 한다.
그 결과: 존경이나 지위에 대한 인정을 덜 드러내는 사회다.

5. INDIVIDUALISM, INDEPENDENCE AND PRIVACY

People are seen as separate individuals (not group members) with individual needs. People need time to be alone and to be themselves.

Result: Americans may be seen as self-centered and sometimes isolated and lonely.

개인주의, 독립/자립성과 사생활
사람들은 (그룹에 속한 멤버로서가 아니라) 각기 다른 욕구를 가진 개별적인 개인으로 인정된다. 사람들은 혼자 있으면서 자기 자신이 될 시간이 필요하다.
그 결과: 미국인들은 자기 중심적이며 때로 고립되고 외롭다.

6. SELF-HELP

Americans take pride in their own accomplishments.

Result: Americans give respect for self-achievements not achievements based on rights of birth.

자립심
미국인들은 자기 스스로 이루어 낸 일을 자랑스럽게 생각한다.
그 결과: 미국인들은 태어나면서부터 주어진 것을 바탕으로 이루어 낸 것보다는 스스로 이루어 낸 일에 존경을 표한다.

7. COMPETITION AND FREE ENTERPRISE

Americans believe competition brings out the best in people and free enterprise leads to progress and produces success.

Result: Competition is emphasized over cooperation.

경쟁과 자유 기업 체제
미국인들은 경쟁이 사람들에게서 최상의 것을 끌어낸다고 믿으며 자유 기업 체제가 진보를 이끌고 성공적인 결과물을 만들어 낸다고 믿는다.
그 결과: 협력보다는 경쟁이 더 강조된다.

8. FUTURE ORIENTATION / OPTIMISM

Americans believe that, regardless of past or present, the future will be better and happier.

Result: Americans place less value on past events and constantly look ahead to tomorrow.

미래 지향적임/낙관주의
미국인들은, 과거나 현재와 상관없이, 미래가 더 좋을 것이고 더 행복해질 것이라고 믿는다.
그 결과: 미국인들은 과거에 일어난 일에는 가치를 덜 두는 편이며, 지속적으로 내일을 향한다.

9. ACTION AND WORK ORIENTATION

Americans believe that work is morally right; that it is immoral to waste time.

Result: There is more emphasis on "doing" rather than "being". This is a no-nonsense attitude toward life.

행동과 일 지향적임
미국인들은 일을 하는 것이 도덕적으로 옳다고 믿으며, 시간을 낭비하는 것은 부도덕하다고 믿는다.
그 결과: 무엇이 "되는 것"보다 무언가를 "하는 것"이 더 강조된다. 이는 미국인들의 삶에 관한 실제적인 태도다.

10. INFORMALITY

Americans believe that formality is "un-American" and a show of arrogance and superiority.

Result: A casual, egalitarian attitude between people is more accepted.

격식에 얽매이지 않음
미국인들은 격식을 차리는 것은 "미국적이지 않다"라고 여기며 오만함과 우월함을 보이는 행위라고 생각한다.
그 결과: 사람들 사이에서 비격식적이며 평등주의적인 태도가 더 선호된다.

11. DIRECTNESS / OPENNESS / HONESTY

One can only trust people who "look you in the eye" and "tell it like it is". Truth is a function of reality not of circumstance.

Result: People tend to tell the "truth" and not worry about saving the other person's "face" or "honor".

단도직입적임 / 솔직함 / 정직함
사람들은 "눈을 보고" "사실 그대로 말하는" 사람들만 신뢰할 수 있다. 진실은 현실에 관한 것이지 사정에 관한 것이 아니다.
그 결과: 사람들은 "진실"을 말하는 경향이 있으며, 다른 사람의 "체면"이나 "명예"을 살려주는 것에 관한 것은 신경 쓰지 않는다.

12. PRACTICALITY / EFFICIENCY

Practicality is usually the most important consideration when decisions are to be made.

Result: Americans place less emphasis on the subjective, aesthetic, emotional or consensual decisions.

실용성 / 효율성

어떤 결정을 내릴 때 보통 실용성이 가장 중요한 고려 사항이다.

그 결과: 미국에서는 보통 주관적이며 미적이거나 감정적이거나 합의에 의한 결정이 덜 강조된다.

13. MATERIALISM / ACQUISITIVENESS

Material goods are seen as the just rewards of hard-work, the evidence of "God's favor."

Result: Americans are seen as caring more for things than people or relationships.

물질주의 / 욕심

물질적 재화는 그저 열심히 일한 것에 대한 보상과 "신의 은혜"의 증거로 여겨진다.

그 결과: 미국인들은 사람이나 관계보다 물질적인 것들에 더 애착을 가지는 것처럼 보여진다.

Adapted from "The Values Americans Live By" written by L. Robert Kohls[4]

L. 로버트 콜즈가 쓴 "미국인들이 지키며 살아가는 가치"를 개작한 글 의 요약본

콜즈가 쓴 미국인들의 가치를 읽으면서, 나는 지금 우리 한국 사회에 왜 살벌할 정도의 치열한 세대 갈등이 존재하는지를 알 수 있었다. 미국인들이 전통적으로 가지고 있는 가치 중 적지 않은 부분이

---

4 보스턴 대학Boston University 웹사이트에서 발췌

현재 한국 젊은 세대의 가치관에도 깊숙이 스며들어 있다. 그들은 아주 어릴 적부터 미국 말을 배우기 시작해서, 사춘기 때는 미국 음악을 듣고 미국 영화와 미국 드라마도 어렵지 않게 보며 자란 세대이니, 어찌 보면 이는 매우 자연스러운 현상이다. 그렇지만 내 부모님 세대는 전혀 그렇지 않았다. 그 세대 분들은 미국의 그것과는 완전히 다른 한국의 전통적 가치를 고스란히 보유하고 있을 수밖에 없다. 이렇게 서로 다른 가치관을 가진 두 세대 사이의 문화 충돌 현상은 역사적으로 우리에게 주어진 이런 환경에서 이미 예견되어 있었다는 생각이 든다. 그리고 이는 우리가 전혀 다른 문화권 사람들과도 갈등 없이 잘 지내고 싶다면, 결국 그들의 무형 문화를 깊이 있게 이해하려는 시도가 그 첫걸음이라는 바를 시사한다.

문화적 프레임에 따라 달라지는 메시지 해석

프랑스 기자가 파리를 위해 기도하지 말라고 한 이유

2015년 11월 13일, 프랑스 파리에서 발생한 테러로 130명이 사망하고 400명이 넘는 사람들이 다쳤다. 이 사건이 보도되자마자, 끔찍한 일을 겪은 프랑스인들을 위로하기 위해 수많은 미국인이 페이스북 등의 SNS에 "파리를 위해서 기도해요!Pray for Paris!"라고 올렸다. 그런데 프랑스 신문 〈리베라시옹〉의 뤽 르 바이양 기자는 이를 고마워하기는커녕, 오히려 이렇게 말하는 사람들을 꼬집는 칼럼을 자기네 신문에 실었다. 그는 자기네 프랑스인들을 위해 기도해 줄 필요가 없다면서 이렇게 말했다.

"프랑스는 국교를 가지지 않은 세속 국가이며, 모든 국민이 자신이 원하는 신앙을 가질, 혹은 가지지 않을 자유를 가지며, 특히 공공장소에서 자신의 신앙을 드러내는 것을 금합니다. 그것은 프랑스 공화국이 가진 중요한 가치 중 하나인 '정교분리의 원칙'이지요. 미국에서와 달리 프랑스 대통령은 취임할 때 성경에 손을 올리고 맹세하지 않습니다."[1]

목수정 〈아무도 무릎 꿇지 않은 밤〉 중에서

이 칼럼을 읽고서 나는 이 소식을 접한 "파리를 위해 기도해 준" 미국인들의 반응이 문득 궁금해졌다. 인터넷을 뒤져보니, 이 뉴스를 다룬 어느 기독교인 유튜브 채널에 메간Megan이라는 미국 여성이 남긴 댓글이 있었다.

You don't have to pray for Paris. A simple f****** "Sorry for your loss!" will be appreciated. I swear, everybody has to be offended by something.

우리 파리를 위해서 기도할 필요 없습니다. 그냥 간단히 망할 놈의 "상심이 크겠군요!"라는 한 마디라면 감사히 받겠습니다만. 맹세컨대, 모든 사람은 무슨 일로든 불쾌해져야만 하지! (도대체 사람들은 왜 그렇게 아무것도 아닌 일로 기분 나빠할까?)

---

1 프랑스어로 쓰여진 칼럼이라, 목수정 씨의 책에 있는 한국어 번역본을 인용했음을 밝힌다.
목수정 (2016) 〈아무도 무릎 꿇지 않은 밤〉, 생각정원

F가 들어가는 영어 욕설까지 집어넣은 메간 씨의 악플을 보면서, 우리는 메간 씨가 그 프랑스인 기자에게 무척이나 화가 났다는 사실을 알 수 있다. 테러를 당한 프랑스인들을 위해서, 선한 의도에서 그저 기도하자고 했을 뿐인 그녀 같은 사람들에게 프랑스인 기자가 저런 타박을 하니, 제삼자인 우리가 봐도 감정이 상한 이유를 이해할 수는 있다. 그렇지만 프랑스인 기자의 칼럼을 읽어 보면, 프랑스인들이 왜 자기들을 위해 기도할 필요가 없다고 말하는지도 충분히 이해된다. 결국 이 두 그룹(프랑스를 위해 기도해 준 미국의 기독교인 그룹과, 자기들을 위해 기도할 필요 없다는 프랑스인 그룹)은 양쪽 모두 어떤 나쁜 의도가 있어서가 아니라 그저 서로의 의사소통 방식을 이해하지 못했다고 보는 것이 이 사태에 대한 가장 합리적인 접근이 아닐까 싶다. 그렇다면 이 두 그룹이 서로 원활하게 의사소통이 안 된 원인이 뭘까? 나는 이들이 서로 다른 "프레임frame"을 가지고 있기 때문이라고 생각한다. 서울대학교 심리학과 최인철 교수는 프레임을 이렇게 정의한다.

> "사람의 지각(知覺)과 생각은 항상 어떤 맥락, 어떤 관점 혹은 일련의 평가 기준이나 가정하에서 일어난다. 그러한 맥락, 관점, 평가 기준, 가정을 프레임이라고 한다."[2]

2, 3, 4 최인철 (2017) 〈프레임〉, 21세기북스

우리가 가지고 있는 프레임은 우리가 무엇을 '보는지', 어떤 '판단'을 내리는지, 어떤 행동을 하는지, 그 모든 과정을 특정한 방향으로 유도하고 결국 특정한 결과를 만들어 낸다고 최인철 교수는 말한다. 심지어 프레임을 바꾼다는 것은 대상에 대한 정의를 바꾼다는 것과도 같은 의미라며 그는 이렇게 말한다.[3]

> "심리학은 우리 마음이 얼마나 많은 착각과 오류, 오만과 편견, 실수와 오해로 가득 차 있는지를 적나라하게 보여주는 동시에 이런 허점들이 프레임이라고 하는 마음의 창에 의해서 생겨남을 증명하고 있다. (중략) 우리는 세상을 있는 그대로 객관적으로 보고 있다고 생각하지만, 사실은 프레임을 통해서 채색되고 왜곡된 세상을 경험하고 있는 것이다."[4]

최인철 교수의 〈프레임〉을 읽으면서, 심리학에서 프레임이라는 개념이 얼마나 중요하게 다루어지는지 알 수 있었다. 그런데 언어학자 데보라 테넌Deborah Tannen에 따르면, 프레임은 언어학에서도 중요하게 다루어지는 개념이다. 일례로, 사회언어학은 의사소통 시우리가 메타 메시지metamessage를 이해하는 과정을 다룬다. 메타 메시지란 메시지 속에 숨겨진 의미inner message다. 테넌 박사는 이 메타 메시지에 대한 해석이 사람에 따라 달라진다고 주장하는데, 그 이유가 각자가 가지고 있는 프레임frame이 다르기 때문이라고 한다.[5] 그래서 대화할 때 화자와 청자가 가진 프레임이 서로 다르면, 상대의 말을 잘못 해석할 소지가 크다. 이는 원활한 의사소통을 위해서 상대가 가진 기본적인 프레임을 이해하는 것이 필수적이라는 뜻이다. 그렇다면 영어를 공부하는 우리 입장에서 궁금한 점이 생긴다. 평균적인 한국인들이 가지고 있는 프레임과 평균적인 미국인들이 가지고 있는 프레임은 비슷할까, 아니면 다를까? 만약 다르다면 얼마나 다를까? 우리가 속해 있는 문화는 우리의 프레임에 어떻게, 그리고 얼마나 영향을 미칠까?

앞의 예에서도 알 수 있듯이, 우리가 속해 있는 문화는 너무나 당연하게도 우리의 프레임에 지대한 영향을 미친다. 서로 다른 문화권에서 온 사람들끼리 대화할 때 더 많은 오해가 생기는 이유도 서로 다른 프레임 때문에 메타 메시지의 해석을 달리하거나 잘못해서다. 프랑스 파리에서 활동 중인 칼럼니스트 목수정 씨의 책을 보면, 해당 프랑스인 기자가 어떤 프레임에서 그런 글을 썼는지 이해할 수 있다. 프랑스인 기자가 자신을 위해 기도해 주겠다는 외국인들에게 왜 그런 반응을 보였는지를 목수정 씨는 이렇게 말한다.

"당신을 위해 기도하겠다."라는 말은 당신과 나 사이에 신이 존재한

5 Tannen, D. (1990) *You Just Don't Understand : Women and Men in Conversation.* Ballantine Books. New York.

다는 사실을 상호 간에 믿어 의심치 않을 때만 축복의 의미를 갖는다. 신의 존재를 수긍하지 않는 사람에게 그 말은 허무맹랑하고 강압적으로 들린다. 많은 파리지앵은 무신론자이며, 신앙을 지니고 있더라도 굳이 대외적으로 드러내지 않는 것이 현명하다고 생각한다. 그러한 사회적 약속과 판단이 통용되는 곳이 바로 이 혁명의 도시 파리다. 유일신을 섬기는 종교들의 피를 보고야 마는 배타적 속성을 수 세기 동안 겪어왔기 때문이다.[6]

목수정 〈아무도 무릎 꿇지 않은 밤〉 중에서

나는 목수정 씨의 책을 읽고, 대다수 프랑스인들, 특히 파리 사람들이 가지고 있는 종교나 신과 관련된 프레임을 알 수 있었고, 그 프랑스인 기자가 왜 미국인들의 "Pray for Paris!"라는 말에 그렇게 날 선 반응을 했는지 이해할 수 있었다. 반면, 앞의 댓글을 남긴 미국인 여성 메간 씨는 프랑스인들과는 완전히 다른 프레임을 가지고 세상을 본다. 그녀는 신이 당연히 존재하며, 자신의 신앙심을 대외적으로 드러내는 것이 전혀 문제가 없다고 생각한다. 그런 프레임으로 세상을 바라보는 그녀는 하루아침에 테러로 죽거나 다친 사람들이 너무도 안된 마음에 진심 어린 마음으로 당연히 존재하는 신께 기도하자는 말을 했을 뿐이다. 그러니 자기 진심을 몰라주고 쌀쌀맞은 반응

6 목수정 (2016) 〈아무도 무릎 꿇지 않은 밤〉, 생각정원

을 보인 프랑스인 기자를 그녀로서는 도저히 이해할 수 없는 것이다. 특히 "바이블 벨트Bible Belt: 기독교 영향이 강한 미국의 남부와 중서부 지역"라고 불리는 미국 중·남부 출신 사람 중에는 메간 씨와 같은 프레임을 가지고 살아가는 사람이 대다수다. 나 또한 그 지역과 매우 가까운 북부 플로리다에 살다 보니, 이런 프레임을 가진 사람들을 종종 만난다.

오래전 첫 아이 학교 엄마들이 모이는 자리에 갔는데, 어느 백인 여성이 나에게 자기소개가 끝나기가 무섭게 "So, which church do you go to?그나저나, 어느 교회에 다니세요?"라고 물었다. 그런 그녀의 질문이 나는 좀 황당하게 느껴졌다. 일단 그녀와 나는 그날 처음 만난 사이다. 그녀는 조금 전 소개로 내 이름만 알 뿐, 나의 종교가 무엇인지 모른다. 게다가 내게 종교가 무엇인지 묻지조차 않은 상태에서, "교회를 다니세요?"도 아니고, "어느" 교회를 다니느냐니! 그것은 교회는 당연히 다녀야 하는 곳이라는 명제를 바탕에 둔 질문이다. 이 명제에 따르면 교회를 다니지 않는 나는 뭔가 옳지 않은 선택을 한 사람이 된다. 혼란스러워진 나는 이렇게 답했다. "Am I supposed to go to church?내가 교회를 다녀야만 하나요?" 그 순간 분위기는 급격하게 어색해졌고, 그 후 그녀와 나는 더 이상 대화를 나누지 않았다. 다음 날 점심을 먹으면서 플로리다 주립대에서 나와 함께 일하는 미국인 동료들과 이 이야기를 나눴다. 무신론자인 동료 두 명은 그 미국 여자가 실수한 것이라며, 내가 무지한 그녀를 "교육했다"라고 말했다. 하지만 남부 조지아주 출신인 동료의 생각은 달랐다. 그는 그 미국 여자는 자신의 종교를 강요하려고 그런 말을 한 것이 아니라, 그저 나와 사교적인 대화를 나누려 했을 뿐이라고 했다. 그는 남부의 소도시에서는 대부분 교회를 다니기 때문에, 서로 어느 교회에 다니냐고 묻는 것이 그들의 흔한 스몰토크 주제라고 했다. 그리고 이 말을 덧붙였다.

"Ah-young, we're in the South! Don't forget that!"
아영 씨, 우리는 지금 (미국) 남부에 있어요! 그 사실을 잊지 마세요!

남부 출신 동료가 한 이 말은, 현재 내가 미국 남부에 살고 있으므로, 미국 남부 사람들이 가진 프레임을 좀 이해해 달라는 뜻이다. 정리하자면, "Which church do you go to?"는 그녀로서는 그저 나와 친해지고 싶어서 사교적인 대화를 이어가고 싶다는 "메타 메시지 metamessage"의 문장이었다. 하지만 나는 그 문장의 메타 메시지를 종교적으로 해석하는 바람에, 그때까지 좋았던 분위기를 이른바 "갑분싸[7]"로 만들어 버렸다. 모두가 그런 건 아니지만, 중·남부 출신의 미국인 중에는 그녀와 같은, 혹은 비슷한 프레임을 가진 사람이 적지 않다. 반면, 북부와 서부 출신 미국인들은 종교의 다양성을 인정

---

7   '갑자기 분위기 싸해진다.'를 줄여 이르는 말. (우리말샘 전자사전)

하고 다름을 존중하는 프레임을 가진 사람들이 대부분이다. 그러니 종교와는 담을 쌓고 지내는 내가 북서부 출신들과 대화할 때 좀 더 편안한 느낌이 드는 것은 당연한 일이다. 이와 마찬가지로, 우리가 같은 문화권 사람들과 대화할 때 더 편안한 이유도 서로 같거나 비슷한 프레임을 가지고 있기 때문이다.

이렇게 우리가 가진 프레임은 우리가 속한 문화의 영향을 받아 형성되었다. 물론 프레임에 영향을 끼치는 것은 비단 문화뿐만은 아니다. 예를 들어, 성별에 따른 언어 사용genderlect을 연구한 테넌 Deborah Tannen 박사는 같은 문화권 내에서도 여성과 남성이 서로 다른 프레임을 가지고 있다고 주장한다. 하지만 외국어를 공부하는 입장에서 우리와 다른 문화권 사람들과 문제없이 소통하려면, 해당 문화권 사람들이 공통으로 가지고 있는 문화적 프레임cultural frame을 이해하는 것이 무엇보다도 중요하다. 그럼 한 문화권 사람들이 공통으로 가진 문화적 프레임을 이해하기 위해, 우리는 어떤 것들에 주목해야 할까? 웨스트 조지아 대학University of West Georgia에서 가르치는 심리학 박사 다르Dhar는 문화적 프레임의 구체적인 예시를 다음과 같이 든다.

Cultural frames involve both the explicit norms and values of a culture and the more implicit (subtle) ways that the culture affects how individuals understand themselves and their experience.[8]

문화적 프레임은 그 사회에 분명한 규범들, 그 문화 사람들이 소중하게 생각하는 가치, 그리고 각 개인이 그들 자신과 그들의 경험을 이해하는 데 좀 더 미묘하게 영향을 미치는 것들과 그 방식을 모두 포함합니다.

이제부터는 외국어를 공부할 때 그 나라 문화의 이런 면면을 함께 이해하자. 이런 문화적 프레임의 중요성을 요즘은 정신의학계에서도 다룬다고 한다. 인터넷 학술지인 「Mad in America: Science, Psychiatry and Social Justice」에 따르면, 캐나다 맥길 대학의 연구진들이 인간이 고통과 괴로움 등을 포함한 자기 경험을 이해하고 정의 내리는 데 자신이 속한 문화적 프레임이 어떻게 영향을 주는지를 2021년 옥스퍼드 연구 백과사전Oxford Research Encyclopedias에 발표했다고 한다. 언어와 문화를 다루는 언어교육학계뿐만 아니라, 이제 정신의학계에서도 이를 연구하는 것을 보면, 우리가 속한 문화가 우리가 세상을 보고 읽고 이해하는 데 지대한 영향을 미친다는 것은 부정할 수 없는 사실임이 틀림없다.

---

8 Dhar, A. (2021) 〈How Cultural Frames Shape Our Experience of Mental Disorders〉 from 「Mad in America: Science, Psychiatry and Social Justice」

문화적 프레임에 따라 달라지는
관점과 행동 방식

영화에서 드러나는 외도(外道)[1]에 대응하는 방식

각기 다른 문화적 프레임cultural frame으로 인해 똑같은 사건을 보고도 다른 문화권에 속한 사람들이 서로 다르게 해석하는 현상은 지금 같은 국제화 시대에는 늘 목격하는 일이다. 이를 보여주는 한 사례로, 2014년 미국 영화 〈5 to 7〉이 개봉되고 난 후, 결혼 후 배우자의 외도와 관련된 가치관과 관점의 차이로 인해 인터넷상에서 미국인들과 프랑스인들 사이에 문화 충돌이 일어난 적이 있었다.

〈5 to 7〉의 대략적인 줄거리는 이렇다. 남편과 두 아이와 함께 사는

---

1 외도(外道): 아내나 남편이 아닌 상대와 성관계를 가지는 일. (《표준국어대사전》)

프랑스인 유부녀와 미국인 총각이 매일 5시에서 7시 사이에 만나서 서로 육체적, 정신적 사랑을 나눈다는 이야기다. 이 영화에서 아 선생에게 가장 충격적인 것은 이 프랑스 여인의 남편이 이들의 외도 사실을 알고 난 후의 반응이다. 그는 자기 부인이 만나는 미국인 총각에게 자기 부인을 행복하게 해 줘서 고맙다고 인사를 한다. 심지어 이 미국인 총각을 자기 집으로 저녁 초대까지 한다. 저녁 초대를 하는 장면에서 그는 이렇게 말한다.

"I thought we should meet. Arielle speaks very highly of you. She says you are a fine person. Funny, naturally charming, sincere, extremely bright and kind. She suspects you are very talented. I am very happy that she has met you, Brian. For the little time since she has known you, I have seen a light in her eyes that I have never seen before... and I am so very glad that I wish to thank you. I would be pleased if you could join us at our home, this coming Saturday, for supper."

나는 우리가 서로 만나야 한다고 생각했습니다. 아리엘은 당신을 격찬합니다. 그녀는 당신이 멋진 사람이라고 해요. 재미있고, 타고난 매력을 가지고 있으며, 진실하고, 굉장히 똑똑하고 친절하다고. 그녀는 당신이 아주 재능이 있을 거로 생각합니다. 제 아내가 당신을 만나게 돼서 저는 무척 기쁩니다, 브라이언 씨. 아내가 당신을 알게 된 후의 그 짧은 시간 동안, 난 그녀의 눈 속에서 지금까지 단 한 번도 본 적이 없는 빛을 보았습니다… 그래서 너무나도 기뻐서 당신에게 감사드리고 싶어요. 이번 주 토요일에 우리 집으로 와서 우리와 저녁을 함께할 수 있다면, 난 기쁠 겁니다.

자기 아내의 애인에게 이렇게 말하는 이 프랑스 남자 또한 자기 부인 외에 육체적, 정신적 사랑을 나누는 여자 친구 즉, 정부(情婦)[2]가 있다. 그의 아내도 그녀의 존재를 알고 있으며, 그녀를 초대해서 함께 파티를 하기도 한다. 이 영화의 내용은 우리 한국인뿐만 아니라 미국인도 대부분 충격적으로 받아들이는 눈치다. 이와 동일한 주제(배우자의 외도)를 다룬 미국 영화 〈언페이스풀Unfaithful〉을 보면, 배우자의 외도를 대하는 미국인과 프랑스인의 극명한 시선의 온도 차를 느낄 수 있다. 아내의 남자를 집으로 불러 함께 저녁 식사를 하는 〈5 to 7〉과 달리, 〈언페이스풀〉에서는 주인공 남자(리처드 기어 분)가 아내의 외도 사실을 알고 난 후에 그 불륜남을 살해하기 때문이다. 그래서 영화 관련 웹사이트에서 〈5 to 7〉은 로맨틱 코미디로, 〈언페이스풀〉은 스릴러로 분류된다.

한국에도 미국에도 외도를 저지르는 사람들은 존재한다. 그렇지만 표면적으로 봤을 때 일반적인 한국인이나 미국인들이 배우자의

---

2   정부 (情婦): 아내가 아니면서, 정을 두고 깊이 사귀는 여자 (《표준국어대사전》)

불륜이나 불륜을 저지르는 사람을 대하는 태도는 〈5 to 7〉에 나오는 프랑스인 부부의 그것과는 사뭇 다르다. 일례로, 영화배우 윌 스미스Will Smith의 부인인 제이다 핀켓 스미스Jada Pinkett Smith가 남편에게 자신의 외도 사실을 당당하게 알리고도 서로 이를 문제 삼지 않고 함께 사는 것은 미국에서 매우 잘 알려진 사실이다. 윌 스미스 부부의 이런 결혼 생활 방식이 세간에 알려지자, 많은 미국인과 미국 미디어에서는 이들 부부의 "open marriage(성적으로 자유로운 결혼 생활)"를 조롱했다. 이렇게 결혼한 상태에서 공공연하게 배우자가 아닌 다른 사람과 성관계를 갖는 결혼 생활을 미국인들은 "open marriage"라고 부른다. 윌 스미스는 자신과 제이다 스미스의 이런 남다른 결혼 생활 방식을 "to love in freedom(자유롭게 사랑하기)"라고 표현하면서, 이를 비난하는 미국 대중에게 이렇게 항변한다.

Winfrey What does it mean to love in freedom?

Smith The simple idea is it's friendship versus marital prison.

Winfrey Does that mean you all can have other partners, but you just have to be respectful with each other?

Smith So... people only think in terms of sex. People are trying to put something on it. Will and Jada, what they're doing with other people... (중략) The goal is not a sexual goal. We're going to love each other no matter what.

윈프리 자유롭게 사랑한다는 것이 어떤 의미입니까?

스미스 간단하게 말해서… 그것은 결혼이 만들어 낸 감옥과는 대조되는 우정을 뜻합니다.

윈프리 그렇다면, 그건 당신들 둘 다 다른 파트너들을 두는 것을 허용하지만, 그저 서로를 존중하기만 하면 된다는 의미인가요?

스미스 그러니까… 사람들은 이걸 성생활의 측면에서만 생각합니다. 사람들은 그 부분을 강조하려 하죠. 윌하고 제이다, 그들이 다른 사람들과 하는 짓은…(중략) 우리의 목적은 성적인 게 아닙니다. 그 어떤 경우에도 우리가 서로를 사랑하겠다는 거예요.

윌 스미스와 오프라 윈프리Oprah Winfrey의 대담 중에서

윌 스미스의 이런 해명은 보수적인 일반 미국 대중들에게 씨알도 먹히지 않았다. 다음은 그의 해명에 관해 일반인들이 유튜브에 적은 댓글이다.

"So let me get this straight; Will is cool about his wife sleeping with other dudes but couldn't handle a simple innocent joke... right, he lost his mind."

그러니까 이건 분명히 하고 넘어가자고. 윌은 자기 아내가 다른 남자들하고 자는 건 괜찮지만, 간단한 악의 없는 농담*은 참아 넘기지를 못한 거잖아… 맞아, 그는 돌았어.

필자 주 윌 스미스가 2022년 오스카 시상식에서 크리스 락이 자기 아내를 두고 한 농담에 화가 나서 크리스 락의 뺨을 때린 사건을 두고 하는 말

"After seeing Will Smith's reaction at the Oscar's, I think it's safe to say that it is pure denial when he said Jada having other partners doesn't bother him."

오스카 시상식에서 (크리스 락의 농담에) 윌 스미스가 보인 반응을 본 후, 제이다가 다른 파트너들을 가지는 것이 괜찮다고 말하는 그가, 실은 그 사실을 받아들이지 못하는 상태에 있다고 말하는 게 적절하단 생각이 들어.

"It's like he's trying to convince himself that he's happy. You can be divorced and still be really cool friends. The kids are in their 20's. He can free himself from this bondage and find true love and peace."

그는 자기 자신이 행복하다고 스스로를 이해시키려고 하는 것 같아. 하지만 이혼을 한 후에도 여전히 좋은 친구로 지낼 수 있어. 스미스 아이들은 이미 20대야. (이혼하면) 그가 이 속박에서 벗어나서 진정한 사랑과 마음의 평화를 찾을 수가 있을 거라고.

"He can philosophize his current situation ad nauseam, but he cannot hide the heartache in his eyes every time he tries to convince us that he is okay when he is not."

그는 자신이 처한 상황을 지겹도록 철학적으로 이야기할 수 있지만, 자신이 괜찮지 않으면서 괜찮다고 우리를 설득하려고 할 때마다 자기 눈 속에 있는 심적 고통은 숨길 수가 없어.

이런 댓글들을 통해, 우리는 대부분의 미국인이 아내가 다른 남자와 성관계를 맺는 것이 괜찮다고 말하는 윌 스미스가 순전히 거짓말을 하는 거라고 굳게 믿고 있다는 사실을 알 수 있다. 앞의 댓글들은 그나마 점잖은 축에 속하는 편이다. 남편이 아닌 다른 남자와 성관계를 갖는 제이다를 거의 창녀 취급하는 악플도 심심찮게 눈에 띄기 때문이다. "She's for the streets.그 여자는 창녀야."처럼 말이다.

윌 스미스 부부의 이른바 "open marriage"에 관한 미국인들의 이런 반응을 보면서, 우리는 미국인들이 배우자의 외도나 혹은 다른 사람의 불륜을 대하는 태도가 프랑스인들의 그것과는 아주 다르다는 사실을 알 수 있다. 이와 대조적으로, 프랑스에서는 오후 5시에서 7시 사이에는 누가 무엇을 하는지 아무도 묻지 말라는 말이 있다고 한다. 로이터 통신에 따르면, 프랑스어로 "cinq a sept(5 to 7: 5시에서 7시 사이)"는 프랑스 남자들이 퇴근해서 집으로 가기 전에 자신의 정부(情婦)를 만나는 시간을 의미한다고 한다.[3] 바로 그런 연유에서, "cinq a sept"는 유부남/유부녀의 배우자가 아닌 애인을 뜻하는 명사로도 쓰인다고 한다. 예를 들어, "mon cinq à sept"는 영어로 직역하면 "my 5 to 7"인데, "나의 불륜 상대"라는 의미이다. 앞서 언급한 영화의 제목(5 to 7)도 바로 이런 프랑스어 이디엄에서 따왔다.

---

3 「Reuters」 기사 〈French, American cultures collide in romantic comedy '5 to 7'〉 중 발췌

「Los Angeles Times」는 미국인들과 프랑스인들이 배우자의 외도를 바라보는 이런 시각차를 다음과 같이 자세하게 다뤘다.

In reality, French and American couples behave about the same. Divorce rates are about the same. There's probably the same amount of infidelity going on, say informed observers. "French spouses are as angry as American ones would be if this hit home," says novelist Diane Johnson, who divides her time between Paris and San Francisco and has written several books about Americans in France. (중략)

Schwartz counters that it's not that simple. "... I think it's bad sociology to think non-monogamy is about disrespect to women."

Many French people think Americans are cruel to break up a family over an affair. Schwartz asks, "What's the moral position? Leaving the kids without a daddy, or leaving someone who broke a promise?"[4]

실제로, 프랑스와 미국 부부들은 거의 똑같이 행동한다. 이혼율도 거의 같다. 관찰자의 관점에서 말하자면, 불륜 또한 거의 같은 비율로 일어나고 있을 것이

---

4 「Los Angeles Times」 기사 〈In France, Adultery Has a Certain Air of Je Ne Sais Quoi〉 중 발췌

다. 파리와 샌프란시스코에서 모두 시간을 보내면서 프랑스에 거주하는 미국인들에 관한 책을 여러 권 저술한 소설가 다이앤 존슨은 "프랑스인 배우자들은 불륜이 가정에 타격을 줄 때만, 미국인 배우자들만큼 화를 냅니다."라고 말한다. (중략)

슈왈츠는 그게 그렇게 간단한 문제가 아니라고 반박한다. "… 저는 배우자하고만 성관계를 갖지 않는다고 해서 그게 여성을 존중하지 않는 행동이라고 생각하는 것은 비논리적인 사회학이라고 생각합니다."

많은 프랑스인은 미국인들이 불륜 한 번으로 가정을 깨는 것이 잔인하다고 생각한다. 슈왈츠는 "도덕적인 입장이 대체 뭡니까? 아이들을 아빠 없이 만드는 거요, 아니면 약속을 깬 누군가를 떠나는 거요?"라고 묻는다.

나는 이 기사를 읽으면서, 프랑스인들은 배우자의 외도 자체보다는 배우자의 외도가 가정에 타격을 주기 시작할 때 비로소 화를 낸다는 점이 너무나도 흥미로웠다. 이런 점은 영화 〈5 to 7〉에서도 그대로 나타난다. 자기 부인이 젊은 남자와 저지르는 외도를 자연스러운 삶의 일부로 받아들였던 프랑스인 남편은, 부인이 가정을 깨고 외도남과 함께 살고 싶어 하자, 그제야 비로소 분노해서 외도남을 찾아가 폭력까지 행사하며 크게 화를 낸다. 이는 배우자의 외도 자체를 용서할 수 없다는 관점이 지배적인 한국이나 미국의 분위기와는 사뭇 다르다. 한국과 마찬가지로, 미국에서도 불륜을 저지른 배우자와는 주저 없이 이혼하는 사람들이 많다. 설사 어떤 사정(이를테면, 경제적인 이유) 때문에 이혼을 못 하게 되더라도, 배우자의 외도를 용서하는 것은 지극히 힘든 일이라는 것이 미국인들의 대체적인 정서인 듯하다. 나는 미국인들의 이런 정서를 실제로 체감할 수 있는 사건을 목격한 적이 있다.

큰 아이의 학교에서 학부모 모임에서 만난 유부남과 유부녀가 서로 눈이 맞아서 불륜을 저질렀다. 두 아이 A와 B는 같은 반 친구였는데, A의 엄마와 B의 아빠가 서로에게 빠져들면서 각자의 배우자와 이혼하고 둘이 계속 만났다. 문제는 그 이후에도 A와 B가 계속 같은 학교에 다니고 있어서 학교 행사가 있을 때면 이들과 이들의 전남편, 그리고 전 부인이 모두 같은 자리에서 모이게 되는 것이었다. 그런데 바로 그 자리에서 이 두 남녀가 다른 사람들의 시선은 전혀 아랑곳하지 않고 서로 다정하게 대화를 나누며 키득거렸고, 그 모습이 불편했던 그 남자의 전 배우자가 그 자리를 떠났다. 바로 그때, 제삼자인 다른 학부모 한 사람이 그들에게 다가가서, 다른 사람들을 불편하게 만들지 말라며 한마디 하는 것이었다. 내 경험상, 평균적인 한국인들에 비해 평균적인 미국인들은 결코 오지랖이 넓은 사람들이 아니다. 도움이 필요한 사람에게는 기꺼이 도움을 주지만, 그렇지 않으면 남의 일에 나서지 않는 편인 미국 사회의 분위기에 익숙한 나는, 한마디 한 그 미국인의 오지랖에 좀 놀랐다. 이는 결혼한 사람이 저지르는 외도에 전혀 관대하지 않은 미국인들의 정서를 엿

볼 수 있는 사건이었다. 그러니, 적지 않은 프랑스인들이 외도 자체
보다 외도 때문에 가정을 깨는 것이 더 잔인하다고 생각한다는 점은
한국인과 미국인의 입장에서 보면 대단히 색다른 관점이다. 이처럼
각 나라의 문화적 프레임은 그 나라 사람들이 무엇이 옳은지 그른지
를 판단하고 행동할 때 직접적으로 영향을 끼치는 요소다.

새로운 시각의
미국인들의 결혼관

open marriage에 관한 미국인들의 생각

2003년 처음 미국으로 왔을 때 본의 아니게 계속 보게 되는 리얼리티 쇼가 있었는데, 바로 〈Cheaters배우자를 속이고 바람피우는 사람들〉였다. 학교 수업을 마치고 집에 와서 저녁을 먹으려고 TV를 켜면, 꼭 이 프로그램이 나왔기 때문이다. 당시 순진했던 이십 대의 내게는 내용이 너무 충격적이어서 중독성이 상당히 강했다. 이 프로그램은 제목 그대로 cheaters배우자를 속이고 바람을 피우는 사람들에 관한 내용이다. 리얼리티 쇼라서 이 프로그램에 나오는 사람들은 모두 배우가 아닌 일반인이며, 그들의 실제 생활과 상황이 그대로 방영되었다. 자기 아내나 남편, 또는 애인의 외도 여부가 의심스러운 사람이 이 프로그램에 의뢰하면, "cheaters investigators바람 피우는 사람 조사관"라고 불리는 조사관들이 해당 의뢰자의 배우자를 미행해서 그들의 외도 여부를 밝혀낸다. 그런데 이 프로그램에 출연하는, 우리의 상식으로 볼 때 전혀 일반적이지 않은 일반인들에게는 공통점이 한 가지 있다. 이들이 외도를 저지를 때, 배우자나 애인 몰래 숨어서 한다는 점이다. 즉, 이들은 자신이 배우자가 아닌 다른 이성과 성관계를 맺는다는 사실을 철저하게 속이고 비밀로 하려고 애를 쓴다. 사실 이는 당연한 일이긴 하다. 한국과 마찬가지로, 미국에서도 배우자나 여친/남친/애인이 있는 사람이 제3의 인물과 성관계를 가지는 것이 사회적 통념에 크게 어긋나는 행동이기 때문이다. 그렇지만 이 프로그램 출연자들과는 달리, 배우자나 애인이 있는데도 불구하고 상대를 속이지 않고 자유롭게 다른 이성과 연애를 하고 성관계까지 맺는 사람들 또한 미국에는 존재한다. 이런 스타일의 부부 관계 또는 연인 관계를 영어로는 "open marriage성적으로 자유로운 결혼 생활", "open relationship성적으로 자유로운 연인 관계"이라고 한다.

Open relationship은 정확히 어떤 관계를 말하는 걸까? 의학 정보 전문 웹사이트인 Healthline Media의 2020년도 기사 〈A Beginner's Guide To Open Relationships 초보자들의 이해를 돕는 성적으로 자유로운 연인 관계 가이드〉에 따르면, open relationship의 정의는 다음과 같다.

There are two different definitions. The first says "open relationship" is an umbrella term that encapsulates all other forms of non-monogamy, like monogam-ish, swingers, and polyamory. The idea is that monogamous means closed, and all types of non-monogamous relationships are open.

The second (and more common) definition, says that open relationships are *one* type of non-monogamous relationship under the Ethical non-monogamous umbrella. Here, usually, open relationships are thought to occur between two people in a primary relationship who have agreed to open up their relationship sexually — but not romantically.[1]

두 가지 정의가 있습니다. 첫 번째로, "open relationship"이 일부일처제가 아닌 모든 형태의 관계, 모노게미쉬(일부일처제의 관계에서 상호 합의하고 간통을 허락하는 것), 자유롭게 성생활을 하는 사람들, 애인을 여럿 두고 로맨스를 즐기는 일 등을 모두 압축하는 포괄적인 용어라는 겁니다. 이 경우 일부일처제는 닫혀 있음(closed)을 의미하며, 일부일처제가 아닌 모든 종류의 관계는 열려 있다(open)는 관점으로 이해하면 됩니다.

두 번째 (그리고 일반적인) 정의에 따르면, open relationship은 윤리적으로 행해지는 일부일처제가 아닌 관계의 일종입니다. 이 경우, 대개 open relationship

---

1 Healthline Media의 2000년도 기사 ⟨A Beginner's Guide To Open Relationships⟩ 중 발췌

은 주요 관계를 맺고 있으면서, 단 낭만적인 애정 표현은 제외한 상태로 자신들의 관계를 성적으로 개방하겠다고 합의를 한 두 사람 사이에서 일어나는 것으로 여겨집니다.

이와 더불어, 이 기사는 다음과 같이 open relationship이 cheating 배우자를 속이고 바람을 피우는 행위과는 다르다는 점을 분명히 한다.

> It also isn't the same thing as cheating. People in open relationships have an *agreement* that having sex or emotional relationships with other people is OK. Plus, while cheating is considered unethical, open relationships — when done correctly — are ethical by nature.[2]
>
> 또 그것은 상대를 속이고 바람을 피우는 것과는 다릅니다. open relationship 관계에 있는 사람들은 다른 사람들과 성적인 혹은 정서적인 관계를 맺는 것이 괜찮다고 합의를 한 상태입니다. 그뿐만 아니라, 속이고 하는 외도가 비윤리적이라고 여겨지지만, open relationship은 제대로 행해졌을 경우 본 바탕이 윤리적입니다.

정리하면, 배우자나 애인이 아닌 다른 사람과 성관계를 맺는다는 점

---

2 Healthline Media의 2000년도 기사 〈A Beginner's Guide To Open Relationships〉 중 발췌

에서는 서로 같지만, 그것을 속이고 하느냐 속이지 않고 서로의 동의하에서 하느냐에 따라서 open relationship인지, cheating인지가 가려진다는 말이다. 이런 차이점 때문에, 상대를 속이는 행위인 cheating과 달리, open relationship은 "본 바탕이 윤리적인 행위"라고 이 기사는 주장한다. 하지만 이는 어디까지나 이 기사를 쓴 사람의 의견일 뿐이고, open relationship에 관한 평균적인 미국인들의 생각은 전혀 그렇지 않다.

미국인들의 성생활과 관련된 주제로 다양한 연구를 하는 SexualAlpha에서 2023년에 진행한 조사에 따르면, 미국인의 4%가 배우자나 애인과 open marriage 또는 open relationship을 갖기로 합의했다고 한다. 미국인의 4%(성별로는 미국인 남성 6%와 미국인 여성 3%)가 배우자나 애인과 open marriage 또는 open relationship을 갖기로 합의했다고 한다.[3] 또, 미국인 중 26%가 배우자나 애인과 open relationship을 갖는 것에 관심이 있다고 한다. 솔직히 내게는 이런 조사 결과가 상당한 충격으로 다가왔는데, 그 이유는 20년 넘게 미국 사회에 동화되어 살면서 이런 생각을 하는 미국 사람을 본 적이 단 한 번도 없었기 때문이다.

3   SexualAlpha에서 2023년에 진행한 〈Open Marriage and Relationship Statistics〉 참고

조금 더 넓혀서 친구의 친구 부부가 그렇다는 말을 들은 적이 있긴 하지만, 그 자리에서 함께 그 말을 들었던 다른 미국인들 모두 그 부부를 무슨 별나라 사람 취급을 했다. 이는 아마도 대학에서 일하는 내가 속해 있는 집단의 사회적 특성과 더불어, 미국 전체적으로 봤을 때 비교적 보수적인 풍토를 가진 북부 플로리다의 지역적 특성이 더해져 나온 결과가 아닐까 싶다. 참고로, 플로리다의 주도인 탈라하시Tallahassee에 사는 내 동료와 친구, 그리고 아이들의 학교 모임에서 만나는 학부모나 지인들은 대부분이 플로리다 주립대 교수진이거나 플로리다 주 정부의 공무원이며, 그렇지 않다면 법조인이다. 이곳이 플로리다 주도라서 플로리다주의 대법원을 포함한 주요 법원이 모두 여기에 있다 보니, 이 작은 도시에 법조인들이 참 많다. 그러니 정치적으로는 진보적일 수 있을지언정, 생활 방식은 보수 또는 중도 보수에 속하는 편이다. 흥미로운 사실은, 생각이 상당히 진보적이고 자유로운 편이라 타인이 어떤 삶의 방식을 가지고 있든 그들의 삶을 판단하고 재단하고 싶지 않아 하는 친구들도 자기 스스로는 open marriage 같은 생활 방식은 아예 생각조차 안 하고 전통적인 결혼 생활을 고수한다는 점이다.

그렇지만 이는 어디까지나 북부 플로리다의 중소 도시에 있는 주립대 소속인 내가 만나는 미국인들의 분위기이고, 캘리포니아주나 뉴욕주, 또는 미국에서 가장 진보적이고 자유로운 성향인 것으로 알려진 워싱턴주에 거주하는 전혀 다른 직업군의 미국인들 생각은 충분히 다를 수 있다. SexualAlpha도 미국인들이 가진 open relationship을 보는 관점에 자신들이 사는 지역 또한 큰 요인으로 작용한다는 점을 지적하면서, 같은 설문조사의 결과를 미국 지역별로 분석한 내용을 다음과 같이 발표했다.

미국인 중 56%는 애인이나 배우자가 open relationship을 요구하면 바로 결별하겠다고 응답했는데, 성별로는 여성들은 67%가 남성들은 46%가 바로 결별하겠다고 응답했다. 이 응답자들을 지역적으로 분석하면 다음과 같다.

◆ 북동부 지역Northeast Region – 49%의 응답자가 애인이나 배우자가 open relationship을 요구하면 결별하겠다고 함.

◆ 중서부 지역Midwest Region – 55%의 응답자가 애인이나 배우자가 open relationship을 요구하면 결별하겠다고 함.

◆ 서부 지역West Region – 58%의 응답자가 애인이나 배우자가 open relationship을 요구하면 결별하겠다고 함.

◆ 남부 지역South Region – 60%의 응답자가 애인이나 배우자가 open relationship을 요구하면 결별하겠다고 함.

이 조사 결과에서 남부 지역이 가장 보수적이라는 점은 예상과 정확히 일치했지만, 캘리포니아를 포함하는 서부 지역의 수치가 남부와 별로 큰 차이를 보이지 않는다는 점이 다소 놀라웠다. 혹시 위의 조사 결과가 생각보다 적은 수치라고 생각하시는 독자분들이 있다면, 이 조사의 응답자 중에는 미혼자와 기혼자가 모두 포함되어 있다는 점에 주목할 필요가 있다. 한국과 마찬가지로, 미국에서도 미혼자들보다는 기혼자들이 훨씬 더 보수적인 경향이 강하다. 이 밖에 open marriage/relationship에 미국인들이 가지는 관점에 관해 흥미로운 점들을 몇 가지 더 나열해 보면 다음과 같다.

- 20%의 미국인들은 살면서 어떤 형태로든 open relationship을 가진 적이 있다.

- 남성들(32%)이 여성들(19%)보다는 open relationship에 더 관심이 많은 편이다.

- 세대별로는 밀레니얼 세대(1980년대부터 2004년까지 출생한 세대)가 41%로 가장 open relationship에 관심이 많고, 그다음이 Z세대(1990년대 중반부터 2010년대 후반 출생)로 29%, X세대(1960년대 초에서 1970년대 중반에 태어난 세대)는 23%, 마지막으로 베이비붐 세대(1946년에서 1964년 사이에 태어난 세대)가 12%로 가장 관심이 적다.

- 성별로는 동성애와 바이섹슈얼을 포함하는 LGBTQ 그룹이 open relationship에 가장 관심이 많은데, 이는 예외 없이 모든 세대와 나이대의 그룹에 해당하는사항이다. 예를 들어, 밀레니얼 세대의 경우는 LGBTQ 그룹에서는 52%가, 이성애자들 그룹에서는 38%가 open relationship에 관심이 있다.[4]

4 SexualAlpha에서 2023년에 진행한 〈Open Marriage and Relationship Statistics〉 참고

이렇게 open relationship을 원하는 사람들은 대체 무슨 이유로 그러는 걸까? Healthline Media의 2020년도 기사를 인용하자면, 그것은 이들이 더 행복해지고 싶고, 더 사랑하고 싶으며, 성적인 만족도와 흥분도를 높이기 위해서, 또는 이런 것들을 동시에 추구하기 위해서라고 한다.[5] 그렇다면 이들은 open relationship을 통해서 자신들의 이런 바람을 충족시키며 살 수 있을까? 2010년 3월 23일 자 CNN 기사를 보면, 전혀 그렇지 않은 것 같다. 다음은 해당 CNN 기사의 일부다.[6]

> Some research suggests that open marriage has a 92 percent failure rate. Steve Brody, Ph.D., a psychologist in Cambria, California, explains that less than 1 percent of married people are in open marriages.
>
> 어떤 연구 결과는 오픈 메리지가 92퍼센트의 실패율을 보인다고 시사합니다. 캘리포니아 캠브리아의 심리학자, 스티브 브로디 박사는 미국 기혼자의 1% 미만이 오픈 메리지 방식으로 결혼 생활을 하고 있다고 합니다.

이 기사가 오래전의 기사라서 좀 더 최근의 기사를 찾아봐도 오픈

---

5 Healthline Media의 2020년도 기사 〈A Beginner's Guide To Open Relationships〉 중 발췌
6 2010년 3월 23일 자 CNN 기사 〈Do open marriages work?〉 중 발췌

메리지의 높은 실패율 수치에는 변함이 없었다. 다음은 미국 온라인 출판 플랫폼인 Medium의 2023년 10월 17일 자 기사, 〈Why normalizing non-monogamy is dangerous and immoral한 번에 한 상대하고만 성관계를 갖지 않는 것을 정상화하는 것이 왜 위험하고 부도덕한 일인가〉의 일부다.

> The most interesting and supporting fact is that the vast majority of open marriages fail — according to research, open marriages have a 92% failure rate. This just goes to show that non-monogamy doesn't work for the vast majority, especially not in the long term.[7]
>
> 가장 흥미로우면서 동시에 제 주장을 뒷받침하는 근거는 바로 오픈 메리지의 대부분이 실패한다는 사실입니다. 연구 결과에 따르면, 오픈 메리지의 실패율은 92%입니다. 이는 일부일처제가 아닌 방식의 결혼 생활은, 특히 장기적으로 봤을 때, 대부분의 사람에게 제대로 작동하지 않는다는 사실을 보여줍니다.

그런데도 일부 미국인들은 이 새로운 형태의 연애와 결혼 방식을 계속 추구할 듯하다. 캘리포니아 샌디에이고에 거주하는 결혼과 가족 문제 전문가인 다나 맥닐Dana McNeil은 면허가 있는 심리학자이면서 성교육 전문가인 리즈 파웰Liz Powell의 말을 인용하면서, open

---

7 Medium의 2023년 10월 17일 자 기사 〈Why normalizing non-monogamy is dangerous and immoral〉 중 발췌

relationship이 가진 장점을 이렇게 말한다.[8]

For one, it (usually) means more sex!

"I love being non-monogamous because I'm someone who loves novelty and exploration," says Powell. "I get to get that by being with as many people as I want."

She adds: "I also have a high capacity for compersion — which is the joy for someone else's joy — so seeing my partners sexually fulfilled and happy makes me happy."

Licensed marriage and family therapist Dana McNeil, MA, LMFT, founder of the Relationship Place in San Diego, California, calls out that even if you eventually end up closing the relationship, practicing ethical non-monogamy helps individuals hone their skills in problem-solving, communication, and making and holding boundaries.

"It always forces folks to really identify what their desires and needs are," says McNeil.

우선 첫째로, 그건 (보통) 섹스를 더 할 수 있다는 걸 의미하죠!

"저는 일부일처제가 아닌 방식을 좋아하는데, 왜냐하면 저는 새로움과 뭔가를

---

8 Healthline Media의 2000년도 기사 〈A Beginner's Guide To Open Relationships〉 중 발췌

탐색하는 걸 너무나도 좋아하는 사람이거든요,"라고 파월 씨는 말한다. "저는 제가 원하는 만큼 많은 사람과 함께하면서 그런 것들을 얻을 수 있어요."

"저는 또한 제가 사랑하는 사람이 다른 사람을 만나 또 다른 사랑을 하면서 즐거워하는 모습을 보면 저 또한 충분히 행복해지는 사람이에요. 그래서 제 파트너들이 성적으로 만족해하면서 행복해하는 모습을 보는 것은 저를 행복하게 하기도 하죠."라며 파월 씨는 덧붙여 말한다.

자격증을 소지한 결혼/가족 상담 전문가이면서 캘리포니아 샌디에이고에 Relationship Place를 설립한 다나 맥닐 씨는, 결국에는 관계를 끝내게 되는 일이 있더라도 윤리적인 방식으로 다자연애를 하는 것은 개개인이 문제 해결 능력과 소통 방식, 그리고 경계를 만들고 지키는 기술을 기르는 데 도움이 된다고 주장한다.

"그것(open relationship)은 실로 사람들이 자신의 바람과 욕구가 무엇인지를 찾아내도록 만듭니다."라고 맥닐 씨는 말한다.

나는 다나 맥닐의 인터뷰를 읽는다면 인상을 찌푸리며 고개를 절레절레 흔들 지인들 얼굴이 여럿 떠올랐다. 그렇지만 다른 사람이 어떤 삶을 살든 자신과는 전혀 상관없다는 식으로 쿨하게 반응할 친구들이 내게 더 많긴 하다. 한 친구는 자신에겐 전통적인 결혼(일부일처제)이 더 잘 맞기에 자신은 그걸 고수하지만, 인생은 너무 짧아서 성적 만족을 삶의 중심에 두고 다른 삶을 사는 사람들 또한 충분히 이해할 수 있다고 한다. 한마디로, 나와 상관없는 타인이 open relationship을 추구하는 삶을 산다고 비난할 필요는 없다는 말이다. 이처럼 미국 사회 속에는 그야말로 다양한 삶의 방식이 존재하며, 그런 다름에 미국인들이 반응하는 방식조차도 형형색색이다. 바로 이런 이유로, 내게 미국 사회는 "멜팅 팟melting pot"이라기보다는 "샐러드 볼salad bowl"에 더 가까운 모습으로 다가온다.

간통에 관한
미국인들의 시각

미국에도 간통죄가 있을까?

2003년 한국을 떠나 미국에 와서도 계속 애정하며 보던 한국 TV 프로그램이 몇 개 있었는데, 그중 하나가 〈MBC 100분 토론〉이다. 특히 고(故) 신해철 씨가 패널로 출연할 때는 방송사 웹사이트에 요금을 지불하고라도 반드시 시청했다. 그 당시 신해철 씨가 출연했던 100분 토론의 주제 중에서 가장 기억에 남는 것이 체벌 금지와 간통죄 폐지, 그리고 대마초 합법화였다. 대마초에 관해서는 여전히 아무 생각이 없지만, 체벌 금지와 간통죄 폐지는 지금도 그렇지만, 그때도 고(故) 신해철 씨와 똑같은 입장을 고수했다. 더군다나 신해철 씨의 발언 하나하나가 내게는 너무나도 조리 있고 설득력 있게 들렸다. 그렇지만 이건 어디까지나 내 개인적인 의견이었을 뿐,

2000년도 초·중반 당시의 한국 사회에는 이런 신해철 씨의 주장을 씨알도 안 먹힐 소리로 치부해 버리는 대중이 다수였다. 100분 토론과 관련해서 당시에 인터넷에 떠돌던 베스트 댓글 중 하나가 "신해철은 자식들이 대마초 피우고 간통을 저질러도 절대로 때리지 마라!"였을 정도이니 말이다. 체벌이 법적으로 금지된 지 무려 13년, 간통죄가 폐지된 지는 9년이 지난 2024년 현재의 관점에서 보면, 고(故) 신해철 씨는 일반 한국 대중들보다 10년 이상 앞서 나가던 인물이었음이 틀림없다. 그러니 지금 생각해 보면 그 시절 신해철 씨가 무척 외롭고 힘겹게 싸웠을 것이라는 생각이 든다. 당시의 한국 대중들은 신해철 씨가 간통죄 폐지를 주장했을 때 특히나 더 격하게 반응했던 것으로 기억한다. 간통죄를 폐지하자는 주장이 마음껏 간통을 저질러도 된다는 말과는 분명 다름에도 불구하고, 신해철 씨에게 "부도덕한 인물"이라는 프레임을 씌워 터무니없는 비방을 하는 사람들이 그땐 참 많았다. 그렇다면 청교도의 나라인 미국에도 간통죄가 존재할까?

질문에 대한 답부터 말하자면, 놀랍게도 미국에는 여전히 간통죄가 존재한다. 일단 연방 정부Federal Government에는 간통과 관련된 법안이 없고, 이런 유의 법안은 각각의 주 정부가 자신들의 법안을 따로 만든다. 그 결과, 2014년까지는 21개 주에 간통죄가 존재했지만, 그 사이 네 개 주에서 간통죄가 폐지되면서, 2024년 3월 현재는 다음의 17개 주인 앨라배마Alabama, 애리조나Arizona, 플로리다Florida, 조지아Georgia, 캔자스Kansas, 아이다호Idaho, 일리노이Illinois, 미시건Michigan, 미네소타Minnesota, 미시시피Mississippi, 뉴욕New York, 노스 캐롤라이나North Carolina, 오클라호마Oklahoma, 로드 아일랜드Rhode Island, 사우스 캐롤라이나South Carolina, 버지니아Virginia, 위스콘신Wisconsin에서는 간통을 법으로 금하고 있다.

바이블 벨트Bible belt: 기독교의 종교적 색채가 강한 미국 남부와 중부 주들로 묶여 있고 낙태까지 법으로 금하고 있는 앨라배마나 미시시피, 그리고 조지아의 경우는 간통죄가 존재한다는 사실이 솔직히 전혀 놀랍지 않았는데, 뉴욕과 일리노이를 여기서 보게 된 건 너무나도 뜻밖이었다. 그런데 미국의 간통죄와 관련된 자료를 찾아보면 하나같이 명시되어 있는 단서가 있다. 간통이 여전히 불법이긴 하지만, 현재는 이 법 조항이 실제로 활발하게 실행되고 있지는 않다는 점이다. 그래도 2024년 현재까지도 법전 속에 간통죄가 존재한다는 사실은 전체적으로는 여전히 보수적인 미국의 법과 제도의 한 단면을 보여주는 듯하다. 간통과 관련한 미국의 법이 이렇다면, 미국 사람들은 이에 관해 어떤 생각을 가지고 있을까?

미국 인터넷 플랫폼 쿼라Quora에 간통을 법적으로 금지해야 하는지를 묻는 "Should adultery be a crime?간통을 불법화해야 할까요?"이 올라온

적이 있는데, 생각보다 많은 미국인이 그래야 한다고 대답했다. 이 질문에 대한 어느 미국 여성의 대답을 들어보자.

Of course, it should be! It's like breaking up the promise that you made during the day of your marriage. It's better to get a divorce than cheating your partner. It will not only affect the life of the person who is cheated but also the cheater and the 3rd person. It will cause severe mental trauma. It's like breaking trust of someone by being a hypocrite wearing a mask of a good human. People who indulge themselves into adultery can commit other forms of crimes too just to hide it. If adultery was good, then no one would have hidden it from their partners. They do so because they know they are not doing right and since it's not a right thing to do, it should be considered as a crime.

물론 간통은 불법화해야 합니다! 그건 당신이 결혼식 날 했던 약속을 깨는 것과 같으니까요. 파트너를 속이고 바람을 피우는 것보다는 차라리 이혼하는 편이 더 나아요. 그건 속는 사람뿐만 아니라 속이는 사람과 제삼자 모두의 인생에 영향을 끼칩니다. 심각한 정신적 트라우마를 유발하죠. 이는 마치 좋은 사람의 가면을 쓰고 있는 위선자가 됨으로써 누군가의 신뢰를 깨 버리는 것과 똑같은 행동입니다. 간통을 저지름으로써 자신의 욕구를 충족시키는 사람들은, 단지 그 사실을 숨기기 위해서, 또 다른 형태의 범죄 또한 저지를 수가 있어요.

만약 간통이 괜찮은 행동이라면, 아무도 자기 파트너에게 그 사실을 숨기지 않았을 겁니다. 그들은 자신이 옳지 않은 일을 하고 있다는 사실을 알기 때문에 숨기는 겁니다. 그리고 그게 옳지 않은 일이기 때문에 그것은 범죄로 여겨져야 하는 일입니다.

여성뿐만 아니라, 어느 미국인 남성도 이와 비슷한 답을 했다.

100%, absolutely it should be! I was married for 12 years, and my ex-wife had 4 affairs during our marriage that I am aware of. The man who she had an affair with was also married. During my divorce proceedings, my attorney and her attorney told me that there was nothing they could do about her infidelity. I think it is BS[1]. A hundred years ago they hanged people for committing adultery. There is too much of it these days and is responsible for 50% of all divorces. I say, reinstate that law I think there would be a lot less marriages that end up in divorce.

(간통은) 물론 100% 완전하게 범죄화해야 합니다! 저는 12년 동안 결혼 생활을 했었는데, 전 부인은 우리가 결혼 생활을 하는 동안 제가 아는 것만 네 번의 간통을 저질렀습니다. 그녀와 간통을 저지른 남자 또한 유부남이었습니다. 제가

---

1 BS는 bullshit을 뜻한다.

이혼 소송 절차를 밟는 동안, 제 변호사와 그녀의 변호사는 그녀가 저지른 간통에 관해서 아무것도 할 수 있는 게 없다고 말했습니다. 저는 그게 말도 안 되는 소리라고 생각합니다. 100년 전에는, 사람들이 간통을 저지른 사람들을 교수형에 처했습니다. 그런데 요즘은 이런 일이 지나치게 많이 일어나고 있고, 현재 모든 이혼의 50%가 간통 때문입니다. 제 생각에, 그 법을 복원하면, 이혼으로 끝나는 결혼 수가 (지금보다) 훨씬 더 적을 겁니다.[2]

놀랍게도 쿼라Quora에 올라온 간통죄 관련 글들은 앞의 주장들과 결을 같이 하는 내용이 다수였다. 다 그런 건 아니겠지만, 미국인들 사이에서는 쿼라 이용자들은 보수적이지만, 레딧Reddit 이용자들은 진보적이라는 소문이 있다. 그래서 레딧에 가서 같은 질문에 대한 미국인들의 대답을 읽어 보니, 역시 레딧에서는 훨씬 더 다양한 의견을 볼 수 있었다. 간통을 불법화해야 하느냐는 질문에 확실히 레딧에는 아니라는 대답이 조금 더 많았다. 다음은 그중 몇 가지 댓글이다.

"Illegal as in prison is a bit much. It should make alimony in the favor of the cheated on though, in married cheating."
(간통을 저질렀다고 해서) 불법으로 감옥에 보내는 건 좀 심한 것 같아. 하지만 결혼 생활 중의 간통에 관해서는 속은 사람을 위한 이혼 수당을 지급하도록 해야 해.

2   아마도 간통죄 자체가 아예 존재하지 않는 주에 거주하는 미국인이 쓴 글로 보인다.(필자 주)

"The legal remedy is divorce."
이런 경우 법적인 처리 방안은 이혼이지.

"Your wedding vows aren't legally binding."
결혼 서약은 법적 구속력이 없어.

물론 레딧에서도 간통을 불법화하는 것에 찬성하는 사람들을 다음과 같이 볼 수는 있었다.

"I agree. People are probably going to get mad about this post though because they want to cheat in peace. Just the same as people gladly steal and do drugs in peace, but it doesn't make it any less illegal, and people get arrested for it every day. How does it make any sense? Call me crazy, but I think causing a lifelong illness to a person or breaking a legal contract should possibly maybe be punished under the same grounds."

난 불법화하는 것에 찬성해. 사람들은 걱정 없이 바람을 피우고 싶을 테니까 이 글을 읽고 아마 화를 내겠지. 사람들이 걱정 없이 기쁘게 마약을 훔쳐서 하는 것과 완전 똑같아. 하지만 그렇다고 그게 덜 불법적인 일이 되는 게 아니잖아. 사람들은 매일 그 일로 체포되니까. 대체 이게 어떻게 말이 되지? 내가 하는 말이 이상하게 들릴지도 모르겠지만, 한 사람에게 평생 지속되는 아픔을 주거나 법적인 계약을 깨는 일을 한다면 같은 근거로 처벌을 받아야 한다고 난 생각해.

여전히 간통죄가 존재하는 플로리다주의 경우, 간통을 저지르면 어떤 처벌을 받게 될까? 플로리다주 주민들은 배우자가 외도를 하면 실제로 변호사를 선임해서 불륜 남녀를 고소할까? 현직 변호사인 미리앰 콜스Miriam Coles 씨를 직접 만나서 물어보았다. 참고로, 미리앰 콜스 씨는 플로리다주 소재 법률 사무소 〈Henry Buchanan, P.A.〉 소속 변호사다.

Kim I'm honored to have you here, Ms. Coles. Thank you so much for your time.

Coles It's my pleasure.

Kim Could you please take a moment to introduce yourself to the Korean readers?

Coles Sure. My name is Miriam Coles, and I am a civil litigation attorney practicing in Tallahassee, Florida.

Kim So how long have you practiced law in Florida?

Coles I have been a practicing attorney since 2008.

Kim Awesome! I've found out that adultery is still illegal in Florida, which is somewhat shocking to me because they legalized adultery in S. Korea almost 10 years ago. What exactly is the punishment for adultery here in Florida?

Coles Technically, Florida Statute section 798.01, which

appears to date back to the late 1800s, makes it a crime to live "in an open state of adultery." The statute only prohibits an "open state of adultery," meaning a one-time act is probably not covered. This offense is a second-degree misdemeanor, punishable by up to 60 days in jail or a $500 fine. However, this law is rarely, if ever, enforced. Most of the case law citing this statute are from the early to mid-1900s. Florida became a no-fault divorce state in 1971, reflecting changes in societal views on divorce and adultery, and probably contributing to the decline in criminal prosecution.

Kim Then, how is Statute section 798.01 enforced in Florida?

Coles I can't think of a context where one spouse could sue another for adultery, as Florida is a no-fault divorce state. Only a prosecutor would make the decision to bring a criminal prosecution for adultery, which probably never happens. That said, adultery could impact the distribution of assets in a divorce if, say, the cheating spouse used marital funds to finance the affair, or there is an adultery clause in a prenuptial agreement. There could be rare circumstances where adultery by one spouse was found to be a relevant consideration of his or her "moral fitness" as a parent, thereby impacting parenting time. For example, if the cheating spouse neglected his/her children as part of the affair...

Kim If that a fact? Then, what's the definition of "adultery" according to the Florida Statutes?

Coles The statute does not define adultery. However, adultery is commonly defined as voluntary sexual intercourse of a married person with a person other than his/her legal spouse.

Kim Finally, what's your opinion about it? Do you think adultery should be illegal and legally punished?

Coles No. Adultery should not be a crime.

Kim Why not?

Coles The government has no business criminalizing what consenting adults do in the privacy of their own bedrooms. Now, in a divorce, if one spouse was depleting marital assets during an affair, I have no problem with the Court taking that into consideration for property distribution purposes. But criminalization is a very different issue.

Kim Ms. Coles, thank you very much for taking the time to talk to me today.

Coles Thank you for including me in the discussion.

김 콜스 변호사님, 인터뷰에 응해 주셔서 영광입니다. 시간 내 주셔서 정말 감사합니다.

콜스 도움이 돼서 오히려 제가 기뻐요.

김 잠시 한국 독자들에게 변호사님 소개를 좀 해 주실 수 있으세요?

콜스 네. 제 이름은 미리앰 콜스이고, 저는 플로리다주 탈라하시에서 민사 소송을 전문으로 하는 변호사입니다.

김 그렇다면 플로리다주에서 얼마나 오랫동안 변호사로 일해 오셨나요?

콜스 2008년부터 쭉 일해 왔습니다.

김 그렇군요! 저는 간통이 플로리다주에서 여전히 불법이라는 사실을 알게 되고는 좀 충격을 받았거든요. 왜냐하면 한국에서는 10년쯤 전에 간통죄가 폐지됐기 때문인데요. 이곳 플로리다주에서는 간통을 저지르면 정확히 어떤 처벌을 받게 되나요?

콜스 1800년대 후반부터 있었던 플로리다주 법령 798.01에 따르면 원칙적으로 간통(to live "in an open state of adultery")은 범죄입니다. 이는 간통이 공개된 상태로 살아가는 것만을 금지하는 법이라서, 단 한 번 저지른 간통은 해당이 안 되는 걸로 알고 있습니다. 이는 2급 경범죄로, 60일까지 구금되거나 500달러의 벌금형을 받을 수가 있습니다. 하지만 이 법이 집행되는 경우는 굉장히 드뭅니다. 이 법규 관련 판례법의 대부분은 1900년대 초반부터 중반까지입니다. 플로리다주는 1971년에 과실 책임 소재를 따지지 않는 이혼법을 실행하는 주가 되었는데, 이는 이혼과 간통을 보는 사회적 관점의 변화를 반영한 것으로, 제 생각에는 이게 아마도 이와(간통과) 관련한 형사 소추[3]가 감소하는 데 일조하지 않았나 싶습니다.

---

3 형사 소추(刑事訴追): 검사가 피고인을 기소하여 그 형사 책임을 추궁하는 일 (《표준한국어사전》)

김 그렇다면, 법령 798.01은 플로리다주에서 어떻게 실행됩니까?

콜스 저는 배우자가 간통을 저질렀다고 고소를 하는 경우를 생각할 수가 없는데, 그 이유는 플로리다가 과실 책임 소재를 따지지 않는 이혼법을 실행하는 주이기 때문입니다. 검사만이 간통을 기소하는[4] 결정을 할 수 있는데, 아마도 그런 일은 일어나지 않을 것 같습니다. 그렇기는 하지만, 간통이 이혼할 때 재산 분할에 큰 영향을 줄 수는 있습니다. 이를테면, 외도를 저지른 배우자가 외도를 하려고 부부의 재산을 사용했을 때나, 또는 혼전 계약서에 간통 관련 조항이 있을 때도 그렇습니다. 드문 경우긴 하겠지만, 한쪽이 저지른 외도가 부모로서의 도덕성 결여로 이어져 아이들 양육에 부정적으로 영향을 줬음이 드러났을 때도 그렇습니다. 예를 들어, 외도하느라 아이들을 방치했을 경우처럼…

김 그렇습니까? 그렇다면, 플로리다 법령은 "간통"을 어떻게 정의합니까?

콜스 법령에는 간통의 정의가 나와 있지 않습니다. 그렇지만 보통 간통은 결혼한 사람이 법적인 배우자 외 다른 사람과 자발적인 성관계를 맺는 행위로 정의됩니다.

김 마지막으로 이에 대한 변호사님의 의견은 어떠세요? 간통이 불법적이고, 법적인 처벌을 받아야 하는 범죄여야 한다고 생각하십니까?

콜스 아니요. 간통이 범죄가 되어서는 안 됩니다.

김 왜 그렇게 생각하세요?

콜스 동의 성인[5]들의 침실에서 일어나는 사생활은 정부가 관여해서 범죄화할 일이 아닙니다. 하지만 이혼 시에 만약 한쪽이 외도를 저지르는 과정에서 부부의 재산을 탕진했다면, 법원이 정당한 재산 분할 목적으로 그것

---

4 기소하다: (법률) 검사가 특정한 형사 사건에 대하여 법원에 심판을 요구하다 (《표준한국어사전》)
5 동의 성인: 법적으로 성관계 동의 결정을 할 수 있다고 보는 연령이 된 사람 (네이버 영한사전)

을 고려하는 것은 괜찮습니다. 그렇지만 그것을 범죄화하는 것은 매우 다른 문제입니다.

김 콜스 변호사님, 오늘 시간 내어 저와 이야기 나눠 주셔서 대단히 감사합니다.

콜스 저도 함께 이야기 나눌 수 있게 해 주셔서 감사합니다.

콜스 변호사와 인터뷰하면서 나는 플로리다주의 간통죄가 한국의 남성 육아휴직 제도와 무척 닮았다는 생각이 들었다. 한국에도 남성 육아휴직이라는 것이 존재는 하지만, 한국 남성에게는 실제로 육아휴직을 사용하는 것이 극소수를 빼고는 불가능하다. 일례로, 2024년 3월 7일 자 〈한겨레신문〉 기사의 헤드라인은 "육아휴직 남성은 해고 대상이라니… 분위기 이래서 애 낳겠습니까?"였다. 엄연히 존재하지만, 시행하기는 몹시 어려운 명목상의 법 제도라는 점에서 이 둘은 서로 닮았다. 그렇게 플로리다주의 간통죄 또한 법전에는 분명하게 명시되어 있지만, 간통을 저지른 배우자에게 소송을 걸고 법정 싸움을 하는 것은 거의 불가능하다. 그러니 가까운 미래에 플로리다주에서도 한국처럼 간통죄가 완전히 폐지된다고 해도 별로 놀랄 일은 아니다. 아무리 견고해 보이는 법과 제도도 결국 사람들이 만드는 것이기에, 사람들의 생각이 바뀌면서 법과 제도 또한 그것에 맞게 바뀌는 것은 지극히 자연스러운 현상이기 때문이다.

옆에서 지켜본 미국 대학 입시

미국 대학에 합격한 학생의 에세이

솔직히 나는 "옆에서 지켜본 미국 대학 입시"라는 제목으로 글을 쓸 자격이 없는 엄마다. 미국 고등학교 4학년[1]인 아이가 입시를 치러내는 동안, 엄마인 내가 한 일이라고는 아이가 쓴 에세이의 문법과 구두법을 봐준 것이 전부이기 때문이다.

나는 아이가 플로리다의 톱 공립대학 두 곳인 플로리다 대학University of Florida과 플로리다 주립대Florida State University에 조기 전형으로 지원했다는 사실만 알았을 뿐, 그 두 대학 입시전형의 마감 일자도 몰

---

1 우리와 달리, 미국은 초등학교가 5년제인 대신 고등학교가 4학년까지 있다.

랐다. 게다가, 정시보다 미리 치러지는 조기 전형Early Admission/Early Decision에서 떨어지면 정시 전형Regular Admission/Regular Decision으로 지원하는 것이 별 의미가 없다는 사실도 전혀 모르고 있었다. 그래서 조기 전형으로 지원한 후에 떨어질까 봐 초조해하는 아이에게, "조기에서 떨어지면 정시에 또 지원하면 되잖아!"라면서 아주 쿨하게 말했다. 조기 전형에서 불합격한 학생을 같은 해 정시 전형에서 아예 받아주지 않는 학교도 있고, 설사 지원이 가능하다고 하더라도, 조기 전형에서 떨어뜨린 학생을 정시 전형에서 합격시키는 경우가 거의 없다는 사실을 아이의 설명을 듣고서야 알게 되었다. 한국에서 입시는 아빠의 재력과 엄마의 정보력으로 치른다는 말이 있다는데, 재력도 없는 우리 집에서 엄마인 나의 정보력을 점수로 매기자면 20~30점 정도나 되었을까? 심지어 아이가 SATScholastic Aptitude Test: 미국 수학 능력 시험를 치는 날짜도 몰라서, 어느 금요일 밤에 다음 날 있을 피아노 레슨을 위한 연습을 하는 내게, 아이가 내일 아침 수능을 쳐야 해서 일찍 일어나야 하니까 피아노를 그만 쳐달라고 부탁하는 일까지 있었다. 구차한 변명을 늘어놓자면, 미국은 한국과 달리 수능을 단 한 번만 보는 게 아니고 여러 번 보기 때문에 내가 그만큼 신경을 안 썼던 것 같다.

그런 엄마를 둔 내 아이가 플로리다 주립대 경영학과에 1차First Round에서 바로 합격했다는 소식을 들었을 때, 혼자서 다 해낸 아이에 대해 미안함과 고마움이란… 사정이 이러하니, 내게는 미국 대학 입시 전형에 관한 내용을 책에 서술할 만큼의 정보와 지식이 있지 않다. 그러므로 이 글은 전반적인 미국 대학 입시 전형에 관한 설명문이라 기보다는, 아이가 미국에서 입시를 치르는 과정을 곁에서 지켜본 엄마의 관점에서 쓴 지극히 개인적인 경험의 서술이다.

대학에서 학생들을 가르치면서도, 대학 입시 전형과 관련된 구체적인 정보가 전혀 없었던 나는, 늘 지극히 상식적인 선에서 아이를 지도했다. 나의 이중언어 교육 욕심 때문에, 한국과 미국을 오가며 힘들어하던 아이는 중학교 때까지는 그저 중간 정도의 성적을 내는 평범한 학생이었다. 그러더니 고등학교 1학년 때부터는 우등반honors class에 들어갔다. 거기서도 성적이 좋은 편에 속했지만, 그렇다고 최상위권은 아니었고, 그저 대부분 과목에서 늘 힘겹게 올 A를 받아오는 학생이었다. 그런 모습을 보면서, 나는 그 상태에서 학기 중에 SAT까지 같이 준비하게 되면 아이가 내신에서 올 A를 받아내는 게 어렵겠다는 판단을 내렸다. 참고로, 현재 미국 대부분의 대학에서는 미국 최고 대학으로 알려진 하버드 대학Harvard University을 포함해서, SAT 성적 제출이 의무가 아닌 선택 사항이 되었다. 플로리다 톱 공립대학들의 경우, SAT 점수를 제출하는 것이 유리하긴 하지만, 고등학교 내신 성적GPA이 그보다 훨씬 더 중요한 요소라는 사실은 플로리다주 입시생 학부모들 사이에서는 상식적인 사실이다. 나는 과감하게 아이에게 3학년이 끝날 때까지 SAT 걱정은 전혀 하지 말고, 무조건 내신에서 올 A를 받아내는 것에만 집중하라고 했다. 같은 우등반에 있는 아이의 급우들은 SAT까지 함께 차근차근 준비했다. 반면, 아이는 내 조언에 따라 내신에만 집중했고, 그래서 어떻게든 전 과목에서 A를 받아내기는 했다.

3학년 2학기 말에, 태어나서 처음으로 치른 SAT에서 아이는 우등반 Honors class에서 거의 꼴찌에 가까운 점수를 받았다. 시험 준비를 1년 이상 꾸준히 해 온 친구들과 그때까지 SAT라는 시험을 전혀 몰랐던 내 아이의 점수 격차는 참담했다. 어찌 보면 당연한 결과였지만, 그 일로 아이는 큰 충격을 받았고 자신감을 크게 상실했다. 나는 아이에게 절대로 단 한 번의 시험 점수가 한 사람의 실력이나 능력을 나타내는 지표가 아니라는 사실을 계속 상기시켰다. 내가 한국이란 나라를 떠나겠다고 결정을 내린 가장 큰 이유 중 하나가 우리 사회가 가진 "시험 공화국"의 속성이었기에, 미국에서 자란 내 아이가 단 한 번의 수능 점수로 자신의 가치를 깎아내리는 모습을 나로서는 용납할 수가 없었다.

그렇게 고등학교 3학년 2학기가 끝나자마자, 나는 아이를 한국에 있는 미국 SAT 준비 학원으로 보냈다. 서울에 동생이 살고 있어서 강남에 있는 한국 최고의 SAT 학원에 보내는 것도 한 가지 선택지이긴 했다. 하지만 내 아이는 드라마 〈스카이캐슬〉이 떠올라서 강남에 있는 학원에는 죽어도 가기 싫다고 했다. 솔직히 우리 형편에, 아무리 두 달이라지만 강남 최고 학원의 수업료는 부담이 되기도 했다. 그래서 어머니가 계시는 부산에 거주하면서 해운대에 있는 작은 학원으로 보냈다. 문제는 부산에 있는 미국 입시 학원들의 경우, 내 아이처럼 미국 아이는 거의 없다는 점이었다. 부산의 학원에는 한국에서 나고 자라서 중·고교 때 미국으로 유학을 한 학생들이 절대다수였다. 내 아이 같은 재미교포 미국 아이들을 위한 수업이 따로 있는 강남과는 달리, 해운대의 학원은 한국어보다 영어가 편한 내 아이에게 최적화된 수업을 제공할 수는 없는 환경이었다. 하지만 강남보다 학원비가 훨씬 저렴한 그곳에서 딱 7주간, 아이는 미국 아이들이 아닌 한국 아이(한국에서 나고 자라 뒤늦게 미국으로 유학을 간 한국 학생)들과 함께 SAT 준비를 했다. 정말 솔직히 말하자면, 한국의 SAT 학원은 내가 기대했던 것만큼의 어떤 "한방"을 보여주지 못했다. 학원 측에서는 다른 아이들처럼 2학년 여름 방학부터 SAT 준비를 시작했다면 성실한 우리 아이가 충분히 최고 득점을 맞을 수 있었을 것이라며, 아이가 너무 늦게 시작한 점을 아쉬워했다. 그러나 나는 아이가 그때까지 내신에 집중해서 GPA를 최상으로 유지한 점을 위안으로 삼고, 학원 측의 말을 애써 무시했다. 아이에게는 SAT에서 최고 득점을 맞을 필요는 없으니, 그저 플로리다 톱 공립대학교 두 곳에 지원이 가능한 커트라인 점수만 만들어오라고 격려했다. 그때까지 SAT 준비를 한 적은 없었지만, 평소 영어와 수학에서 늘 A를 받아왔던 아이의 점수는 예상보다 더 빨리 올랐다. 7주 만에 플로리다 공립대학 두 곳을 지원할 수 있는 커트라인을 훌쩍 넘기는 점수를 받아왔다. 4학년 1학기가 되어 미국으로 돌아온 아이는 SAT 점수를 단 1점이라도 더 올리기 위해 시험을 계속 쳤고, 넉 달 후에는 SAT 때문에 불합격하지는 않을 점수를 만들어 냈다. 그와 동시에 플로리다 톱 공립대학 두 곳의 조기 전형에 지원했다.

미국 대학 입시에서 가장 중요한 세 가지 요건은 고등학교 내신 성적GPA, (지금은 선택 사항이긴 하지만) 해당 대학 측에서 요구하는 SAT 커트라인 점수를 넘기는 것, 그리고 에세이다. 그런데 평범한 내 아이는 에세이의 주제를 정하지 못해 고심했다. 뭐 하나 특출하게 잘하는 것이 없는 자기 자신이 지나치게 평범해서, 도무지 쓸 말이 없다는 것이었다. 그런 아이에게 학교 카운슬러가 한 마디 던졌다.

"네가 그렇게 평범하다고 생각한다면, 그 평범함을 주제로 글을 써 보면 어떨까?"

그 말을 들은 아이는, 평범하다는 것이 꼭 부정적이지 않다는 생각이 든다면서, 자신이 가진 평범함이 자신의 발전에 미친 긍정적인 면에 관해 내게 이야기했다. 글을 쓰는 것을 업으로 삼고 있는 내가 들어도 그것은 굉장히 신선한 주제여서 나는 아이에게 너무나도 훌륭한 주제라며 적극적으로 격려했다. 글을 쓰는 엄마의 열띤 호응에, 아이는 더 큰 용기를 얻어서 자신 있게 다음의 에세이를 적었다

Since I was born, my mother has intensively focused on my bilingual/bi-cultural education; she had studied language and culture education and has also published several books about linguistic and cultural differences between America and Korea. She had me go to Korea every summer and spend 2-3 months there. Naturally, I became 100 % bilingual and bi-cultural, and I'm confident in both Korean and American cultural setting. However, in order to become completely bilingual/bi-cultural, I had to sacrifice many other things. My language development in both English and Korean was slower than most monolingual peers in elementary school. Furthermore, I struggled at the beginning of every fall semester because I had just got back from Korea, which sometimes affected my grades. Consequently, unlike most of my Asian American peers, I was not a gifted student in elementary/middle school. Fortunately, I became an honor student in high school because my bilingualism didn't affect my academic grades any longer; it was not difficult to get an A in most of my high school classes. To sum up, although I finally became an honor student in high school, I was an average student most of my childhood; I was never a low tier student, but I was not a top student either. However, what I would like to talk about is how growing up as an average child has helped me develop better as a person.

As I knew I was not gifted, I always thought I should make a great deal of effort no matter what I did; I believe that's how I made remarkable improvement every semester in academics as well as other areas. I think this is a critical quality that a person should possess because it allows you to push your limits. For instance, I joined my school's Track and Field team and started discus, which is a sport where you throw a 1.6 kg metal plate as far as you can. Going to my first track meet was nerve-racking for me. I never liked playing sports in front of a huge crowd because I was afraid of being judged. Furthermore, my first throw was nowhere close to being good. Therefore, I decided to practice discus for an hour each day. It was not easy to put aside one hour every day for practice in my busy schedule, but I tried hard to organize my time better; I think organization and time management are all part of making an effort. I also video-recorded myself when throwing a discus and tried to receive feedback on my posture and skills from the coach. After a couple of weeks, I was able to throw farther and farther, and one month later, I began to break my own record every other day. My efforts were fruitful; I became confident and was able to overcome my fear of throwing the discus in front of the crowd. This is just one example which illustrates my attitude in life.

Growing up as an average child has also helped me become a well-rounded person. I understand people who are struggling because I can relate to most common people. Although I know you can always make improvement by putting enough effort, I still understand people's frustrations. I think that's the biggest reason why many of my friends consult me when they have a hard time. Listening to my friends, I also gain insights about people and life. All these experiences have helped me to develop interpersonal skills. Since I started my externship at Knights of Columbus Insurance, there have been moments when my strong interpersonal skills have been beneficial, and I realized they are required skills in the marketing field.

In conclusion, I might not be a top student, but I have a clear vision of my own strengths; with my diligence and interpersonal communication skills, I am prepared for a new journey in the business school at FSU.

제가 태어난 순간부터, 제 어머니는 제게 두 언어와 문화를 가르치시는 데 전념하셨습니다. 어머니는 언어와 문화 교육을 전공하셨고, 또 미국과 한국의 언어적, 문화적 차이에 관한 책도 다수 출판하셔서 그런 것 같습니다. 해마다 여름이면 어머니는 저를 한국으로 보내, 제가 그곳에서 2~3개월간 지내도록 하셨습니다. 자연스럽게 저는 100% 이중언어, 이중문화를 이해하는 사람이 되었고, 그래서 저는 한국과 미국의 문화적 배경에서 모두 자신감 있게 생활할 수 있게 되었습니다. 하지만 온전하게 두 개의 언어와 문화를 이해하는 사람이 되기 위해서, 저는 다른 많은 것들을 포기해야 했습니다. 초등학교 시절, 제 언어 발달 속도는 영어와 한국어 두 언어 모두에서 하나의 언어만 배우는 또래 친구들보다 느렸습니다. 게다가, 매 학년 학기 초에는 언제나 고전을 면치 못했는데, 그 이유는 여름 방학 내내 한국에서 보내고 미국으로 막 돌아온 직후에 학기를 시작했기 때문입니다. 그리고 그것이 제 성적에 영향을 미치는 일까지 종종 있었습니다. 그 결과, 대부분의 다른 아시아계 미국인 학생들과는 달리, 저는 초등학교와 중학교 때 우등반 소속의 영재 학생이 아니었습니다. 다행히도 고등학교에 들어간 후 저는 우등반 소속의 우등생이 되었는데, 그때부터는 더 이상 이중언어 교육이 제 학업 성적에 영향을 미치지 않았기 때문입니다. 고등학교부터는 A를 받는 일이 어렵지 않았습니다. 요컨대, 비록 제가 고등학교에 들어가서는 우등생이 되긴 했지만, 저는 성장기 대부분을 보통의 평범한 학생으로 보냈습니다. 제가 하위권 성적의 학생이었던 적은 단 한 번도 없었지만, 저는 1등을 하는 우등생이었던 적 또한 없었습니다. 하지만 제가 드리고 싶은 말씀은, 평범한 아이로 자라난 일이 어떻게 저를 더 나은 사람으로 만들었는지에 관한 이야기입니다.

저는 제가 재능이 없다는 사실을 잘 알고 있었기 때문에, 무엇을 하든 다른 사람들보다 더 큰 노력을 해야 한다고 늘 생각했습니다. 저는 그것이 바로 제가 학업 성적뿐 아니라 다른 분야에서도 매 학기 실력이 부쩍부쩍 늘었던 이유라고 믿고 있습니다. 저는 이야말로 우리가 가져야 할 가장 중요한 자질이라고 믿는데, 그 이유는 그것이 우리가 가진 한계를 뛰어넘을 수 있도록 해 준다고 생각하기 때문입니다. 예를 들어, 저는 학교 육상부에 들어가서 원반던지기(1.6kg의 금속으로 된 원반을 최대한 멀리 던지는 경기)를 시작했습니다. 첫 번째 육상 경기에 참석하는 일은 제게 너무나도 떨리는 일이었습니다. 저는 많은 관중이 보는 앞에서 운동 경기하는 것을 좋아했던 적이 단 한 번도 없었는데, 그 이유는 사람들에게 평가받는 것이 두려웠기 때문입니다. 게다가, 제가 처음으로 원반을 던졌을 때, 그것은 좋은 실력과는 한참 거리가 멀었습니다. 그래서 저는 매일 한 시간씩 원반던지기를 연습하기로 다짐했습니다. 바쁜 일정 속에서 매일 한 시간을 내서 원반던지기 연습을 하는 것은 쉽지 않은 일이었지만, 저는 시간 관리를 잘해서 그렇게 해내려고 노력했습니다. 저는 일의 체계를 잡고 시간 관리를 하는 것도 노력의 일부라고 생각합니다. 또 제가 원반을 던질 때 녹화를 해서, 코치님께 저의 자세와 기술적인 부분들에 관한 피드백을 받으려고 했습니다. 2~3주쯤 지난 후, 저는 원반을 점점 더 멀리 던질 수 있었고, 한 달 후부터는 격일로 제 기록을 깨기 시작했습니다. 저의 이런 노력은 결국 성과를 보였습니다. 저는 자신감이 생겼고 많은 사람 앞에서 원반을 던지는 것에 관한 두려움을 극복할 수 있었습니다. 그리고 이것이 삶에서 제가 가지는 태도를 잘 보여주는 하나의 사례입니다.

평범한 아이로 자란 것은 제가 원만한 성격의 소유자가 되게 하기도 했습니다. 저는 힘들어하는 사람들을 이해할 수 있는데, 그 이유는 제가 평범한 보통 사람들에게 공감할 수 있기 때문입니다. 저는 우리가 충분히 노력함으로써 언제든 더 나이질 수 있다는 사실을 잘 알고 있지만, 보통 사람들이 느끼는 좌절감 또한 이해할 수 있습니다. 제 생각에는 아마도 저의 이런 점 때문에 많은 친구가 힘들 때 저와 상의하는 것 같습니다. 친구들의 이야기를 들으면서, 저는 사람들과 삶에 관한 통찰력을 얻게 되기도 합니다. 이런 경험들은 모두 저의 대인관계 기술을 갈고 닦도록 했습니다. Knights of Columbus 보험(보험 회사)에서 현장 학습을 시작한 후, 제 대인관계 기술이 도움이 되는 순간들이 여러 번 있었는데, 그래서 저는 이런 기술들이 마케팅 분야에서 요구되는 자질이라는 것을 깨닫게 되었습니다.

결론적으로, 저는 영재 학생이 아닐지는 모르겠지만, 제가 가진 강점들을 명확하게 인식하고 있습니다. 저의 성실함과 대인관계 기술과 더불어, 저는 플로리다 주립대학교 경영 대학교에서 새로운 여정을 시작할 준비가 되어 있습니다.

아이의 에세이를 당시 내가 가르치고 있던 TEFL(영어 교육 교생 실습) 인턴 세 명에게 보여줬는데, 세 명 모두 너무나도 잘 써진 에세이라며 감탄했다. 겸손하면서도 담백하게 자신을 있는 그대로 나타내지만, 동시에 자신의 강점을 효과적으로 드러내는 글이라고 했다. 하지만 플로리다 주립대 CIES[2]의 교수진인 씨아페타 박사의 생각은 완전히 달랐다. 다들 자기가 더 잘났다고 자기 능력을 과대 포장해서 써내는 대입 에세이를 이렇게 겸손하게 쓰면 어떡하느냐고 그는 말했다. 그러면서 자기가 입학사정관이라면 강점에 좀 더 중심을 두

---

2 Center for Intensive English Studies: 플로리다 주립대(Florida State University) 소속 영어 센터

고 쓴 에세이에 훨씬 더 끌리겠다고 말했다. 엄마로서 씨아페타 박사의 그 말에 불안해지는 건 어쩔 수 없었지만, 바로 다음 날 제출해야 하는 상황에서 다른 대안이 없었다. 결과적으로는 씨아페타 박사가 아닌 인턴 학생들의 말이 옳았음이 증명되었다. 내 아이와 같은 인종인 아시아인이면서[3] 내신 성적GPA은 거의 같고, SAT 성적이 오히려 조금 더 높았던 아이의 친구는 플로리다 주립대에 합격하지 못했다. 이는 입학사정관이 내 아이의 에세이에 훨씬 더 높은 점수를 줬다는 사실을 보여준다.

문법과 구두점을 봐주기 위해 아이가 쓴 에세이를 읽으면서, 나는 비록 학교 성적은 평범할지언정, 아이가 비범한 품격을 가졌다는 생각이 들었다. 학교 성적에만 치우치는 교육을 하지 않은 내 선택이, 성적과 학벌만이 다가 아닌 미국 사회에서는 또 다른 대안이 될 수 있다는 생각도 들었다. 최고 성적을 내는 수재는 아니지만, 어린 나이에도 자립심이 강해 모든 것을 혼자 해내며, 인종과 관계없이 대부분 친구들이 믿고 신뢰하는 내 아이가 미국 사회에서 씩씩하게 잘 살아갈 것이라는 사실을 나는 믿어 의심치 않는다.

---

3 흥미롭게도 미국 대학의 입시에는 인종별 쿼터제(Affirmative Action) 때문에 지원자의 인종 또한 고려 요소가 된다.

미국 대입과
소수인종 우대 정책affirmative action

소수인종 우대 정책이 아시안에게는 어떻게 작용할까?

내가 대학에 막 들어간 1995년의 한국 사회에는 스크린 쿼터제를 폐지하느냐 마느냐의 문제로 무척 시끄러웠다. 그때 문성근 씨를 비롯한 여러 배우와 영화감독들이 시위하면서 했던 주장은, 당시 한국 영화 산업의 기반이 너무나도 열악해서 외국의 대형 영화사에서 만든 영화를 무제한으로 수입하면 한국 영화의 존립 자체가 위협받게 된다는 것이었다. 따라서 극장들은 일정 쿼터quota: 몫, 할당량, 지분로 한국 영화를 의무적으로 상영해야 하는 법을 계속 유지하면서 우리 영화 산업을 지원해야 한다고 목소리를 높였다. 나는 이런 스크린 쿼터제를, 막대한 자본이 들어간 할리우드 블록버스터와 출발선이 다른 우리 한국 영화의 경쟁이 지나치게 불공평하므로, 기울어진 운동장에서 뛰는 우리 영화인들을 국민들이 추가적으로 지원해 줘야 한다는 취지의 제도로 이해했다. 그로부터 약 30년이 지난 현재, 한국 영화는 이제 세계인들이 보는 영화가 되었다. 지금 와서 돌이켜보면, 어렵던 시절 스크린 쿼터제로 한국 영화를 지키려는 우리 국민의 노력은 실로 의미 있었다. 한국 영화인들은 재능을 마음껏 꽃피워 줄 자본이 부족했을 뿐, 잠재력이 부족했던 것은 결코 아니었다는 사실을 끊임없이 증명해 내고 있으니 말이다.

이처럼, 쿼터제[1]는 출발선이 다른 약자에게도 재능과 잠재력을 펼칠 기회를 제공하는 제도다. 미국에는 이런 쿼터제를 인종별로 시행하는 인종별 쿼터제가 존재한다. 대학 입학 사정이나 기업과 정부에서 직원을 채용할 때 소수인종을 우대하는 정책인데, 이를 "어퍼머티브 액션Affirmative Action: 소수인종 우대 정책"이라고 한다. 그런데 2023년 미국 연방대법원에서 대학 신입생 선발 시의 어퍼머티브 액션이 위헌이라는 결정을 내렸다. 대학 입학 사정에서 어퍼머티브 액션을 통해 인종을 고려하면서, 성적이 우수한 백인과 아시아인들이 역차별받는다는 것이 위헌 결정의 이유였다. 곧바로 CNN 등의 진보 언론은 어퍼머티브 액션을 폐지하는 것은 평등한 교육을 저해하는 위험 요

---

1 수입이나 생산, 고용 등에 대하여 그 수나 양을 제한하거나 할당하는 제도 (《고려대한국어대사전》)

소라며 이런 연방대법원 판결을 강도 높게 비판했다.[2]

어퍼머티브 액션Affirmative Action은 미국식 표현으로, 영국 영어로는 "Positive Discrimination긍정적인 차별"이라고 한다. 둘 다 사회적 약자 우대 정책을 뜻하는데, 직장에서 직원을 뽑을 때나 대학에서 입학 사정을 할 때, 일정 비율(쿼터)로 소수인종을 뽑아야 하는 제도다. 미국이 이 제도를 만들어 시행하는 이유는 직장과 대학의 인종적 다양성diversity을 유지하기 위해서다. 이민자의 나라인 만큼, 모든 인종이 다 함께 잘살자는 거다. 특히 대학 입학 사정의 경우, 저소득층 비율이 높은 흑인과 히스패닉계 아이들과 중산층 이상의 백인 아이들이 경쟁할 때 똑같은 잣대를 들이대는 건 불공평하기에 기울어진 운동장을 어느 정도 바로 잡아주자는 취지도 있다. 그래서 같은 대학에 입학한 학생들의 고등학교 내신 성적GPA과 수능 성적SAT을 보면, 평균적으로 흑인 학생들과 히스패닉계 학생들의 성적이 백인 학생들보다 낮으며, 그 점수 차가 꽤 큰 학교들도 적지 않다.

문제는 흑인과 히스패닉과 더불어 미국에서 소수인종으로 분류되는 아시아인들에게는 어퍼머티브 액션이 그다지 유리하게 작용하지 않는다는 사실이다. 흑인이나 히스패닉과 달리, 아시아인들은 같은

---

2   2023년 6월 29일 자 CNN 뉴스 〈The gutting of affirmative action is a 'clear and present danger' to equal education, critics say〉 참고

대학에 들어가기 위해서는 수능 점수도 내신 성적도 오히려 백인들보다 더 잘 받아야 할 때가 많다. 물론 미국의 대학 입시에서는 수능 성적과 내신 성적이 다가 아니다. 대부분의 한국인은 학생의 능력을 평가할 때 성적만을 절대적인 기준으로 삼는 것을 당연시하지만, 미국에서는 그것만이 학생의 능력을 나타내는 지표라고 보지 않는 사람도 많기 때문이다. 참고로, 대학 입학 사정에서 평가 대상이 되는 "능력"의 의미에 관한 미국인들의 논쟁을 하버드 대학에서 정치철학을 가르치는 마이클 센델Michael J. Sandel 교수는 이렇게 요약한다.

> 능력의 의미가 과연 무엇인지는 맹렬한 검증을 받고 있다. 예를 들어 소수자 우대 정책Affirmative Action에 대한 논쟁에서 일부는 인종과 민족을 입학 요소로 따지는 것이 능력주의 원칙에 어긋난다고 본다. 다른 쪽에서는 특별한 인생 경험과 시각을 교실로, 그리고 더 넓게는 사회로 끌어들일 수 있다는 점이 대학의 사명에 걸맞은 능력을 뜻한다고 말한다.[3]

마이클 센델의 〈공정하다는 착각〉 중에서

하지만 아시아인이라는 이유만으로 수능 성적도 내신 성적도 다른 인종들보다 더 높아야 같은 대학에 입학할 자격이 주어진다는 게,

---

3 마이클 샌델 (2020) 〈공정하다는 착각〉, 와이즈베리

우리 아시아인들 입장에서는 억울한 것 또한 사실이다. 여기서 주목해야 할 점은, 미국에 사는 모든 아시아인이 어퍼머티브 액션에 반대하는 것은 또 아니라는 사실이다. 즉, 아시아계 미국인들 중에는 어퍼머티브 액션에 찬성하는 사람도 있고, 반대하는 사람도 있다. 여기에서는 양쪽의 입장을 모두 다루려 한다.

우선 반대하는 아시아인들의 입장은 이렇다. 인종별 쿼터제를 시행했을 때 아시아인들이 다른 인종보다 불리한 이유는, 우리는 소수인종 중에서도 그 비율이 가장 적은 소수라는 점이다. 미국 인구 조사국US Census Bureau에 따르면, 2024년 2월 현재 미국의 인종별 구성 비율은 다음과 같다.[4]

White alone순수 백인 75.5 %

Black or African American alone순수 흑인 13.6 %

American Indian and Alaska Native alone순수 북미 원주민 1.3 %

Asian alone순수 아시아인 6.3 %

Native Hawaiian and Other Pacific Islander alone 순수 하와이 원주민이나 태평양 섬 원주민 0.3 %

Two or more races둘, 또는 셋 이상의 인종이 섞인 경우 3.0 %

Hispanic or Latino히스패닉이나 라틴 19.1 %

---

4 미국 정부 소속 인구조사국US Census Bureau 웹사이트에서 자료 발췌

미국 인구의 겨우 6%에 불과한 아시아인이 인종별 쿼터제의 수혜를 크게 받기도 힘들겠지만, 그보다 더 큰 문제가 또 있다. 어퍼머티브 액션을 시행하면 어떤 다른 인종보다 평균 내신 성적과 평균 수능 성적이 높은 같은 아시아인들끼리 경쟁해야 하는 구조가 된다는 것 또한 아시아인들에게 불리하게 작용할 수밖에 없다. 실제로 내가 사는 도시에서도 고등학교 졸업식에서 최상위 성적 우수자에게 주어지는 등급인 숨마쿰라우데와 마그마쿰라우데는 거의 항상 인도인 아니면 중국인에게 부여된다. 아시아인 인구가 매우 적은 플로리다주 중소 도시의 고등학교에서도 우등반honors class에 앉아 있는 학생들은 다수가 아시아인들이다. 미국 인구의 겨우 6%에 불과한 아시아인들이 각 고등학교의 우등반을 그렇게 차지하고 있다는 점을 보면, 아시아인들의 평균 성적이 타인종들보다 높다는 게 전혀 놀랍지 않다.

바로 이런 문제 때문에, 트럼프 행정부는 예일대학교가 어퍼머티브 액션을 시행하면서 성적이 높은 아시안 학생들과 백인 학생들에게 불리한 입학 사정을 하는 것이 명백한 인종 차별(역차별)이라며 예일대학을 상대로 소송을 제기했다. 트럼프 바로 후임 대통령, 바이든이 이끄는 행정부가 그 소송을 취하하긴 했지만[5], 미국에서는 예일대와 같은 아이비리그 대학뿐만 아니라 톱 주립대를 상대로도 이

---

5 「Forbes」의 2021년 2월 3일 자 기사 〈Biden DOJ Drops Lawsuit Claiming Yale Discriminates Against White And Asian Students〉 참고

런 식의 소송을 하는 일이 종종 있다. 1992년에는 텍사스 주립대 법대를 상대로 홉우드Hopwood라는 백인 여학생도 같은 이유로 소송을 걸었다. 그해 텍사스 주립대 법대에 합격한 흑인과 히스패닉계 학생들의 LSAT미국 법학 대학의 입학시험 점수와 내신 성적이 자신보다 훨씬 낮았음에도 불구하고 자신이 불합격했다는 것이 그 이유였다. 이 소송을 통해 밝힌 텍사스 주립대의 입장은 다음과 같다.

"우리(학교)는 사회를 지탱하고 보호할 리더와 법조인을 배출하는 곳입니다. 우리 사회는 여러 계층의 사람들이 서로 다른 문화를 받아들이고 존중하며 우리는 그 다양성이 갖는 힘을 잘 알고 있습니다. 만약 우리(학교)가 인종의 다양성을 존중하지 않고Affirmative Action 을 발휘하지 않고 특정 인종 학생(예를 들어, 성적이 우수한 백인과 동양 학생) 만을 사회의 리더와 법조인으로 배출한다면 우리는 우리 사회의 다양성의 힘을 결코 보호할 수 없게 될 것입니다. 이것은 우리의 미션이고, 안타깝게도 홉우드Hopwood 양이 중요하다고 생각했던 내신과 시험 성적은 우리가 중요하다고 생각했던 것의 일부에 지나지 않았음을 강조하고 싶습니다."[6]

그렇다면 대학 입학 사정에서 내신 성적과 수능 시험 성적 외에 대

---

6 미국 텍사스주 한인들을 대상으로 발행되는 코리아타운뉴스Korea Town News의 2019년 10월 25일 자 전문가 칼럼 〈동양 학생들에게 불리해 보이는 세 가지 정책〉에서 발췌

체 뭐가 중요하다는 것일까? 이를 이해하기 위해서는 미국 대학의 입학 사정이 전인적 평가Holistic Review로 이루어진다는 사실을 알아야 한다. "전인적 평가"는 학생의 성적뿐만 아니라 지성, 감정, 의지, 성격 등을 모두 평가하겠다는 뜻인데, 이 알듯 말듯한 아리송한 개념을 정확히 이해하기 위해 미국 유명 대학의 입학처admissions office 웹사이트에 나와 있는 전인적 평가의 정의를 찾아봤다.

Holistic Review allows admissions committees to consider the "whole" applicant, rather than disproportionately focusing on any one factor.

Duke University School of Medicine

전인적 평가는 입학사정관들이, 어느 편으로 치우쳐서 어떤 한 가지 요인만으로 판단하기보다는, 지원자의 모든 부분을 고려할 수 있게 합니다.

듀크 대학교 의과 대학

Holistic review is a comprehensive assessment of your academic performance and personal qualities and achievements.

University of Washington

전인적 평가는 지원자의 학업 능력과 개인적인 특성과 성취를 모두 종합적으로 평가하는 방식을 말합니다.

워싱턴 대학교

"Holistic review" characterizes our approach to assessing your application. We take every piece of your file into account when making our evaluations, and we consider each element within the larger context of the whole application.

Harvard Law School

"전인적 평가"가 우리가 여러분의 지원서를 평가하는 방식입니다. 우리는 평가할 때 지원자 서류에 있는 모든 부분을 다 고려하며, 그래서 좀 더 넓은 범주에서 각각의 요소를 봅니다.

하버드 로스쿨

하버드 로스쿨은 전인적 평가의 예를 매우 구체적으로 제시한다.

For example, you might believe that test scores and your undergraduate GPA determine the fate of your application. But building a class is much more complex (and more fulfilling!) than simply weighing GPAs and test scores. We look at the rigor of your curriculum, and how your GPA developed over time. We consider what your reference writers say about you, and we look to aspects of your professional profile that may speak to your academic ability and preparedness for law school. A thorough reading of each piece of your application is the only way to get the full context.

Perhaps you were working while getting your degree or had family obligations. Maybe you struggled in some of your classes early on but really hit your stride after a few semesters. Or a professor speaks directly to the quality of the work or research you did. These are things we really do consider when making our evaluations, and they often elevate what may be considered, on surface level, a "softer" profile. We also see many applications that are the inverse of this example – an applicant with strong academic potential given their academic record and testing may not advance in the application process if there is a lack of maturity or readiness for law school demonstrated through other application components. So when we say there are no GPA or test score cut-offs, we really do mean it – everything is viewed in context.

예를 들어, 당신은 아마도 시험 점수와 학부 성적이 당신의 당락을 결정지을 거라고 믿을 겁니다. 하지만 하나의 학급을(입학생 그룹을) 만드는 것은 단순히 성적과 시험 점수를 비교하는 것보다 훨씬 더 복잡하고 (좀 더 충족시킬 것이 많은!) 일입니다. 우리는 당신이 얼마나 어려운 과목들을 수강했는지를 보며, 시간이 지나면서 성적이 어떻게 유지되거나 올라갔는지도 봅니다. 우리는 당신의 추천인이 당신에 관해 뭐라고 말하는지를 보며, 또한 당신의 학문적 능력과 당신이 로스쿨 진학을 위한 준비가 되었는지를 보여주는 전문성에 관련된 프로필의 면면을 봅니다. 당신이 낸 지원 서류의 모든 부분을 철저하게 읽어

보는 것이 모든 것을 이해하는 유일한 방법이고요.

당신은 (학부) 학위를 받기 위해 공부하는 과정에서 돈을 벌어야 했거나 가족을 돌봐야 했을 수도 있을 겁니다. 당신이 처음에는 몇 가지 수업을 들으면서 힘들어했지만, 몇 학기가 지난 후에는 궤도에 올라 잘 해냈을 수도 있을 거고요. 또는 당신을 가르친 교수가 당신이 한 연구 성과에 대해 직접적으로 이야기할 수도 있을 거예요. 바로 이러한 것들이 우리가 지원자들을 평가할 때 실제로 고려하는 사항들이며, 이는 종종 소프트 프로필(수치화할 수 없는 능력)을 표면적으로 끌어 올려 헤아려 보게 합니다. 우리는 또한 이런 예와는 정반대되는 지원 서류도 많이 봅니다. 즉, 학업 성적과 시험 점수로 볼 때 강한 학습 잠재력이 있는 지원자가 지원 서류의 다른 면모를 봤을 때 로스쿨에 들어올 준비가 덜 되었거나 성숙함이 결여되었다고 보일 때 합격하지 못 하는 일도 있을 겁니다. 그러니 우리가 학점GPA이나 시험 점수 커트라인이 없다고 말할 때, 그것은 사실입니다. 모든 것은 맥락 안에서(지원자가 처한 상황 안에서) 고려됩니다.

플로리다 주립대에서 함께 일하는 동료들에게 들은 이야기도 이와 비슷했다. 고등학교 내신 성적과 수능 성적이 비슷할 경우(여기서 비슷하다는 것은 똑같은 점수를 말하는 것이 아니라, 대학이 제시하는 커트라인을 넘긴 상태에서 5~10점 차 정도를 말한다), 미국 대학은 가정환경이 힘든 지원자에게 가산점을 준다. 이를테면, 부유한 부모에게서 빵빵한 지원을 받은 지원자와 힘든 가정환경 때문에 가족을 돌보거나 아르바이트하면서 공부한 지원자가 비슷한 성적을 냈을 경우, 미국 대학은 힘든 가정환경 출신 지원자를 뽑는다는 말이다. 똑같은 내신 성적을 낸 학생들의 경우, 처음에 최고 성적이었다가 나중에 떨어진 학생보다는, 처음에는 저조했던 성적을 점점 향상시킨 학생에게 훨씬 더 유리하다. 전자보다는 후자가 더 노력했다고 여겨지기 때문이다. 뭔가 역경을 딛고 이겨낸 지원자에게도 가산점이 주어진다. 하버드 로스쿨에서 제시하는 예의 마지막 문장 "Everything is viewed in context."가 말해 주듯이, 시험 점수뿐만 아니라 모든 것이 학생이 처한 환경이나 사정과 함께 고려된다는 말이다. 물론 내신 성적GPA과 수능 성적SAT이 좋으면 유리하지만, 미국 대학은 성적의 결과만 보는 것이 아니라 그 결과를 내는 과정도 함께 본다는 말이다. 그렇다면 미국 대학들이 입학 사정 시 SAT 점수 비중을 우리만큼 크게 두지 않는 이유는 뭘까? 심지어 SAT 점수로 학생을 뽑는 것 자체가 불공정하다는 미국인들도 있다. 마이클 샌델 교수는 그 이유를 이렇게 설명한다.

> SAT 점수는 응시자 집안의 부와 매우 연관도가 높다. 소득 사다리의 단이 하나씩 높아질수록, SAT 평균 점수는 올라간다. 가장 경쟁이 치열한 대학을 노리는 학생들의 점수를 보면 이 격차가 특히 크다. 부잣집(연 소득 20만 달러 이상) 출신으로 1,600점 만점에 1,400점 이상 기록할 가능성은 다섯에 하나다. 가난한 집(연 소득 2만 달러 이하) 출신은 그 가능성이 오십에 하나다. 또한 고득점자들은 그 부모가 대학 학위 소지자인 경우가 압도적으로 많다. 부자 부모가 자식에게 줄 수 있는 일반적인 교육상의 유리함을 넘어, 특권

층 자녀의 SAT 점수는 사설 모의시험 코스나 가정교사 등에 의해 쑥쑥 올라간다. 일부 맨해튼 같은 곳에서는 일대일 과외비가 시간당 1,000달러나 든다. 대학 입시의 능력주의적 경쟁이 최근 수십 년 동안 격화되면서 가정교사와 모의고사 학원 등의 사교육은 매우 고소득의 사업이 되었다. (중략) 고소득과 고학력 가정에서 자란 학생들은 배경이 불우한 가정 출신 학생들보다 온라인 모의시험에서 더 많은 점수를 얻었다. 그 결과 특권층 자녀와 그렇지 않은 학생들 사이의 점수 격차는 더 벌어져 버렸다. (중략) 시험 성적과 내신 성적 가운데 어느 쪽이 더 수학능력의 확실한 지표인지는 복잡한 문제다. 삼 분의 이에 이르는 학생들은 두 가지가 함께 높거나 낮다. 그러나 SAT 점수와 고등학교 내신이 서로 어긋나는 학생들의 경우, SAT 점수를 중시한다면 특권층 자녀에게 유리하고 불우한 가정 자녀들에겐 불리해진다. 고등학교 내신 성적도 어느 정도는 집안 소득 수준과 연관되어 있다. 그러나 SAT 점수는 그 연관성이 더욱 크다. 그것은 부분적으로 오랫동안 위원회에서 주장해온 것과는 달리, SAT는 과외를 통해 점수를 올릴 수 있기 때문이다. 사설 과외를 받으면 분명 성적이 오른다. 그리고 그 점수를 높일 편법과 꼼수를 고등학생들에게 가르쳐주는 사업은 큰 호황을 누리고 있다.[7]

마이클 샌델 〈공정하다는 착각〉 "돈 따라가는 SAT 점수" 중에서

---

7 마이클 샌델 (2020) 〈공정하다는 착각〉, 와이즈베리

마이클 샌델 교수의 주장을 읽으면서, 나는 흑인 친구들이 SAT 성적으로 대학 입학을 결정하는 것이 저소득층 흑인들에게 얼마나 불공평한 일인지 열변을 토했던 이유를 알 것 같았다. 같은 이유로 백인 변호사인 내 친구 미리앰도 SAT 시험을 대학 입시에서 아예 제외해야 한다고 주장한다. 사실 수능 점수가 부모의 경제력에 비례한다는 점은 한국 사회에서도 똑같이 나타나는 현상이다. 다음은 2016년 1월 24일 자 〈조선일보〉 기사다.

> 평균 가구소득이 월 125만 원 이하인 가구의 2011학년도 수능 응시생들의 평균 수능 점수는 언어 93.96점, 수리 91.16점, 외국어 90.76점이었다. 하지만 가구소득 월 581만 원 이상인 가구의 수험생들은 언어 105.22점, 수리 105.59점, 외국어 108.49점을 받아 편차가 최대 43.42점에 달했다. 특히 외국어 영역은 저소득과 고소득 가구 간 점수 차가 최대 17.73점까지 벌어졌다.[8]

〈조선일보〉뿐만 아니라, 〈경향신문〉과 〈한겨레신문〉, 〈경북일보〉 등의 신문에서도 똑같은 내용의 기사를 찾을 수 있었다. 이 사안에 관해서는 보수와 진보가 모두 동의한다는 말이다. 그렇지만 SAT 점수를 논외로 하고 고등학교 내신 성적GPA만 보더라도, 여전히 미국에서 아시아인들의 평균 성적이 그 어느 인종보다 높다. 바로 이런 이

---

8 2016년 1월 24일 자 〈조선일보〉 기사, "부모 수입 많을 수록 자녀들 수능 점수 높다" 중에서

유로 아시아계 미국인인 남편은 어퍼머티브 액션에 반대한다. 남편은 어퍼머티브 액션을 시행하려면 다 하지, 왜 어떤 분야에서는 시행하고 어떤 분야에서는 시행하지 않느냐면서, 어퍼머티브 액션을 전혀 시행하지 않고 있는, 흑인들이 포진해 있는 예체능 분야를 예로 든다. 이를테면, 미국 농구 리그인 NBANational Basketball Association의 인종별 선수 비율은 2021년 기준 흑인 73.2%, 백인 16.8%, 히스패닉계 3.1%, 그리고 아시아인이 0.4%이다.[9] 참고로, 여기 합이 100%가 안 되는 이유는 6.6%가 다인종, 또는 그 외 인종이라고 답했기 때문이다. 그렇다고 해서 미국 농구 협회가 아시아인 농구 선수를 더 많이 육성하기 위한 그 어떤 노력도 하지 않는다면서, 유독 아시아인들이 강세를 보이는 학문 분야에서만 어퍼머티브 액션에 따라 인종별 쿼터를 시행하는 것이 일관성 없는 처사라고 남편은 주장한다. 이런 남편의 주장에 전적으로 동의하지는 않지만, 심정적으로는 어느 정도 공감할 수 있다.

이런 남편과는 달리, 어퍼머티브 액션에 적극적으로 찬성하는 아시아계 미국인들도 분명 다수 존재한다. 그들은 어퍼머티브 액션이 폐지되면 흑인과 히스패닉계 지원자들의 입학이 줄어들 것은 자명한 사실이지만, 그 빈자리를 채우게 되는 인종은 우리 아시아인이 아니

9   The 2021 Racial and Gender Report Card National Basketball Association 참고

라 백인이 될 것이라고 말한다. 어퍼머티브 액션까지 없어진 마당에, 기득권층이 더 이상 소수 인종 눈치를 보지 않고 노골적으로 백인들을 더 뽑으리라는 것이 이들의 주장이다.

나는 이에 대한 플로리다 주립대 학생들의 생각이 궁금해서 수업 중에 학생들과도 이야기를 나눠 봤다. 이 주제에 관해서는 의견이 흑백으로 뚜렷하게 나뉘기보다는 중도적 입장을 취하는 학생들이 대부분이었다. 즉, 낙태나 동성애 권리 관련 법안에 관한 이야기를 할 때와는 매우 다른, 다소 뜨뜻미지근한 입장이었다. 대부분의 학생은 다민족, 다문화 국가라는 미국의 사회적 특성 때문에 어퍼머티브 액션을 통해서 학교도 회사도 민족적 다양성을 유지해야 한다는 점에는 동의했다. 그와 동시에 그 정도가 너무 지나쳐 실력이 월등한 학생이 단지 자신의 인종적 정체성 때문에 피해를 보는 사례가 발생하는 것은 또 문제라고도 했다. 이처럼, 다른 주제로 이야기할 때와는 달리, 이 어퍼머티브 액션에 관해서는 흑백논리보다는 이런 미온적 태도를 유지하는 학생들이 많았다. 심지어 이 주제에 아예 관심조차 없는 학생들도 있었다. 왜 관심이 없는지를 물어보니, 어느 학생이 이렇게 대답했다.

"미국에는 아이비리그나 톱 주립대학이 아니더라도 대학이 매우 많습니다. 그런데 꼭 아비이리그와 톱 주립대학에만 입학하려고 그곳에 모든 에너지를 집중하는 사람들이 전 이해되지 않습니다. 대학은 자기가 하고 싶은 공부를 하러 가는 곳이지 남에게 보이기 위한 네임 벨류를 얻기 위해 가는 곳이 아니잖아요."

실제로 그 학생은 플로리다의 톱 주립대 두 곳인 UFUniversity of Florida 와 FSUFlorida State University를 모두 전액 장학금을 받는 조건으로 합격했는데, FSU를 선택해서 다니고 있다. 자기 학과의 경우, UF 순위가 더 높았음에도 불구하고 말이다. 그 이유는 자기 집에서 다닐 수 있는 학교이고, 월세 등 돈 걱정을 할 필요 없이 전적으로 하고 싶은 공부에만 집중할 수 있어서라고 했다. 한국에는 이게 말도 안 되는 소리라고 하는 사람들이 많겠지만, 내가 겪은 미국인들 중에는 남의 이목보다는 자신의 상황에 맞는 합리적 선택을 당연시하는 사람들이 다수다. 이런 생각을 가진 학생들이 어퍼머티브 액션 관련 이슈에 크게 열 올리지 않는 건 어찌 보면 당연한 일이다.

어퍼머티브 액션에 강하게 반대하는 아시아인 중에는 흑인들에게 끔찍한 노예제도를 자행하며 피해를 준 건 백인들인데, 그 보상으로 주어진 어퍼머티브 액션으로 왜 아무 잘못 없는 아시아인들이 피해를 봐야 하냐고 말하는 사람들도 있다. 이에 대해 내 친구 미리엄은 현재를 살아가는 평범한 자신의 백인 아이들도 아시아인 아이들과 마찬가지로 노예제도와 관련해서 아무런 죄를 짓지 않았다고 항변한다. 그는 인종과 상관없이 우리 모두가 어퍼머티브 액션을 적극적으로 시행해야 하는 이유는 우리가 미국 사회의 구성원이기 때문이라고 주장한다. 현재 미국 사회의 구성원으로 살아가는 나는 미리앰의 이 말이 설득력 있다고 생각한다.

나는 흑인노예 제도와 아무 상관 없는 아시아인 이민자이지만, 현재 미국 사회의 시스템 안에서 적지 않은 혜택을 누리며 살아가고 있다. 내가 속한 미국 사회가 역사적으로 큰 빚을 지고 있는 흑인들이 일어설 수 있도록 우대하는 정책을 편다면, 이 사회의 혜택을 누리는 구성원으로서 그에 따라줄 의무가 있는 것이다. 내가 어퍼머티브 액션에 찬성하는 또 다른 이유는, 같은 사회를 살아가는 구성원 중 사회, 경제적 여건으로 힘겹게 고군분투하는 집단이 있다면, 그들도 함께 잘 살 수 있도록 어느 정도 힘을 실어 줘야 그 사회가 제대로 유지될 수 있다고 믿기 때문이다. 사회적 약자들을 전혀 돌보지 않는 시스템으로 인해 그들이 궁지로 몰리게 되면 그 사회의 범죄율이 높아진다는 사실은 많은 미국인 사이에서 상식으로 통한다. 그런데도 어퍼머티브 액션으로 인해 오히려 피해를 볼 때도 있는 소수인종인 아시안 학생들을 생각해 보면, 이 제도가 효과적으로 시행되기 위해서는 모두가 좀 더 고민해 볼 필요가 분명히 있다는 생각도 든다.

미국 축구계를 흔든
그레그 벌할터 Gregg Berhalter 사태

다른 듯 비슷한 양국의 축구 협회

2024년 9월 24일 국회에서 열린 대한축구협회(이하 축협) 청문회
는 축협과 일반 국민 사이의 문화 충돌이었다. 솔직히 내가 보기에
이 사안은 영어로 표현하면, "black and white matter 뭐가 옳은지 그른지
가 분명하게 보이는 일"이지만, 누군가를 비판하려는 목적으로 이 글을 쓰는
것이 아니다. 그렇다고 이 글이 축구에 관한 것도 아니다. 그보다는
축협 사태를 내 전문 분야인 언어와 문화적 측면에서 분석해 보려는
것이다. 사실 현재 벌어지고 있는 축협과 일반 국민들의 갈등은 상
식과 비상식, 공정과 불공정의 대립으로 보는 이들이 대다수다. 이
사건이 국회에서 여당과 야당이 대통합해서 한목소리로 축구협회
를 성토하는 "여·야·정 협치"를 끌어냈다는 사실이 이를 증명한다.

그런데 한쪽이 비상식적이고 불공정하다고 보는 일을 다른 한쪽은 전혀 그렇지 않다며 초지일관 꿋꿋하게 주장하는 것은, 결국 두 집단이 속한 문화가 서로 달라서 일어나는 현상이다. 바로 이런 문화 차이의 관점에서 이 사건을 한번 파 보려고 한다.

청문회를 보면서 가장 흥미로웠던 점은 축협 수뇌부 사람들의 당당함이었다. 그들은 자신들이 정말로 아무것도 잘못한 것이 없다고 생각하는 듯했고, 때로 울먹이며 진심으로 억울해하는 태도를 보이는 사람도 있었다. 축협이 국가대표 감독을 선임하는 과정에서 절차를 위반한 사실을 구체적인 자료를 통해 입증한 문화체육부(이하 문체부)의 감사 결과 발표 후에도 이는 마찬가지였다. 문체부의 감사 결과 발표 직후에 축협에서 내놓은 반박문이 그들의 입장과 태도를 잘 보여준다. 그들은 모든 것이 문체부와 국민들의 오해라고 주장하면서, 자신들이 무엇 때문에 비판받고 있는지를 여전히 모르고 있었다. 그렇다 보니, 축협 측에서 해명이라고 내놓는 한마디 한마디가 되레 일반 국민들의 공분을 일으키는 지경까지 가게 되었다.

이쯤 되니, 문득 궁금해졌다. 축협이라고 불리는 집단은 대체 어떤 문화를 가지고 있길래 일반 국민과 이토록 말이 통하지 않는 것인지가. 똑같은 언어를 사용하는데도 도무지 말이 통하지 않는다는 것은 그 집단이 가진 문화가 그만큼 이질적이라는 뜻일 테니 말이다. 이렇게 문화적 측면에서 생각해 보니, 그 간극의 실체가 조금씩 보이기 시작했다.

첫째, 이 사태는 저맥락 문화식 일 처리 방식과 초 극단적인 고맥락 문화식 일 처리 방식의 차이로 인한 문화 충돌이다.[1] 한국은 고맥락 문화권 국가다. 하지만 그런 한국 사회에서도 공식적인 일 처리를 하는 방식만큼은 점점 더 저맥락 문화로 바뀌는 추세다. 그 예로, 이제는 학교와 공공기관, 회사 등에서 업무를 볼 때 모든 것을 글로 남기는 문서화 작업이 한국 사회에서도 일상화되었다. 그뿐인가? 일터에서 회의하면서 글로 된 자료와 PPT를 준비해서 구체적인 말로 타인을 설득하는 것 또한, 한국인들에게 더 이상 새로운 일이 아니다. 그런 자료와 PPT를 만들 때는 단어 하나, 문장 하나에 신경을 쓸 수밖에 없는데, 이게 바로 저맥락 문화식 업무 처리 방식이다. 전체적으로 여전히 고맥락 문화권인 우리나라에서도, 각종 전문 분야의 일터에서는 많은 부분이 이렇게 저맥락 문화로 바뀌었거나 바뀌어 가고 있다. 그래서 지금의 젊은 세대가 구체적인 언어로 직접적으로

---

1 인류학자 Edward T. Hall은 한 문화권의 사람들이 의사소통하는 방식을 크게 고맥락 문화 high context culture와 저맥락 문화low context culture로 분류했다. 고맥락 문화란 사람들이 의사소통할 때 직접적으로 오가는 말보다 주변 문맥과 맥락(예: 화자와 청자의 사회적 지위나 역할, 성, 나이, 비언어적인 단서)이 더 큰 역할을 하는 문화를 말한다. 반면, 저맥락 문화에서는 정황이나 문맥보다는 직접적으로 오가는 말explicit verbal messages과 글을 의사소통의 중심에 둔다. 그래서 화자에게 명확하고 논리적이며 설득력 있게 자신의 메시지를 전달할 것이 요구된다.

소통하는 것을 전문가답다고 여기는 경향이 강한 것이다.

이와 대조적으로, 축협은 업무 처리와 공식 문서를 작성하는 방식에서 2000년대 이전 한국 사회가 가졌던 고도의 고맥락 문화를 여전히 고수하고 있음이 이번 청문회를 통해 만천하에 드러났다. 국가대표 감독을 채용하는 중차대한 인사事를 하면서 일의 진행 과정을 구체적인 글로 남겨 문서화하지 않은 정황이 여러 군데서 포착되었다. 최종 세 명의 감독 후보를 글로 요약한 문서조차도, 언어교육 전문가인 내가 보기에 전혀 구체적인 언어를 사용하지 않았다. 언어 사용이 허술한 것도 문제였지만, 문서에 적힌 내용 또한 여기저기 오류가 있음을 축구 전문가들이 지적했다. 일례로, 그들이 제출한 문서에는 최종 후보였던 거스 포옛 감독의 경력을 요약해서 "다양한 축구 문화를 경험. 하지만 성과를 낸 것이 없기에 우려"라고 적혀 있지만, 이는 사실이 아니다. 축구 전문가들은 포옛 감독이 잉글랜드의 프리미어리그 축구팀 선덜랜드를 이끌고 준우승까지 한 감독이라고 한다.[2] 대한민국에서 축구 분야를 대표하는 협회가 공식적으로 남기는 문서에 축구에 관해 이런 잘못된 정보의 글을 기록해놓았다는 사실은 저맥락 문화적 관점에서는 엄청나게 심각한 실수로 보이는 사건이다. 그러나 축협은 이를 문제로 인식하지 않았다.

2 2024년 9월 26일 자 TV조선 뉴스 참고

공식 문서에서 언어 사용의 중요성을 간과한다는 사실은 이들이 극단적인 고맥락 문화의 조직임을 말해 준다.

이런 현상은 그들이 문서에 적어 놓은 글뿐만 아니라 그들이 하는 말에도 그대로 드러난다. 축협을 대표하는 이들이 국회에 나와서 직접 해명하는 말 또한, 언어교육 전문가인 내가 듣기에 극단적으로 고맥락 문화식 화법이었다. 즉, 의혹을 해명하러 나와서도 그들은 여전히 구체적인 언어를 사용하지 않았다. 일례로, 축협의 이임생 이사가 나와서 "동의를 다 받았습니다."라고 여러 차례 청문회에서 말했는데, 그때마다 나는 그가 무슨 말을 하는 건지 도통 이해되지 않아서 애를 먹었다. '동의를 받았다'라는 동사구를 여러 번 반복해서 말하면서도 정확히 무엇에 관한 내용에 동의를 받았는지를 말하지 않았기 때문이다. 이렇게 목적어를 말하지 않고도 상대가 자신이 하는 말을 이해해 줄 거라 기대하는 것 또한 고맥락식 화법이다. 우리나라가 아무리 고맥락 문화권이라 해도, 자신의 결백을 증명하러 국회에 나와서 답변하는 자리에서까지 초지일관 고맥락 화법을 쓰는 축협 사람들이 내겐 참으로 신선했다.

이들과의 이런 문화 충돌을 견디다 못해 내부 고발자가 되는 가시밭길을 택한 MZ세대, 박주호 전 전력 강화 위원의 접근 방식은 달랐다. 그는 자신이 무엇에 동의했는지가 정확하게 글로 기록된 문서를 제시했다. "11차 회의록"이라고 불리는 그 문서에는 "투명한 절차로 후속 작업하는 것에 오늘 참석한 위원들 모두 동의함"이라고 적혀 있었다.[3] 이처럼 저맥락 문법으로 문서에 적힌 단어와 문장을 중심으로 소통한 박주호 전 전력 강화 위원과 달리, 축협의 이임생 이사는 굉장히 고맥락 문법으로 소통하고 일을 진행했음이 드러났다. 즉, 홍명보 감독을 선임하는 것을 상호 간에 구체적인 언어로 확정한 사실이 없음에도 불구하고, 모두가 동의했다고 혼자 생각하고 판단해서 일을 진행했다. 이 부분이 바로 고맥락 문화와 저맥락 문화가 충돌한 지점이다.

둘째, 축협과 일반 국민들은 몇 가지 사안을 바라보는 프레임 자체가 달랐다. 두 집단은 과정과 결과에 관한 프레임이 달랐고, 리더십을 바라보는 프레임도 서로 달랐다. 청문회에서 위법적이고 불공정한 절차로 감독직에 임명된 것이 확인된다면 어떻게 하겠냐는 국회의원의 질문에 홍명보 감독은 이렇게 말했다. "의원님, 저희는 지금 월드컵 예선을 코앞에 놓고 있습니다." 축협의 전 전력 강화 위원장이었던 김판곤 감독 또한 이 사태에 관해 언론과의 인터뷰 중 월드컵에 못 나가면 누가 책임질 거냐고 말하면서 월드컵 예선을 앞두고 축협을 비판하는 정치인들과 축구 유튜버들에게 호통을 쳤다. 이

---

3 2024년 9월 26일 자 SBS 뉴스 참고

들의 주장은 감독 임명 절차의 공정성을 따지는 것보다 우리 대표팀이 월드컵에서 좋은 결과를 내는 것이 더 중요하다는 전제를 깔고 있다. 즉, 그 과정에 아무리 큰 문제가 있더라도, 그에 대한 잘잘못을 따지는 것보다 당장 좋은 결과를 내는 것이 너 중요하다는 거다.

현재 40대 후반인 내 기억에, 한국이 개발도상국이던 시절에는 이런 프레임을 가진 어른들이 아주 많았다. 하지만 지금의 한국은 그때와 다르다. 대부분의 한국인은 과정과 결과에 관해 이제는 완전히 다른 프레임을 가지고 있다. 이는 우리 국민들이 좋은 결과를 위해 정당한 절차가 무시되는 과정에서 일어난 불공정한 일들을 수도 없이 겪었기 때문이기도 하다. 미국인 마이클 샌델Michael Sandel 교수가 쓴 「정의란 무엇인가」가 미국보다 한국에서 훨씬 더 많이 팔렸다는 사실, 그리고 "정의"와 "공정"이 온갖 영화와 드라마의 소재로 쓰였다는 점은 현시대를 살아가는 한국인들의 키워드가 무엇인지를 명확하게 보여준다. 우리는 더 이상 좋은 결과가 불공정한 과정을 덮어 버리는 게 괜찮다고 생각하지 않는다. 그게 대다수의 현대 한국인들이 가지고 있는 과정과 결과에 관한 프레임이다. 이런 우리 국민들이 불공정한 감독 선임 절차를 바로잡는 것보다 눈앞의 월드컵 결과가 더 중요하다고 주장하는 축협과 충돌하는 것은 당연한 일이다.

리더십leadership에 관해서도 축협은 일반 국민과 상당히 다른 프레임을 가지고 있다. 제시 마치, 바그너, 포엣 감독을 모두 고사하고 홍명보 감독을 선임한 이유로 축협은 홍명보 감독의 "강력한 리더십"을 들었다. 그들은 "강력한 리더십"이라는 표현을 사용하면서 "선·후배도 없는" 지금 대표팀의 기강을 바로잡아야 한다고 재차 언급했다. 축협이 주장하는 리더십의 의미를 들으면서, 나는 부하들이 두려워하는 리더가 되라고 했던 마키아벨리가 떠올랐다. 필요하다면 악행을 저질러서라도 좋은 결과를 내는 것이 중요하다는 마키아벨리즘은 과정과 결과에 관한 프레임에서도 축협과 결을 같이 한다. 그런데 마키아벨리가 왜 이런 리더십을 제시했는지를 「철학은 어떻게 삶의 무기가 되는가」를 쓴 야마구치 슈는 이렇게 말한다.

"마키아벨리가 이러한 지론을 전개한 데는 그 시대라서 가능했던 특수한 배경이 있었다. 어떠한 리더십이 가장 올바른가는 그 시대의 고유한 상황이나 배경에 따라 다르므로, 마키아벨리의 주장 또한 피렌체의 당시 상황을 알지 못하고서 섣불리 판단하는 것은 위험하다."[4]

굳이 마키아벨리가 살았던 시대의 피렌체까지 가 보지 않아도 아선생 부모님 세대에도 마키아벨리가 말하는 지도자상을 선호하는 분

4,5   야마구치 슈 (2019) 〈철학은 어떻게 삶의 무기가 되는가〉, 다산초당

들이 상당히 많았다. 하지만 야마구치 슈도 지적하듯이, 현대 사회를 살아가는 대부분 사람들은 마키아벨리즘에 거부 반응을 보이는 경향이 있다.[5] 지금의 시대 상황이 그때와는 다르기 때문이다. 지금은 두려워서 따르는 강압적인 리더십보다는 공감과 소통의 리더십을 선호하는 이들이 압도적으로 많은 시대다. 적어도 지금의 한국과 미국은 그렇다. 이렇게 예전에 비하면 비교적 수평적인 관계에 있는 리더에게 힘을 실어주고 권위를 부여하는 것은 강압이 아니라 능력과 진정성이다. 국민들은 홍명보 감독이 다른 외국인 감독 후보들보다 능력이 더 뛰어나다는 것에 아직은 설득되지 않았다. 제대로 된 절차로 선임되지 않은 그에게서 진정성을 찾기도 힘들다.

이렇게 축협이 보인 행동 패턴과 사고방식에 MZ세대는 상당한 괴리감을 느끼고 있다. 그런데 현재 40대 후반인 내게는 축협의 문화가 전혀 새롭지 않다. 한국을 떠나기 전까지는 그런 문화와 사고방식, 프레임을 가진 어른들을 일상적으로 봤기 때문이다. 내가 놀란 지점은 떠나기 전(2003년 이전) 한국 사회의 문화를 축협이 20년도 더 지난 지금까지 조금도 변함없이 그대로 고수하고 있다는 사실이다. 50대 후반에서 70대 후반의 남성이 주를 이루고 있다는 현재의 축협 수뇌부는 자신들이 젊었던 시절(1970년대부터 2000년대 초반)에 한국 사회를 지배했던 문화를 여전히 그대로 답습하고 있다. 커뮤니케이션 패턴, 일 처리 방식, 그 모든 것의 중심에 있는 그들만의 문화와 프레임까지. 그런 그들이 그사이 역동적으로 엄청난 변화를 겪은 한국 사회 다른 구성원들과 크게 충돌하는 것은 지극히 자연스러운 일이다. 바로 이런 연유로, 나는 축협 사태를 대한민국의 과거와 현재의 문화 충돌 현상으로 본다.

그렇다면, 미국에서는 축구협회를 비롯한 스포츠 협회들이 어떻게 운영되고 있으며, 그들은 국가대표 감독 선임을 어떤 절차로 뽑을까? 미국에도 역사적으로 이런 비슷한 사례가 있었을까? 불공정한 임용을 막기 위한 제도적 장치는 존재할까? 이에 관해 플로리다 주립대학교 스포츠 경영학과의 조슈아 뉴먼Joshua Newman 교수와 인터뷰한 내용을 그대로 싣는다.

> Kim Could you please introduce yourself to the Korean readers?
>
> Dr. Newman Hi! My name is Josh, and I'm a faculty member in the Department of Sport Management at Florida State University.
>
> Kim Thank you for joining us, Josh! I'm not sure if you have watched the news, but the South Korean Soccer Association violated regulations in the process of hiring their national team's soccer coach. This is currently one of the biggest

issues in Korea because a considerable amount of tax money has been invested in the soccer association. I was wondering how they run sports associations in the United States. For example, what about the national soccer association? Is it a public or private association? Does the federal government financially support them ?

Dr. Newman The U.S. Soccer Federation (USSF) embodies what sociologist, Pierre Bourdieu would recognize as a field of power where economic and cultural capital intersect. While technically private, it operates in a liminal space between public and private spheres. Unlike South Korea's more direct state involvement, the USSF's relationship with government is mediated through market mechanisms. This creates an illusion of independence while actually embedding the organization more deeply within capitalist power structures. For example, the Major League Soccer (MLS) and its various ownership properties play a huge role in player development and national team operations in the US.

Kim Then, how do they hire the national team's coach? What's the hiring process?

Dr. Newman The hiring process for national team coaches in the

U.S. reveals what sociologist, Michael Schwalbe calls "rigged games" — systems that appear meritocratic but systematically reproduce existing hierarchies. The selection typically involves a search committee dominated by established soccer executives, "professional networks" that often exclude those without privileged access, credential requirements that reflect and reinforce existing power structures, and informal vetting processes that privilege cultural capital associated with dominant groups. This system perpetuates institutional processes that maintain racial disparities without requiring explicit bias. For instance, the overwhelming whiteness of high-level soccer coaching in the U.S. is maintained through seemingly neutral requirements like "European coaching experience" or "professional playing background" - criteria that disproportionately favor certain demographic groups due to historical inequities. The process exemplifies what sociologist, Sharon Collins identifies as "glass walls" alongside "glass ceilings" — barriers that not only prevent advancement but channel candidates from marginalized backgrounds into less prestigious roles. For example, Black and Latino coaches are often tracked into youth development or assistant positions rather than considered for top leadership roles.

Kim Are there any systems in place to prevent nepotism*?

Dr. Newman While formal anti-nepotism policies exist, they often fail to address what sociologist Mark Granovetter terms "the strength of weak ties" — the informal networks through which power and influence actually flow. The U.S. system emphasizes procedural transparency and conflict-of-interest policies, but these bureaucratic safeguards often serve more to legitimize existing power structures than to fundamentally challenge them.

Kim Has there been any case that is similar to what just happened in S. Korea?

Dr. Newman The 2018 hiring (and subsequent 2022 rehiring) of Gregg Berhalter as U.S. Men's National Team coach exemplifies how institutional networks can circumvent formal anti-nepotism policies. At the time of Berhalter's initial selection, his brother Jay Berhalter held a powerful position as U.S. Soccer's Chief Commercial Officer, a clear conflict of interest. The controversy surrounding Berhalter's hiring was amplified by the selection process's opacity and the limited pool of candidates considered, reflecting a 'circulation of elites' within institutional power structures. This case particularly resonated because it occurred within a supposedly merit-based system, highlighting how familial connections can operate alongside and through professional networks to reproduce institutional power, even in contexts with explicit anti-nepotism policies. The subsequent investigations and public discourse around this appointment underscore the challenges of distinguishing between professional merit and networked advantage in high-level sporting appointments.

The sporting bureaucracy reproduces social inequalities through several mechanisms identified by sociological research. Cultural gatekeeping manifests in the valorization of certain coaching philosophies (typically European) over others, unwritten codes of professional conduct that reflect dominant cultural norms, and networking practices that privilege those with existing social capital. Structural inertia operates through self-perpetuating leadership networks where current leaders groom successors in their own image, institutional memory that resists challenges to established power relations, and risk-averse selection practices that favor safe candidates from traditional backgrounds.

Furthermore, symbolic violence occurs through the naturalization of existing hierarchies via professional development pathways, the delegitimization of alternative coaching approaches or leadership styles, and the use of merit-based rhetoric to justify systemic exclusions. Resource distribution remains deeply unequal, manifesting in disparate access to coaching education and certification programs, concentrated networks of influence in geographical and social spaces, and financial barriers to entry and advancement in coaching careers.

Kim Wow, this was tremendously helpful! Thank you so much for your time today, Josh!

Dr. Newman You're welcome! Your research touches on crucial questions about institutional power and accountability in modern sporting organizations. The contrast between South Korean and American approaches reveals how different societies manage the tension between public interest and private power in sporting institutions. While South Korea's model shows more direct state involvement, the American system's market-oriented approach creates its own forms of opacity and institutional capture.

nepotism: 친족 등용, 족벌주의(자신의 일족을 우선하는 태도), 정실인사(조직 안의 업무 배치를 사사로운 의리나 인정에 끌려 하는 일)[6]

김 한국 독자들에게 자기소개를 좀 해 주시겠어요?

뉴먼 교수 안녕하세요! 제 이름은 조쉬이고, 저는 플로리다 주립대학교 스포츠 경영학과 교수입니다.

Kim 이 자리에 함께해 주셔서 감사합니다. 뉴스를 보셨는지 모르겠지만, 대한축구협회가 국가대표 감독을 선임하는 과정에서 여러 가지 규정을 어겼습니다. 이게 현재 한국에서 가장 큰 쟁점 중 하나인데, 왜냐하면 상당한 액수의 세금이 축구협회에 투자됐기 때문입니다.[7] 저는 미국에서는 스포츠 협회를 어떻게 운영하는지 궁금해졌어요. 예를 들어, 미국축구협회는 어떤가요? 공공으로 운영되는 협회인가요, 아니면 사립 기관인가요? 연방 정부가 협회를 재정적으로 지원하나요?

뉴먼 교수 미국 축구 연맹The United States Soccer Federation (USSF)은 사회학자 피에르 보르디유가 "경제와 문화 자본이 교차하는 권력의 장"으로 인식한 바로 그것을 구현하고 있습니다. 엄밀히 따지면 사립이지만, 공적 영역과 사적 영역의 경계 공간에서 운영되지요. 더 직접적으로 정부와 관련된 한국과 달리, 미국 축구 연맹과 정부의 관계는 시장 매커니즘을 통해서 중재됩니다. 이는 축구 연맹을 독립적인 기관으로 보이도록 하지만, 실제로는

---

6 Oxford Advanced Learner's English-Korean Dictionary
7 대한축구협회에는 연간 약 300억 원의 국가 재정이 투입된다. 국내 다른 체육협회도 정부 의존도가 높지만 축협만큼 많은 정부 재정이 투입되진 않는다. (2024년 7월 18일 자 한국경제 기사 〈혈세 3000억 쏟아부었는데… 축구협회 '숨겨진 민낯'〉 참고)

조직을 자본주의자들의 권력 구조에 더 깊이 내재화시키죠. 예를 들어, 메이저 리그 축구MLS와 그 다양한 소유권 재산은 미국에서 신수 개발 및 국가대표팀 운영에 아주 큰 역할을 합니다.

김 그렇다면, 미국에서는 국가대표팀 감독을 어떻게 뽑습니까? 채용 과정이 어떻게 되나요?

뉴먼 교수 미국 국가대표 감독들을 채용하는 과정은 사회학자 마이클 슈왈베가 "조작된 게임"이라고 말한 것을 그대로 드러냅니다. 능력주의처럼 보이는 시스템이지만, 실상은 기존의 계층을 조직적으로 재현하는 거죠. 선택 과정에는 보통 기존의 축구계 고위 경영진이 장악한 선발 위원회와 특권적인 접근 권한이 없는 사람들을 종종 제외하는 "전문 네트워크", 기존의 권력 구조를 반영하고 강화하는 자격 요건, 그리고 지배 그룹과 관련된 문화 자본에 특권을 부여하는 비공식적인 심사 과정이 포함됩니다. 이런 시스템은, 노골적인 편견이 없이도 인종 간의 격차가 지속되게 하는 제도적 절차를 영속되게 하지요. 이를테면, "유럽에서의 코치 경력"이나 "프로 축구 선수 경력" 같이 겉으로 보기엔 중립적인 자격 요건들로 인해 미국에서 고위급 축구 코치들은 압도적으로 많은 수의 백인들이 차지하고 있습니다. 이는 미국 역사에 존재했던 불평등으로 인해 특정 인구 집단에 훨씬 더 유리하게 작용하는 기준이지요. 이런 임용 과정은 사회학자 샤론 콜린즈가 "유리 천장"과 함께 언급했던 "유리 장벽"의 전형적인 예입니다. 즉, 승진을 막을 뿐만 아니라, 소외된 계층 출신 지원자들을 덜 명망 있는 역할 쪽으로 유도하는 장벽이지요. 이를테면, 흑인과 라티노 코치들은 고위급 감독으로 고려되기보다는, 유소년 코치나 보조 코치가 되는 쪽으로 유도되는 경우가 많습니다.

김 네포티즘을 방지하기 위한 제도적 장치가 있나요?

뉴먼 교수 네포티즘을 막으려는 정책이 공식적으로 존재하긴 하지만, 사회학자 마크 그라노베터가 말하는 "약한 유대의 힘"에 관한 부분에서는 종종 실패합니다. "약한 유대의 힘"이란 권력과 영향력이 실제로 흐르는 비공식적인 네트워크인맥를 말하죠. 미국의 시스템은 절차적 투명성과 이해의 충돌[8]에 관련된 정책을 중시하지만, 이런 관료적 보호장치가 기존의 권력 구조에 근본적으로 도전하기보다는 그것들을 합법화하는 데 더 큰 역할을 하는 경우도 많습니다.

김 한국에서 일어난 일과 비슷한 사례가 미국에서도 있었습니까?

뉴먼 교수 그레그 벌할터를 미국 남자 국가대표팀 코치로 2018년도에 선임 그리고 2022년에 재선임한 것이 제도권 내의 네트워크가 공식적인 네포티즘 방지 정책을 어떻게 피해 갈 수 있는지를 보여주는 대표적 사례죠. 벌할터가 처음 선임됐을 당시, 그의 형인 제이 벌할터가 미국 축구계의 최고 영업 책임자로서 힘 있는 자리를 차지하고 있었습니다. 명백하게 공익과 사익이 상충하는 상황이죠. 벌할터 선임을 둘러싼 논란은 선발 과정의 불투명성과 고려된 후보자 풀의 제한으로 인해 증폭되었는데, 이는 제도적 권력 구조 내에서의 엘리트들의 순환을 보여줍니다. 이 사건은 특히 더 반향을 일으켰는데, 그 이유는 그것이 이른바 "능력주의 시스템" 안에서 일어난 일이기 때문입니다. 명백하게 네포티즘 방지 정책이 존재하는 맥락 안에서조차도, 가족관계가 전문 네트워크를 통해 어떻게 제도적 힘을 재생산할 수 있는지를 아주 잘 보여주면서 말이죠. 벌할터 임명에 대한 후속 조사와 공개 담론은 고위급 스포츠계 임명에서 "전문적인 능력"과 "인맥

---

8 (사회학) 개인이나 단체가 어떤 이익을 누리고자 다른 행동 동기를 변질시킬 수 있는 복합적인 이해 상황에서 생기는 충돌 (우리말샘 전자사전)
　　필자 주 예를 들어, 공무원이 공익과 사익이 충돌하는 상황에서 사익을 추구하는 것을 막는 정책

으로 얻은 이점"을 구별해야 하는 과제의 중요성을 강조합니다.

스포츠계의 관료 체제는 사회학적 연구를 통해 확인된 여러 매커니즘을 통해 사회적 불평등을 재생산하지요. 문화적 게이트키핑세력을 가진 자가 취사선택하는 것은 특정 코칭 철학일반적으로 유럽식을 다른 것보다 높게 평가하는 것, 지배적인 문화 규범을 반영하는 불문율적인 직업 행동 강령, 기존 사회적 자본을 가진 이들에게 특권을 부여하는 네트워킹 관행으로 나타납니다. 구조적 관성은 현역 지도자들이 자신의 이미지에 따라 후계자를 훈련시키는 자기 영속적 리더십 네트워크인맥, 기존 권력관계에 대한 도전에 저항하는 제도적 기억, 전통적으로 선호되는 배경을 가진 안전한 후보자를 채용하고 싶어 하는 위험 회피 선택 관행 등을 통해 작동합니다.

그뿐만 아니라, 상징적 폭력이 발생하는 방식은 이렇습니다. 전문성 개발 경로를 통해 기존의 계층 구조를 자연스럽게 공고히 하기, 대안적 코칭 접근 방식이나 리더십 스타일을 인정하지 않기, 성과주의를 시스템적 배제를 정당화하는 데 이용하기 등이 그 예입니다. 자원의 분배는 여전히 매우 불평등합니다. 이는 코칭 교육과 자격증 과정에 대한 불균등한 접근성, 지리적·사회적 공간 내에 집중된 영향력 있는 인맥 네트워크, 그리고 코칭 경력으로의 진입 및 발전을 위해 필요한 재정 부족으로 인한 장벽 등을 통해 분명하게 나타납니다.

김 와, 정말로 큰 도움이 되었습니다. 오늘 시간 내어 주셔서 대단히 감사합니다!

뉴먼 교수 천만에요! 아영 씨가 쓰는 글은 현대 스포츠 조직의 제도적 힘과 책임에 관해 중요한 질문을 다루고 있어요. 한국과 미국의 접근 방식을 대조해 보는 것은 다양한 사회가 스포츠 기관 내에서 공익과 사적 권력 사이의 긴장을 어떻게 다루는지를 보여주죠. 한국 모델이 정부가 좀 더 직접적으로 개입하는 것을 보여주는 데 반해, 미국 시스템의 시장 중심적인 접근 방식은 그 나름의 불투명성과 제도를 이용해서 사익을 추구하는 일을 만들어 내기도 합니다.

그레그 벌할터 사건에 대해 알게 되면서, 나는 어느 나라에서든 어떤 제도를 두고 있든, 사람이 마음만 먹으면 어떤 일이라도 벌어질 수 있다는 생각이 들었다. 물론 제대로 된 제도를 만드는 것이 가장 먼저라는 생각에는 변함이 없다. 그러나 그렇게 만들어진 제도를 제대로 작동시키면서 공정하게 일 처리를 해야 하는 주체는 결국 그 조직의 구성원인 사람들이다. 그래서 나는 한국에서도, 또 미국에서도 희망을 본다. 두 사회 모두 더 나은 제도를 만들기 위해서, 그 제도를 악용하는 사람들을 줄이기 위해서 늘 연구하고 논의하고 토론하는 뉴만 박사와 같은 사람들이 존재하기 때문이다. 그런 시선으로 축구협회 청문회를 보게 되니, 그리 답답하지만은 않다.

보수 후보를 향한
아시아계 미국인들의 선택

예상을 빗나간 아시아계 미국인들의 표심

언어 문화 교육학 박사 돈 스노우Don Snow는 문화의 본질은 그 구성원을 둘러싼 물리적 환경physical surroundings보다는 구성원들이 공유하는 마음minds과 생각ideas에 있다고 한다.[1] 이처럼 마음과 생각을 공유하는 같은 문화 사람들끼리 분열하는 현상을 늘 보게 되는 이유는 뭘까? 이를 이해하기 위해, 스노우 박사가 제시하는 구성원들의 마음과 생각, 즉 정신적 구성mental construct의 세 가지 범주를 살펴보자.

---

1 Snow, D. & Campbell, M. (2017). *More than a Native Speaker: An Introduction to Teaching English Abroad.* TESOL International Association. Alexandria.

Shared knowledge: information known in common by group members

Shared views: beliefs and values shared by group members

Shared patterns: shared habits and norms in the ways group members organize their behavior, interaction, and communication[2]

공유되는 지식: 그 문화 구성원들이 공통으로 알고 있는 지식

공유되는 관점: 그 문화 구성원들이 공통으로 가진 믿음과 가치관

공유되는 양식: 그 문화 구성원들이 행동하고 교류하고 소통할 때 공통으로 가진 습관과 규범 양식

이 범주에서 볼 때, 한 문화권에서 공유되는 지식과 양식은 일관되면서도 구체적이고 분명하지만, 관점(믿음과 가치관)은 그렇지 않은 경우가 참 많다. 미국 학생들에게 문화교육론을 가르칠 때마다 학생들이 의문을 표하는 부분도 바로 "공유되는 관점"이다. 모든 (또는 대부분의) 미국인들이 같거나 비슷한 믿음과 가치관을 가졌다고 보는 것은 아무래도 무리라는 것이다. 몇몇 학생들은 미국이라는 나라에 살고 있는 사람들이 얼마나 다양한 믿음과 가치관을 가지고 있는데, 그 속에서 공유되는 관점을 어떻게 찾아야 하느냐고 묻기도 했다. 그럴 때마다 나는 문화 교육에서는 어느 정도의 과잉일반화 overgeneralization가 불가피하다고 가르치면서, 찾아보면 전체 미국인

2 Snow, D. & Campbell, M. (2017). *More than a Native Speaker: An Introduction to Teaching English Abroad.* Alexandria, VA: TESOL International Association.

들이 가진 공통된 가치 이를테면, 언론의 자유나 독립성이 존중되는 것도 있다고 말한다.

학생들에게는 이렇게 가르치지만, 솔직히 나도 이 부분이 좀 애매하다는 생각은 든다. 대부분의 미국인이 가지고 있는 공통된 가치라고 인정되는 것들조차도, 그 속에서 정도의 차이로 관점들이 또 미세하게 달라지기 때문이다. 예를 들어, 절대다수의 미국인이 공유하는 믿음인 언론의 자유freedom of speech를 보자. 언론의 자유가 보장돼야 한다는 것에는 모두가 동의하지만, 그렇다고 인종이나 성차별적 혐오가 담긴 막말을 하는 사람까지 언론의 자유로 보호받지는 못한다. 문제는 그런 극단적인 케이스를 제외한 많은 경우, 대체 어디까지 언론의 자유가 보장돼야 하는지 그 정도의 차이로 사람들의 관점이 또 세세하게 갈라진다는 점이다. 바로 이런 연유로, 지식knowledge이나 양식patterns과는 달리, 관점views은 같은 문화권 사람들끼리도 절대적 공유가 사실상 힘들다는 것이 내가 내린 결론이다. 다시 말해, 같은 문화권 출신이면서도 서로 반목하고 대립하는 이유는 결국 서로 다른 관점 때문이다.

이른바 "깻잎 논쟁(결혼한 사람이 다른 이성이 깻잎 떼는 것을 도와주는 행위에 관한 찬반 논쟁)"을 한번 보자. 우선 다른 나라 사람들과는 "깻잎 논쟁" 자체가 성립이 안 된다. 깻잎이 뭔지 모르고, 설사 깻잎을 알더라도 그걸 액젓 등의 양념을 얹어 절여서 밥반찬으로 먹는 한국인들의 식습관을 모른다. 그뿐인가? 그걸 먹을 때 쇠젓가락으로 한장 한 장 떼어 먹어야 하는 행동 패턴과, 때로 깻잎이 잘 떨어지지 않아서 젓가락질을 잘하는 타인의 도움을 받기도 하는 현상까지 모두 이해해야 비로소 이 논쟁에 참여할 수 있다. 즉, 한국 문화에서만 공유되는 이런 지식shared knowledge과 행동 양식shared pattern으로 인해 한국인끼리만 깻잎 논쟁이 가능하다. 못 믿겠는 분들은 이탈리아 사람이나 쿠웨이트 사람과 깻잎 논쟁을 한번 시도해 보시기 바란다.

이렇게 같은 지식과 양식을 가진 사람들 사이에서 논쟁을 일으키는 요소는 결국 서로 다른 관점shared views: 믿음과 가치관이다. 지식이나 양식과 달리, 관점만큼은 같은 문화와 배경을 가진 사람들끼리도 공유가 안 되는 경우가 허다하기 때문이다. 솔직히 이 문제로 논쟁을 한다는 것 자체가 이해되지 않았지만, 양쪽 말을 다 들어보니 그 속에는 다음과 같은 꽤 다양한 믿음과 가치관이 복잡하게 얽히고설켜 있었다.

- ◆ 결혼 후에는 다른 이성과 내외해야 하는가? 아니면, 남자와 여자는 친구가 될 수 있는가?
- ◆ 결혼 후에도 남사친, 여사친을 갖는 것이 괜찮다면, 그들과 어느 정도 선까지 친밀하게 지낼 수 있는가?
- ◆ 깻잎 떼는 것을 도와주는 것은 친밀한 행위인가? 만약 그렇다면, 어느 정도

의 친밀도가 내포된 행위인가?

◆ 깻잎 떼는 것을 도와주는 것은 사적인 감정이 들어 있는 행위인가? 아니면, 그런 행동에 감정이 들어 있다고 생각하는 게 과잉 반응인가?

◆ 남자든 여자든 눈앞에서 도움이 필요한 사람이 있으면 무조건 도와줘야 하는 것 아닌가? 이건 배려심의 문제다.

◆ 부부는 기본적으로 서로 신뢰해야 한다. 그렇게 배우자를 못 믿으면서 왜 함께 사는가? 의처증(또는 의부증)도 일종의 병이다.

◆ 배우자라면 서로를 편안하게 해 줘야 한다. 이런 일로 다투자는 건 지나치게 피곤한 성격이다.

겨우 깻잎 논쟁 하나로도 갖가지 믿음과 가치관이 교차하면서 이토록 찬반양론이 갈린다는 사실은, 같은 문화권에서 나고 자란 사람들이라도 갈등하고 대립하고 반목하는 현상이 지극히 자연스러운 것임을 시사한다. 그리고 이런 현상이 가장 극심하게 나타나는 분야는 단연 정치일 것이다.

2024년 11월 5일에 치러진 미국 대선에서 도널드 트럼프Donald Trump가 카멀라 해리스Kamala Harris를 큰 격차로 꺾고 제47대 미국 대통령으로 당선되었다. 트럼프가 대통령으로 당선될 수 있었던 배경에는 트럼프에게 표를 던진, 결코 적지 않은 아시아계 미국인들도 존재한다. 사실이든 아니든, 트럼프는 많은 이들에게 인종차별주의

자로 알려져 있다. 나는 아시아계 미국인을 포함한 유색 인종은 트럼프를 지지하지 않을 거로 생각하는 한국인들을 참으로 많이 만났다. 하지만 똑같이 미국에서 나고 자란 한국계 미국인이라고 해서 정치적 성향마저 같을 거로 생각하는 건 오류다. 미국에서 나고 자란 한국계 미국인으로서 지식과 양식은 공유할 수 있어도, 믿음과 가치관은 사람에 따라 충분히 달라질 수 있기 때문이다. 결국, 개인의 믿음과 가치관에 따라 한 사람의 정치적 성향이 결정되는데, 이는 정치인 트럼프에 관한 관점도 마찬가지다. 지금부터는 아시아계 미국인들이 트럼프를 선택한, 또는 선택하지 않은 이유와 그들이 그런 관점을 갖게 된 각각의 배경을 알아보자.

먼저, 트럼프를 지지하지 않는 아시아계 미국인들의 이야기부터 들어보자. 미국에 사는 아시아인으로서 트럼프가 대통령이 되는 것을 반드시 막아야 한다고 주장했던 이들 중에는 존 티엔John Tien 전 미국 국토안보부 차관Deputy Secretary of Homeland Security도 있다. 그는 트럼프가 다시 대통령이 되면 아시아인을 향한 혐오 범죄Anti-Asian hate crimes가 증가할 것이라며, 다음 칼럼을 미주 한국일보에 기고했다.

> 2020년 봄, 저는 애틀랜타 집 근처 주유소에서 차에 기름을 넣고 있었습니다. 그때 큰 트럭이 가까이 다가왔습니다. 한 남자가 내려서 저를 가리키며 소리쳤습니다. "네 코로나를 갖고 집으로 돌아가!"

중국계 미국인으로서, 저는 불행히도 제 인생에서 그런 순간을 여러 번 경험했습니다. 하지만 이번 경험은 달랐습니다. 그 남자가 제가 24년 동안 미군으로 복무했던 나라의 대통령이 한 말을 반복하고 있었기 때문입니다. 저는 주유기를 잠그고, 차 창문에 비친 제 모습을 잠깐 바라보았습니다. 깊게 숨을 쉬고 그를 마주했습니다.

"어떤 '집'을 말씀하시는 건가요, 선생님?" 제 목소리는 예상보다 더 크고 깊었습니다. 가족들은 이를 '대령 목소리'라고 부릅니다. "바로 길 아래에 있는 내 집을 말하나요? 아니면 제가 태어난 코네티컷주 뉴헤이븐 쪽의 집을 말하나요? 거기는 한동안 가 보지 못했어요. 아니면 이라크에서 복무할 때 제가 배치되었던 군 기지를 말씀하시는 건가요?"

그 남자는 놀란 표정을 지었습니다. 상황이 뒤바뀐 것이었습니다. 제가 그에게 맞설 것이라고는 전혀 예상하지 못했던 듯했습니다. 이제 그는 위협을 느끼는 사람이 되었고, 제 의도는 단지 이 괴롭힘에 맞서기 위함이었습니다. 그는 아무 말도 하지 않았습니다. 모자를 낮추고 다시 트럭에 올라타서 떠났습니다.

주유소로 돌아가며 저는 한숨을 내쉬었습니다. 그 순간, 팬데믹 동안 외출할 때마다(식료품을 사러, 약을 사러, 신선한 공기를 마시러 산책하러 나갈 때마다) 군복을 입기로 결심했습니다. 그것이 제 체격과 함께(저는 키가 크고 건장한 남자입니다) 방패가 되어 줄 것입니다. 하지만 도널드 트럼프가 대통령이던 동안, 수백수천 명의 다른 아시아인들과 아시아계 미국인들은 그런 방패가 없었습니다.

2020년 3월 19일부터 2021년 12월 31일까지, Stop AAPI Hate가 수집한 데이터에 따르면 아시아계 미국인 및 태평양 섬 주민들을 대상으로 한 증오 범죄가 총 10,905건 발생했습니다. 이 단체는 COVID-19 팬데믹으로 인해 증가한 외국인 혐오와 편견에 대응하기 위해 설립되었습니다. 그리고 이는 보고된 사건들만 포함된 숫자입니다. 아시아인 노인들은 가장 큰 위험에 처해 있었고, 종종 자신을 방어할 수 없었습니다. 그들은 지하철, 건물 로비, 그리고 거리에서 무차별적으로 폭행당했습니다. 팬데믹 초기에 특히 잊히지 않는 사건이 있습니다. 2020년 4월, 브루클린에서 39세의 아시아계 여성이 쓰레기를 버리러 나갔을 때, 이웃이 끓는 기름을 그녀에게 던졌습니다. 그녀는 얼굴, 목, 어깨, 등 부위에 케미컬 화상을 입었습니다. 그의 대통령 임기 동안과 이후에 도널드 트럼프는 이 혐오를 자극하고 무의미한 폭력을 조장했습니다. 2021년 1월 6일의 반란은 트럼프가 직접 선동한 사건으로, 미국 국회의사당에 대한 공격뿐만 아니라 민주주의와 법치에 대한 공격이었습니다. 이 사건으로 인해 의회 경찰이 부상을 당했고, 그중 일부는 결국 사망에 이르렀습니다. 그 여파는 몇 달 후, 2021년 3월 16일 애틀랜타에서 발생한 총격 사건으로 이어졌습니다. 총을 든 사람은 여러 아시아 마사지 업소를 겨냥해 아시아계 여성 여섯 명을 포함해 여덟 명을 죽였습니다. 트럼프의 대통령 임기는 우리나라 수백만 아시아계 미국인에게 두

려움과 트라우마를 심어 주었습니다. 저의 어머니도 그랬습니다. 그녀는 버지니아의 한 수녀원에서 자란 중국 고아 출신이었습니다. 제 어머니는 백신이 공급되기 불과 며칠 전 COVID-19로 세상을 떠났습니다. 그녀는 마스크를 쓰고, 거리 두기를 하며, 손 소독을 했습니다. 그러나 아팠습니다. 저는 종종 트럼프가 건강 관리 당국의 지침을 무시하라고 부추긴 부주의한 태도가 대중의 안전을 위협하고 불안을 초래했던 것을 떠올립니다.

어머니의 삶 마지막 해, 그녀는 외출하는 것이 두려웠습니다. 모두 트럼프 때문이었습니다. 그럼에도 불구하고, 그녀는 여전히 이 나라와 미국의 꿈의 약속을 믿었습니다. 그녀는 제가 미군 대령으로 퇴역하고, 빌 클린턴과 버락 오바마 두 대통령 하에 무역대표부 및 백악관 국가안보회의에서 일한 것을 자랑스러워했습니다. 그녀가 단 한 해만 더 살아서 제가 국토안보부 차관으로 취임하는 것을 볼 수 있었으면 참 좋았을 것입니다.

제가 아내와 딸들에게 주유소에서 일어난 일을 이야기했을 때, 저는 그들에게 항상 안전을 최우선으로 하되, 미국에 대한 낙관적인 마음을 잃지 말라고 부탁했습니다. 저는 제 두 하프 중국계 미국인 딸들을 위해 더 나은 미래를 원합니다. 저는 증오를 바탕으로 경력을 쌓는 정치인에게 목소리를 주지 않는 나라를 원합니다. 저는 제 딸들이 주머니에 페퍼 스프레이를 가지고 다니지 않아도 되고, 할머니처럼 생긴 여성이 길에서 공격당할까 걱정하지 않는 나라를 원합니다.

그들이 전투 경험이 있는 아버지인 저에게 전화를 걸어 집에 안전하게 있으라고 애원하지 않아도 되는 나라를 원합니다.

저는 성인 삶의 대부분을 우리의 위대한 국가를 방어하고, 우리 각자와 사랑하는 모든 사람의 안전과 안보를 보장하기 위해 봉사해 왔습니다. 그러나 도널드 트럼프가 다시 대통령이 된다면, 우리는 다시 폭력과 혐오의 위협에 직면할 것이라고 장담합니다. 우리는 트럼프 하의 공포와 테러의 시대로 돌아갈 수 없습니다. 희망, 낙관주의, 그리고 모두를 위한 기회를 원하신다면 카멀라에게 투표해 주세요.[1]

중국계 미국인인 존 티엔 전 차관의 글에는 사실 별로 새로운 내용은 없다. 코로나 팬데믹이 중국에서 시작됐다는 이유로, 중국인, 그리고 그들과 비슷하게 생긴 모든 아시아인이 미국과 유럽에서 갖가지 증오 범죄의 타깃이 됐다는 사실은 한국 뉴스에도 이미 여러 차례 보도된 바 있다. 트럼프가 45대 대통령으로 재직할 당시 그가 코로나를 "Chinese virus"라고 불렀다. 그의 말처럼 코로나 바이러스가 중국에서 시작된 것은 맞지만 그런 그의 언행 이후에 아시아인을 대상으로 하는 증오 범죄가 늘어난 것 또한 사실이다. 아시아계 미국인들 중에는 트럼프의 그런 언행과 아시안 증오 범죄 증가 사이에 연관성이 있다는 사람도 있고 또 없다는 사람도 있다. 다만, 내가 지

---

1   2024년 10월 03일자 미주 한국일보Korea Times 특별기고문

적하고 싶은 점은, 그 연관성을 떠나서 그 후 아시아인 대상 증오 범죄가 늘어난 것만큼은 부정할 수 없다는 점이다. 이로 인해, 수많은 아시아계 미국인들이 트럼프를 지지하지 않게 되었다. 물론 트럼프라는 정치인의 갖가지 정책에 반대에서 그를 지지하지 않는 아시아인들도 많다. 여성의 권리를 제한하는 낙태 금지 법안, 동성애자의 권리를 보장하지 않는 성 소수자 인권 문제, 반환경 정책 등, 자신의 가치관에 반하는 이런 정책들을 내세우는 트럼프를 지지할 수 없다는 아시아계 미국인들도 다수다. 어찌 됐든 트럼프가 대통령이 되는 것을 반드시 막아야 한다는 아시아계 미국인들 사이에서 가장 보편적으로 공유되는 관점을 단 한 가지만 들라고 한다면, 인종 차별로 보이는 트럼프의 언사와 행실일 것이다.

그렇다면, 이제 트럼프를 지지하는 아시아계 미국인들의 이야기도 들어 보자. 먼저, 한국 독자들이 반드시 알아야 하는 사실은 트럼프를 지지하는 아시아인이라고 해서 트럼프라는 사람을 좋아하는 것은 결코 아니라는 점이다. 내가 보기에 트럼프에게 표를 던진 아시아인들은 크게 세 부류로 나뉜다. 인간적으로는 트럼프가 싫지만, 트럼프가 펼치는 주요 정책에는 찬성하는 사람들. 해리스가 이끄는 민주당의 "극단적으로 진보적인(내 표현이 아니라, 그들의 표현이다)" 정책에 반기를 드는 사람들. 마지막으로 트럼프도 싫지만, 해리스는 더 싫은 사람들.

해리스를 싫어하는 아시아인들은 해리스의 언행을 문제 삼기보다
는 대체로 해리스가 이끄는 민주당의 진보적인 정책에 반감이 있
는 듯하다. 요약하면, 인간적으로 좋아하기 힘든 캐릭터를 가진 트
럼프에게 표를 던진 아시아계 미국인들은 민주당의 정책보다는 공
화당의 정책에 훨씬 더 찬성해서 그런 선택을 했다고 봐야 할 것이
다. 그들이 문제 삼는 "극단적으로 진보적인" 민주당 정책의 예로,
2023년 캘리포니아에서 통과시킨 LGBTQ[2] 청소년 보호법이 있다.
캘리포니아에서 민주당이 통과시킨 이 법안에 따르면, 캘리포니아
주의 학부모들은 12세 이상의 미성년자 자녀에게 남자와 여자를 구
분 짓는 성 정체성 교육이 금지된다. 예를 들어, 캘리포니아에서 성
정체성에 혼란이 온 아들에게 "넌 남자야."라고 말하면 아동학대로
간주된다. 또, 12세 이상의 미성년자가 자신을 성 소수자라고 생각
할 경우, 부모 몰래 성 정체성 상담이 제공되며, 아이가 원하면 부모
동의 없이 동성애자들만 모여 있는 미성년자 시설로 보내진다.[3] 전
체적으로 진보적 성향인 나도 찬성하기 힘든 이 법안을 캘리포니아
의 민주당 의원들이 통과시켜 버렸으니, 보수 성향의 유권자라면 흑
인, 백인, 아시아인 할 것 없이 모두 민주당을 비판하는 게 어찌 보면
당연한 것 같다. 더군다나 한국계 미국인 중 상당수는 교회나 성당

---

2 LGBTQ: 성 소수자(lesbian(여성 동성애자), gay(남성 동성애자), bisexual(양성애자),
   transgender(성전환자), queer(성 소수자 전반) 혹은 questioning(성 정체성에 관해 갈등하는 사
   람)) → 국제언어대학원대학교 신어사전 참고
3 2023년 8월 23일 자 MBC America News 참고

을 다니는 기독교인이다. 교회나 성당을 중심으로 한인 커뮤니티가 형성되어 있기 때문이다. 기독교인으로서는 인종을 불문하고 이런 법안에 거부 반응을 보일 것이다. 지도자로서 존경하기 힘든 트럼프의 사람 됨됨이에도 불구하고 그에게 표를 던진 아시아계 미국인들은 바로 민주당의 이런 정책 때문에 어쩔 수 없이 트럼프를 선택했다고 항변한다.

아시아계 미국인이 지금의 민주당에 반감이 있는 또 다른 이유를 들어보자. 다음은 보수주의 정치 활동가인 찰리 커크Charlie Kirk가 켄터키 대학University of Kentucky에서 학생들과의 만남을 가졌을 때, 어느 한국계 미국인이 와서 한 말이다.

Ethan My name is Ethan. I'm a refugee from California. I just got here maybe October. (중략) My question is that I'm a second generation Korean-American. Now I'm a proud Kentuck Korean. (중략) I had to leave California. It got so bad; the crime went through the roof, especially with the black-lives-matter riots. My neighbors were getting assaulted. Korean friends of mine were getting attacked on the streets.

Charlie Kirk It's a big problem. Black on Asian crimes. No one wants to talk about it.

Ethan Yeah, really. No one wants to talk about that. We're supposedly part of the minority, and we completely disagree on a lot of what the left is doing. So, my question is what my grandmother and my mother saw in California when they came over here, which is no longer like that, how do I, as an individual, help keep that from happening in Kentucky, and how do conservatives in general keep that from happening in their own states?[4]

이단 제 이름은 이단입니다. 캘리포니아 출신 난민이고요. (캘리포니아가 살기 힘들어져 떠났다는 사실을 유머러스하게 표현함-필자 주) 저는 이곳(켄터키)에 10월 쯤 왔습니다. (중략) 제 질문은…저는 한국계 미국인 2세인데요, 이제는 자랑스러운 한국계 켄터키인이지요. (중략) 저는 캘리포니아를 떠나야만 했습니다. 살기가 너무 나빠졌거든요. 범죄율이 급증했는데, 특히 BLM(흑인 인권 운동) 시위가 폭동으로 번지면서 더 그렇게 됐어요. 그들에게 제 이웃들이 폭행을 당했어요. 제 한국계 친구들은 여기저기 거리에서 공격을 당했고요.

찰리 커크 그거 정말 큰 문제입니다. 아시아인들을 향한 흑인들 범죄요. 그

4 2023년 4월 27일 Charlie Kirk Debates College Students At The University Of Kentucky: Charlie Kirk Debates College Students At The University Of Kentucky *full video* – YouTube

런데도 아무도 그에 대해 말하기 싫어하죠.

이단 정말 그래요. 아무도 그에 관한 이야기를 안 하고 싶어 해요. 우리도 소수 인종이지만, 좌파들이 지금 하고 있는 많은 일들에 매우 반대합니다. 그러니까, 제 질문은 제 할머니와 어머니가 캘리포니아에 처음 오셨을 때 보셨던 것들, 지금의 캘리포니아는 더 이상 그런 곳이 아니잖아요. 켄터키에서는 그런 일이 일어나지 않게 막을 수 있도록, 제가 한 개인으로서 도울 방법이 뭘까요? 보수주의자들이 그들 각자의 주에서 캘리포니아처럼 되지 않게 하려고 어떻게 하고 있나요?

이단 씨의 말에 전적으로 동의하는 것은 아니다. 하지만 이단 씨처럼 캘리포니아를 떠나 타주로 이주하는 사람들이 점점 더 늘고 있는 것은 사실이며, 미국인들은 이를 "California exodus캘리포니아 대탈출"라고 부른다. 미국 전역에서 일어나는 이사, 이동, 부동산에 관한 칼럼을 쓰는 다니 제임스Dani James는 "미국인들이 캘리포니아를 떠나는 9가지 이유Top 9 Reasons Why People Are Moving Out of California"라는 글을 썼는데, 그중 두 가지가 이단 씨가 떠난 이유와 같아 보인다. 바로 중도 성향의 유권자들이 보기에도 지나치게 진보적인 정치와 정책, 그리고 강력 범죄의 증가이다.[5] 더욱 흥미로운 사실은, 미국 인구 조사국 United States Census Bureau에 따르면, 캘리포니아를 떠난 사람들이 가장

---

5 2024년 1월 1일 〈Top 9 Reasons Why People Are Moving Out of California〉 By Dani James

많이 이주한 주가 미국에서 보수적이기로 소문난 텍사스라고 한다.[6] 이는 현재 미국 사회에 이단 씨와 생각의 결이 비슷한 사람들이 적지 않음을 보여주는 통계 수치가 아닐까 싶다.

2024년 대선 투표를 한 플로리다 거주 한국계 미국인 두 사람의 이야기도 들어보자.

I voted against Donald Trump for many reasons including his support for disastrous policies and the issues I had with his past term from 2017 - 2021. As an Asian American, I cannot vote for someone whose anti-Asian rhetoric and acts of blatant racism, especially during the COVID-19 pandemic, reflect and promote a movement that led to a rise in hate crimes and violence against Asian Americans. Moreover, he has shown his true character in many ways: by leading an insurrection that betrayed a peaceful transfer of power, by mishandling foreign and domestic relations, by restricting access to healthcare, by undoing the economic and environmental progress led by former President Obama, by separating families at the border, and by infringing on the rights of women, LGBTQ, and minority populations.

Michael Hong

6 2024년 10월 31일 「Forbes」 기사 〈Why Are People Leaving California? Stats That May Surprise You〉 참고

저는 도널드 트럼프를 뽑지 않았는데, 그것은 그가 밀었던 형편없는 정책들과 또 그의 지난 임기(2017-2021) 동안 제가 겪었던 문제들을 포함한 많은 이유 때문입니다. 아시아계 미국인으로서, 특히 코비드 팬데믹 시절에 아시아인들을 향한 혐오 발언과 노골적인 인종 차별 행위를 드러내서 아시아계 미국인들을 향한 증오 범죄와 폭력이 증가하도록 부추긴 사람을 저는 뽑아줄 수 없습니다. 그뿐만 아니라, 그는 다양한 방식으로 자신의 본성을 보여줬습니다. 평화로운 권력 이양을 저버린 반란을 주도함으로써, 대외 및 국내 관계를 잘못 다룸으로써, 국민들에게 의료 서비스 접근을 제한함으로써, 오바마 전 대통령의 주도로 진행된 진보된 경제와 환경 정책들을 모두 무효화함으로써, 미국 국경에서 아이들을 부모들과 떼어놓음으로써(트럼프 행정부가 불법 체류자들을 통제하기 위해 사용했던 방식 - 필자 주), 그리고 여성들, LGBTQ, 소수 집단의 권리를 침해함으로써 말이죠.

마이클 홍 (한국명: 홍성원)

First of all, I'd like you to know I do not like Donald Trump as a person. No one thinks he has a likable personality. However, I'm not selecting a friend. I'm selecting a president. As a Catholic Christian, I disagree with the majority of the current Democratic policies, so I voted against the Democratic party. I'm pro-life and also against the LGBTQ policies that Democrats are pushing. Look at the trans youth bill California has passed; in my opinion, the current Democrats are too extreme. I also disagree with Democrats' unrealistic environmental policies; for example, they've introduced a sweeping bill to drastically reduce plastic production but don't suggest realistic alternatives. I know climate change is a serious threat to all of us, and we should do something about it; however, is it even possible to stop using plastic in the current manufacturing systems? They try to make a drastic change like this but have failed to come up with reliable alternative solutions; that's why I'm not convinced by their arguments. Most of all, due to Biden administration's lousy immigration policies, too many illegal immigrants crossed the border to this country, which is a serious threat to Americans. For all these reasons, I voted for Trump.

Paul Ji-won Chang (한국명: 장지원)

가장 먼저 제가 도널드 트럼프를 인간적으로 좋아하는 건 아니라는 사실을 아셨으면 좋겠습니다. 그가 호감 가는 성격을 가졌다고 생각하는 사람은 아무도 없습니다. 하지만 저는 지금 친구를 선택하는 것이 아닙니다. 대통령을 선택하는 거예요. 가톨릭 신자로서, 저는 현 민주당 정책의 대부분에 반대하기에 민주당을 떨어뜨리기 위해 트럼프에게 표를 줬습니다. 저는 낙태 합법화에 반대하며, 현 민주당이 밀고 있는 LGBTQ 정책들에도 반대합니다. 캘리포니아에서 민주당이 통과시킨 청소년 트랜스 젠더 법안(12세 이상의 청소년이 자신이 트랜스 젠더라고 생각해서 성(性)을 바꾸는 치료를 받고 싶을 때, 부모가 그에 반대할 수 없는 법)을 한번 보세요. 제 생각에, 지금의 민주당은 너무 극단적입니다. 저는 또한 민주당의 비현실적인 환경 정책에도 반대합니다. 예를 들어, 그들은 플라스틱 생산을 급격하게 줄이는 대대적인 법안을 내놓았지만, 그에 따른 현실적인 대안을 제시하지 못하고 있습니다. 저는 기후 변화가 우리 모두에게 심각한 위협이라는 걸 알고 있으며, 그에 대한 조치를 취해야 한다고 생각합니다. 그렇지만, 현 제조업계 시스템에서 플라스틱 사용을 중지하는 것이 가능하긴 합니까? 민주당은 이런 급진적인 변화를 시도하면서도 제대로 된 대안을 제시하는 데는 실패했습니다. 바로 그런 이유로, 저는 그들의 주장이 설득력이 없다고 생각하고요. 무엇보다도 바이든 행정부의 형편없는 이민 정책으로 인해, 너무나도 많은 불법 이민자들이 국경을 넘어 이 나라로 들어왔는데, 그건 미국인들에게 심각한 위협입니다. 이런 모든 이유로, 저는 트럼프를 뽑았습니다.

폴 지원 장 (한국명: 장지원)

홍성원 씨와 장지원 씨는 모두 플로리다주의 같은 도시에서 나고 자랐으며 성별까지도 똑같은 비슷한 연령대의 한국계 미국인들이다. 그런데도 서로의 관점이 이토록 다르다는 사실은 참으로 흥미롭다. 아무리 같은 배경과 문화로 인해 지식knowledge과 양식patterns을 공유하는 사이더라도, 개인의 관점views만큼은 얼마든지 다를 수 있음을 시사하는 대목이다. 바로 이런 이유로, 그 누구와도 정치나 종교 이야기는 하지 않는 것이 현명하다고들 하나 보다. 그렇지만 개개인의 관점이 다를 수 있는 것과 마찬가지로, 한 개인이 가지고 있는 관점 또한 살면서 다양한 경험을 통해 충분히 달라지는 것을 우리는 종종 목격한다. 그래서 트럼프 대통령의 두 번째 임기가 끝난 후에는 아시아계 미국인들이 또 어떤 관점들을 갖게 될지 나는 벌써부터 궁금해진다.

미국에서 정치적 쟁점이 돼 버린 기후 변화 문제

기후 변화를 대하는 미국인들의 태도

2022년 4월 6일, 26개국에서 온 천 명이 넘는 과학자들은 체포될 각오를 하고 미국 JP모건 체이스 은행 본사 앞에서 시위를 했다. 기후 변화의 위험성을 알리기 위해서였다. 화석 연료 사업에 전 세계에서 가장 많은 돈을 투자하는 체이스 은행의 정문에 과학자들은 쇠사슬로 자신들의 손과 몸을 묶었다. 그리고 나사NASA: 미국 항공 우주국 소속 기후 과학자인 피터 칼무스Peter Kalmus 박사가 연설을 시작했다.

"I'm here because scientists are not being listened to. I'm willing to take a risk (of getting arrested) for this gorgeous planet and for my sons."

제가 오늘 이곳에 있는 이유는 사람들이 과학자들의 말을 전혀 듣고 있지 않기 때문입니다. 이 아름다운 행성(지구)을 위해서, 그리고 내 아들들을 위해서, 저는 오늘 (체포될) 위험을 기꺼이 감수하고 행동하겠습니다.

"내 아들들을 위해서"라고 말하는 부분에서 그는 흐느끼기 시작했지만, 힘겹게 눈물을 삼키고 계속해서 연설을 이어갔다.

"We've been trying to warn you guys for so many decades that we're heading towards a f****** catastrophe, and we end up being ignored. The scientists of the world are being ignored. And it's got to stop. We're gonna lose everything. And we're not joking. We're not lying. We're not exaggerating. This is so bad, everyone, that we're willing to take this risk."

우리 과학자들은 우리 모두가 끔찍한 재앙을 향해 가고 있다는 사실을 여러분에게 수십 년 동안 경고해 왔지만, 우리 말은 결국 무시되고 있습니다. 전 세계 과학자들의 말이 모두 무시되고 있습니다. 이제 더 이상 이렇게는 안 됩니다. 우리 인류는 모든 것을 잃을 겁니다! 우리는 지금 농담을 하는 게 아닙니다. 우리는 거짓말을 하는 게 아닙니다. 우리는 과장해서 떠벌리고 있는 것도 아닙니다. 지금 상황은 너무나도 나쁩니다, 모두 들으세요, 상황이 너무 나빠서 우리가 이런(체포될) 위험을 기꺼이 감수하고 여기서 시위하고 있는 겁니다.

항의 시위를 하던 과학자들은 결국 체포되었지만, 그들이 전하고자 하는 메시지는 트위터 등을 통해 수많은 미국인에게 전달되었다.

본론으로 들어가기 전에, 나는 "기후 변화"라는 주제로 글을 쓸 자격이 전혀 없는 사람이라는 사실을 먼저 밝히고 싶다. 기후학자도 아니고, 과학자도 아니며, 심지어 스스로를 "과알못(과학을 알지 못하는 이)"이라고 생각하는 사람이다. 그렇지만 물리학자인 김상욱 교수가 이 주제로 강연을 하면서, 기후 변화와 환경 문제는 기후학자들뿐만 아니라 모든 분야의 사람들이 각자의 관점에서 이야기해야 하는 주제라는 말에 설득되어, 이 글을 쓰기 시작했다. 일단 과알못인 내가 이해해서 쉽게 풀어 쓴다면, 누구든 이 주제를 이해할 수 있는 글이 되지 않을까 하는 생각이 들었다. 또 김경일 교수가 심리학자의 관점[1]에서, 장항석 교수가 외과 의사의 관점[2]에서, 송길영 박사가 빅데이터 전문가의 관점[3]에서 이 문제를 다뤘듯이, 나는 영어와 미국 문화를 가르치는 처지에서 이 문제를 논하려 한다. 그래서 여기에서는 기후 변화와 관련해 누구나 알아야 하는 기초적인 지식과 더불어,

---

1 김경일 교수 | 왜 우리는 기후 변화를 무서워하지 않을까? 환경의 중요성을 간과하는 인간의 심리 [환경읽어드립니다]
2 장항석 교수 | 꾸준히 증가하는 암, 환경 오염 때문일까? 인류 문명의 대전환을 가져다준 질병 대란 [환경읽어드립니다]
3 송길영 박사 | 요즘 사람들이 환경운동을 한 뒤에 꼬옥~ 한다는 '이것'? 빅데이터로 알아보는 환경 트렌드 [환경읽어드립니다]

현재 이 사안을 둘러싼 미국 내의 사회, 문화적 현상을 함께 다룰 것이다.

우리는 어릴 적부터 "지구 온난화"라는 말을 수도 없이 듣고 자랐지만, 머지않은 미래에 지구 온난화가 인류의 존재 자체를 위협할 정도의 기후 위기를 가져올 수도 있다는 사실은 여전히 많은 사람이 인지하지 못하는 듯하다. 산업 혁명이 시작되면서 인류는 온실가스[4]인 이산화탄소를 본격적으로 배출하기 시작했고, 그렇게 우리는 지구 평균 기온을 100년 만에 섭씨 1도 이상 올렸다고 IPCC[5] 과학자들은 보고한다. 구석기 시대에서 신석기 시대로 넘어갈 때 만 년 동안 고작 4℃가 올랐다[6]는 사실을 고려해 보면, 우리 인간이 얼마나 엄청난 속도로 지구 온도에 변화를 일으켰는지 쉽게 이해할 수 있다. 생태학자들은 이런 빠른 변화에 적응하지 못해 멸종되고 있는 수많은 동식물로 인해 생태계가 빠른 속도로 무너지고 있으며, 종국에는 우리 인류의 생존까지 위협받게 될 수 있다고 여러 차례 경고해 왔다.

---

4 온실가스: 지구의 대기 속에 있으면서 땅에서 복사되는 태양 에너지를 일부 흡수하여 온실 효과를 일으키는 기체로 이산화탄소, 메탄, 프레온 등을 이른다. 온실효과란 대기 중의 수증기나 이산화탄소, 오존 따위가 지표로부터 우주 공간으로의 적외선 복사를 대부분 흡수하여 지표의 온도가 올라가는 일을 말한다. (DAUM 국어사전)
5 Intergovernmental Panel on Climate Change: UN 산하 기후 변화에 관한 정부간 협의체
6 알릴레오 북's 46회: 지구는 멸망하지 않는다?!/지구를 위한다는 착각 – 조천호, 이정모

가장 무시무시한 사실은 이 온도 상승이 지금과 같은 속도로 계속 진행된다면, 현재의 자연을 지탱하고 있는 모든 균형이 곧 다 깨져 버리면서 지구 환경을 급격하게 변화시키는 임계점tipping point[7]에 다다른다고 한다. 2013년에는 IPCC 기후학자들이 이를 지구 평균 기온이 2도가 상승하는 지점이라고 봤다. 하지만 2018년 IPCC 총회에서는 훨씬 더 많은 데이터에 근거해, 과학자들은 이 임계점이 1.5도 상승 지점이라는 것으로 다시 합의를 봤다. 크리스토퍼 필드 Christopher Field 전 IPCC 실무그룹 공동의장과 대기 과학자 조천호 박사는 일단 임계점을 넘으면 지구가 스스로 기온을 마구 올리기 시작한다고 한다.[8] 즉, 그때 가서는 탄소 배출을 완전히 멈추더라도 소용이 없다는 말이다. 그때부터는 우리가 아무것도 안 해도, 지구가 스스로 "자기 증폭적"으로 무섭게 기온을 올리기 시작하기 때문이다. 일단 임계점을 넘기면 인간이 그 어떤 노력을 해도 아무 소용이 없다는 말에 나는 공포심이 일었다. 조천호 박사는 현재 우리가 처한 이 기후 변화 문제가 지금까지 인류가 겪은 다른 위기와의 가장 큰 차이점은 바로 이 "회복 불가능성"에 있다고 지적한다.[9]

---

7 Tipping Point(임계점)는 IPCC 총회에서 20년 전에 처음으로 소개된 개념으로, 처음에는 기후학자들이 지구 평균 온도가 5도씨 상승하는 지점으로 봤다. 그러나 2018년 IPCC 총회에서는, 대부분의 기후학자들이 이를 1도씨에서 2도씨 사이로 봤고, 그 결과 2023년 현재 1.5도씨로 합의를 본 상태라고 한다. – State of the Planet 〈How Close Are We to Climate Tipping Points?〉 참고

8 KBS 다큐멘터리 기후변화 특별 기획 4부작 〈붉은 지구〉 1부 엔드 게임 1.5℃

9 2021년 1월 5일 자 〈경향신문〉 기사 참고

IPCC 기후학자들에 따르면, 현재의 기온 상승 속도로는 늦어도 2030년이면 그 임계점(1.5도 상승)에 다다를 것이라고 경고한다. 국제 학술지 〈네이처〉의 설문 결과에 따르면, 바로 이런 이유로 기후 과학자 10명 중 8명은 죽기 전에 기후 변화로 인한 파국을 볼 것 같다는 견해를 갖고 있다고 한다.[10] 그래서 이를 필사적으로 막으려고 과학자들이 여기저기서 목소리를 높이고, 급기야는 JP모건 체이스 은행 본사 앞에서 대규모 시위까지 하게 된 것이다. 혹시라도 1.5도나 2도가 작은 차이로 느껴지는 분들은 빙하기의 지구 평균 기온이 어땠는지 한번 찾아보시기를 바란다. 〈플래닛타임즈〉에 따르면, 지구의 마지막 빙하기였던 2만 년 전 지구 평균 기온은 지금보다 약 4℃가량 낮았다고 한다. "극심한 추위와 북아메리카 대륙의 상당 부분이 얼음으로 완전히 뒤덮여 있던 그 시기를 만들어 낸 온도 차"가 고작 4℃이었다니![11]

임계점이 넘으면 우리한테 대체 무슨 일이 벌어지길래, 전 세계 과학자들이 이렇게들 난리를 치는 것일까? 일단 기후 전문가가 아닌 우리도 쉽게 생각해 볼 수 있는 것은, 우리 인류가 극단적인 날씨로 인해 고통받을 수 있다는 점이다. 살인적인 불볕더위, 폭우로 인한 대홍수, 무시무시한 초강력 태풍 등은 우리 인간이 자연재해 앞에

10 〈동아 사이언스〉 2021년 11월 2일 자 기사 참고
11 〈플래닛타임즈〉 기사 〈지구 평균 온도 1도가 변한다는 것은 어떤 의미일까?〉

서 한없이 나약한 존재라는 사실을 재차 일깨운다. 일례로, 2022년 8월 파키스탄에서는 3개월 이상 지속된 엄청난 폭우로 인한 내홍수로 국토의 3분의 1이 물에 잠겼다. 그 결과, 1,300명 이상이 사망했으며, 국민의 15% 이상이 삶의 터전을 잃어버렸다. MBC 뉴스데스크는 이를 보도하면서, 이 사태가 IPCC 보고서와 정확하게 일치한다는 점을 지적했다. 기후학자들이 지구 온난화로 인해 물이 사라지는 지역과 폭우가 집중되는 지역을 예측했는데, 대홍수로 엄청난 피해를 본 파키스탄이 바로 폭우가 집중되는 주요 지역 중 하나였다.[12] 이런 극단적인 날씨가 잦아지면, 사람들이 위험에 처하는 것도 문제지만, 농사도 거의 불가능해진다. 그것은 곧 식량난으로 연결될 것이다. 또한 높은 온도로 인해 거대 빙하가 녹으면서 해수면 상승 속도도 점점 더 빨라질 것이고, 이는 곧 인류가 살 수 있는 땅이 갈수록 더 좁아진다는 것을 의미한다.

사실 이런 피해는 굳이 기후학자가 아니더라도 쉽게 가늠해 볼 수 있는 것들이다. 전문가들은 지구 온난화로 인해 예상되는 피해는 이게 다가 아니라고 한다. 환경 저널리스트인 마이크 라이너스는 지구가 1도씩 상승할 때마다 일어날 수 있는 일들을 정리해서 〈최종 경고: 6도의 멸종〉이라는 책을 썼다. 그의 책에 나오는 몇 가지 예를

---

12 2022년 8월 29일 자 MBC 뉴스데스크

살펴보면 다음과 같다.

1도 상승 (현재) 변덕스러운 홍수/해수면 상승/강해지는 허리케인/작아지는 북극/알프스의 산사태/태평양에 가라앉는 섬나라 국가들

2도 상승 식량 생산에 위협/치명적인 뎅기열/지구의 기후 시스템 붕괴/대홍수/큰 가뭄/북극 생물 멸종

3도 상승 더욱 강해지는 허리케인/식량 생산에 미치는 충격/치명적인 홍수/무너지는 빙하와 높아지는 해수면/불타는 캘리포니아/가라앉는 뉴욕/아마존 숲 붕괴로 지구 온난화가 더욱 가속화되는 악순환/가뭄과 기근으로 인한 고통/전염병 창궐/민족 대이동

4도 상승 치명적인 더위/치명적인 허리케인/농작물 수확 실패/지구 전역에 기후 난민/대량 멸종/시베리아 영구 동토층 붕괴

5도 상승 전 세계 식량 교역의 종말/해저의 메탄 분출/전 세계를 덮치는 쓰나미/거주 가능한 공간의 상실/문명의 종언

6도 상승 끈적끈적한 바다/생태계 상실/인간의 멸종 가능성[13]

다행히 국립과천과학관 이정모 관장은 이런 파국으로까지 치닫지 않도록, 우리 인류가 임계점인 1.5도 상승을 충분히 막을 수 있다고 한다. 이건 어디까지나 인간이 만든 문제이기 때문에 인간이 해결

할 수 있다며 호언장담하는 그의 유쾌한 전망에서 나는 한 줄기 희망의 빛을 볼 수 있었다.[14] 사실 생각해 보면, 간단한 문제나. 우리 인류가 모두 합심해서 지금부터라도 이산화탄소 배출만 줄이면 되는 거니까!

하지만 안타깝게도 현재 전 세계에서 탄소 배출 2위 국가인 미국[15] 사회가 돌아가는 상황을 보니, 그렇게 "합심"을 하는 것이 지독하게 어려운 일처럼 보인다. 미국 사회에서는 이 사안이 도가 지나칠 정도로 정치화되어 버렸기 때문이다. 모두가 합심해서 탄소 배출을 줄이자고 해도 모자랄 판에, 미국인들은 이 문제로도 분열하고 있다. 미국 정치인들은 이렇게 기후 변화 문제마저도 국민을 분열하는 방식으로 정치에 개입시켰다. 그들이 마스크와 백신 문제로 그랬던 것처럼.

미국 사회에서 기후 변화 문제가 얼마나 정치화됐는지를 알 수 있는 일을 나 또한 여러 번 겪었다. 몇 년 전 필요한 글을 쓰기 위해 어느 미국인 기상학자를 인터뷰한 적이 있는데, 그에게 지구 온난화에 관해 물었더니 대답을 꺼렸다. 그는 지구 온난화 문제는 미국에서 극도로 정치화된 사안이라서 공개적인 인터뷰 중에는 논하기 망설여

---

14 CBS 김현정의 뉴스쇼 〈6번째 대멸종 이미 진행되고 있다〉 2022년 8월 17일 자 방송
15 세계 에너지 및 기후 통계 – 2022년 연감

진다고 했다. 기상과 기후에 관해 연구하는 기상학자가 지구 온난화에 관해 공개적으로 말하는 것을 꺼린다는 것은 이 사안을 둘러싼 미국 내의 분위기가 심상치 않음을 보여주는 대목이다. 이뿐만이 아니다. 지구 온난화를 믿지 않는다는 트럼프가 대통령으로 재직하던 당시, 나는 플로리다 주립대 기상학과 연구진에게서 기후 변화와 관련된 연구비를 지원받지 못하고 있다는 말을 듣기도 했다. 또 한편으로는, 공화당을 지지하는 한 지인이 기후 변화를 경고하는 환경론자들을 "수박"이라고 부르는 말을 들은 적도 있다. 그는 환경론자들이 겉은 녹색(환경을 위하는 사람들)이지만, 속은 붉은색(공산주의, 또는 사회주의자)이라면서 그렇게 말했다. 기후 변화와 환경 문제를 둘러싼 미국 정치 지형의 이런 경향은 꽤 오래전의 뉴스 기사에서도 찾아볼 수 있을 만큼 고질적인 문제다. 다음은 2015년 12월 3일 자 미국 CBS 뉴스의 일부다.

During a news conference at the COP21 climate conference in Paris on Tuesday, President Obama had some words for the Republicans hoping to win his job: "Everyone else is taking climate change really seriously." In other countries, he said, "They think it's a really big problem. It spans political parties." But in the United States, everything about climate change is politically divisive. There appears to be little common ground on what causes it, what to do about it -- or even, in the case of some Republicans, whether the problem exists at all. While the president noted that "99.5 percent of scientists and experts [and] 99 percent of world leaders" agree human-caused climate change needs to be reckoned with, some Republican leaders have called it a "hoax" and a "contrived, phony mess."

"While the world is in turmoil and falling apart in so many different ways especially with ISIS, our President is worried about global warming -- what a ridiculous situation," GOP frontrunner Donald Trump said in a video post on Instagram.[16]

화요일, 파리에서 열린 COP21 기후 협약의 기자회견 중, 오바마 대통령은 공화당 의원들에게 그들을 설득할 수 있기 바라며 이렇게 말했다. "다른 사람들은 모두 기후 변화를 아주 심각하게 받아들입니다." "다른 나라에서는", 그는 계속 말했다. "사람들이 그것이 정말로 큰 문제라고 생각합니다. 정파에 관계없이 말입니다." 하지만 미국에서는 기후 변화에 관한 모든 것이 정치적으로 분열되어 있다. 무엇이 기후 변화를 일으키는지, 그에 대해 어떻게 대처해야 하는지에 관해 공통된 견해가 거의 없어 보인다. 심지어 몇몇 공화당 의원들은 기후 변화의 존재조차 부정한다. 오바마 대통령이 99.5%의 과학자들과 전문가들, 그리고 99%의 세계 지도자들이 인간 활동으로 인한 기후 변화를 사람들

---

16 2015년 12월 3일 자 CBS News 〈How climate change became so politicized〉

이 인지해야 한다는 데 동의한다고 언급했지만, 몇몇 공화당 지도자들은 기후 변화를 "불쾌한 거짓말", "허위로 만들어진 혼란"이라고 불렀다.

공화당의 유력한 대통령 후보인 도널드 트럼프는 인스타그램에 올린 비디오에서 이렇게 말했다. "세계가, 특히 ISIS 때문에 혼란 속에서 여러 가지 모습으로 망가져 가고 있을 때, 우리 대통령은 지구 온난화에 관한 걱정을 하고 있습니다 – 이 얼마나 기막힌 상황입니까."

이렇게 오바마가 속한 민주당과 트럼프가 속한 공화당은 기후 변화에 대한 관점을 오래전부터 달리했다. 그러니 트럼프가 대통령으로 재직할 당시에 미국이 파리 기후 변화 협정[17]에서 탈퇴하고, 바이든이 대통령이 되면서 트럼프가 탈퇴했던 일을 대신 사과하고 다시 기후 변화 협정에 가입한 일련의 사건들은 결코 우연이 아니다. 트럼프와 사라 페일린을 포함한 몇몇 공화당 의원들은 지구 온난화 자체를 아예 부정하더니, 최근에는 지구 온난화를 부정하지 않는 공화당 의원들이, 그것이 인간의 활동 때문은 아니라고 주장하고 있다. 그럼 이 사안에 관해 과학자들은 어떻게 결론을 내렸을까? 조천호 박사는 자신의 저서 〈파란하늘 붉은지구〉에서 이렇게 말한다.

---

[17] 2016년에 체결된 '파리 기후 변화 협정Paris Climate Agreement'은 지구 온난화를 방지하기 위해 온실가스를 줄이자는 전 지구적 합의안이다. (그린피스 웹사이트 https://www.greenpeace.org 참고)

IPCC 보고서의 새로운 판이 발간될 때마다 인간이 기후 변화를 일으켰다는 증거가 분명하다는 견해에 힘이 더 실리고 있다. 1차 보고서(1990년)에서는 인간 활동을 기후 변화의 원인으로 확신하지 않았으나, 2차 보고서(1995년)에서는 여러 원인 가운데 하나로 언급했으며, 3차 보고서(2001년)에서는 인간의 책임이 66퍼센트 이상이라고 밝혔다. 4차 보고서(2007년)에서는 인간 활동이 기후 변화를 일으켰을 가능성이 90퍼센트 이상이라 했다. 5차 보고서(2013년)에서는 인위적인 영향이 20세기 중반 이후 관측된 온난화의 주된 원인일 가능성이 95퍼센트 이상이라고 확신의 수위를 높였다.[18]

물리학 박사 김상욱 교수는 "인간의 활동으로 만들어진 이산화탄소로 인해 역사상 전례 없는 규모로 지구가 뜨거워지고 있다"라는 것을, 현재는 거의 모든 과학자가 확신하고 있다고 말한다.[19] 이제는 과알못인 나까지 알고 있는 이 사실을, 공화당 의원들이 모두 하나같이 모를 리는 없다. 문제는 자신이 믿고 있는 진실보다는 진영 논리에 따라 움직이는 정치인들이 다수라는 점이다. 2022년 미국 역사상 가장 영향력이 큰 기후 위기 관련 법안을 민주당이 발의했는데, 몇몇 공화당 의원들이 현재의 기후 위기 상황을 정확히 이해하고

18 조천호 (2019) 〈파란하늘 빨간지구〉, 동아시아
19 김상욱 교수 | 지구 온난화의 주범은 '인간'일까 '태양'일까? 과학적 팩트로 알아보는 기후 위기의 핵심 [환경읽어드립니다]

있음에도 불구하고, 반대표를 던졌다고 한다. 다음은 2022년 8월 12일 자 「Politico」의 머리기사다.

Some Republicans see climate danger. They voted 'no' anyway.[20]

어떤 공화당 의원들은 기후 변화의 위험성을 이해하고 있습니다. 하지만 그들은 그것과 상관없이 반대표를 던졌습니다.

심지어 미국의 유명한 보수파 논객인 벤 샤피로Ben Shapiro는 기후 변화가 인류의 위기라고 말하는 과학자들의 연구 방식이 아예 틀렸다고 주장한다. 다음은 기후 변화가 위기가 아니라고 주장하는 이유를 묻는 노스캐롤라이나대 학생에게 벤 샤피로가 한 말이다.

"Because they're wrong. The reason why they're wrong is because all these studies are done in the absence of mitigating measure."

왜냐하면 그들(과학자들)이 틀렸으니까요. 왜 그들이 틀렸냐 하면, 그 모든 연구는 경감 측정 없이(기후 재난에 대한 완화 조치를 할 경우를 포함하지 않고) 진행됐으니까요.

기후 변화 대응을 위한 정책을 연구하는 사만다 그로스Samantha Gross

---

20 2022년 8월 12일 자 「Politico」 기사 "Some Republicans see climate danger. They voted 'no' anyway."

는 미국 사회가 기후 변화에 적극적으로 대응하려는 것을 막고 있는 것이 바로 이런 미국 내의 정치 지형이라고 한다.

Living and working in Germany for the past few months, I am frequently asked why U.S. greenhouse gas policy is behind Europe, when the United States will establish a price on carbon, and similar questions. The answer to those questions is Congress, where Republicans stand steadfast against serious legislation to deal with climate. Many Republican legislators still reject the science of climate change, a position not held by other mainstream parties in democratic countries, but rising among far-right parties in Europe. (중략)

How did we get here? A total unwillingness to cooperate with Democrats is part of the problem. The polarized atmosphere in Washington is such that it is difficult for a Republican to support anything proposed by the Biden administration, lest they be demonized by right-wing media and the party's activist base.[21]

지난 몇 달간 독일에서 지내며 일하면서, 왜 미국의 온실가스 정책이 유럽에 뒤처져 있는지, 그리고 미국은 언제 탄소세를 부과하기 시작할 건지 등의 질문

---

21 「Planet Policy」의 2021년 5월 10일 자 기사 〈Republicans in Congress are out of step with the American public on climate〉

을 나는 자주 받았다. 그 질문들에 대한 대답은 국회, 즉 공화당 의원들이 기후 문제에 대응할 본격적인 법률 제정에 변함없이 반대의 견해를 고수하고 있는 바로 그곳 때문이다. 많은 공화당 입법자들은 여전히 기후 변화와 관련된 과학을 거부하고 있는데, 이는 유럽의 극우 정당들을 제외한 나머지 민주주의 국가들의 주요 정당들은 고수하고 있지 않은 입장이다. (중략)

우리가 어쩌다 이런 사태까지 왔을까? 민주당과는 절대로 협력하지 않으려는 그 태도가 문제의 일부다. 워싱턴의 (정치적으로) 양극화된 분위기는, 극우 미디어와 정당 지지 권력의 기반에 의해 악마화될까 봐, 공화당 의원은 바이든 행정부가 내놓는 그 어떤 것도 지지하기 힘들 정도다.

사만다 그로스의 말처럼 현재 미국 사회는 정치적으로 매우 양극화되어 있는 상태다. 2016년 도널드 트럼프와 힐러리 클린턴의 네거티브 선거전, 코로나 팬데믹, BLM 운동, 아시아인을 상대로 한 증오범죄, 2021년 트럼프 지지자들의 국회의사당 점거 폭동 등을 겪으면서, 미국 사회의 정치적 분열은 극도로 심화되었다. 이런 분위기에서는 그 어떤 사안에 대해서도 논리적으로 타협하는 것이 힘들며, 그것은 기후 문제도 예외가 아니다. 내 주변의 미국인들과 대화를 해 봐도 그렇다. 공화당 지지자들은 민주당이, 민주당 지지자들은 공화당이 기후 문제를 정치화했다며, 서로서로 탓하는 분위기다. 이들의 각기 다른 견해를 들어보기 위해, 기후 문제에 관심이 많은 민주당 지지자와 공화당 지지자를 한 사람씩 인터뷰했다.

I'm a registered Democrat, but I favor policies that are much more progressive than what the Democratic party advocates. For example, I think that our goal should be to wean ourselves off of fossil fuels and use many different sources of clean energy. Doing so is not the only way to combat climate change, but it could have a positive impact. The problem in the US is that cars and gas are cheap, compared to the rest of the world. Our entire economy relies on cheap fuel. If Americans couldn't afford their cars, they would have no way to get anywhere. Why? Because we have not invested in public transportation nor in a nationwide, energy-efficient rail system. Of course, it would take years to develop all of this, and it would cost billions. Even greater than this, it would require a cultural shift for Americans to agree to give up their cars or drive less. We'll probably never get rid of our need for oil, but over time we could limit it a lot. Oil, however, is a huge business, so you're not going to see Republicans wanting to put any limits on oil as the Republican party supports big business. Democrats want more electric cars, so now they want to allow more mining of rare earth metals. While I agree that alternative-energy vehicles are a good idea, I think mining anything is an environmentally destructive practice.

Politically, I'm more of a Green Party person, but the Greens don't have a chance of winning any major elections. The Democrats, at least, accept the science on climate change and are willing to work towards making changes. They are not well-organized, unfortunately. Some Republicans also accept the science on climate change, but this is the party that is loyal to Donald Trump, and I fear that this loyalty is more important than impending climate catastrophes. The Trump administration took the US out of the Paris Climate Accord in 2020, and they did away with numerous environmental protections, which will result in more drilling and mining (sometimes in places that were previously protected ecosystems), higher carbon emissions and air pollution, more polluted waterways, and fewer or no protections for certain animals and ecosystems. These actions are more than unhelpful; they can potentially increase the occurrence of climate and environmental disasters.

Jenny Grill (Democrat)

저는 민주당 당적을 가진 사람이지만, 민주당이 밀고 있는 것보다 훨씬 더 진보적인 정책을 선호합니다. 이를테면, 저는 우리의 목표가 화석 연료를 완전히 끊고 다양한 종류의 청정에너지를 사용하는 것이 되어야 한다고 생각합니다. 그렇게 하는 것이 기후 변화에 대응하는 유일한 방법일 뿐만 아니라, 긍정적인 효과도 가져다줄 수 있기 때문입니다. 미국의 문제는 자동차와 휘발유가 다른 나라에 비해 너무 싸다는 점입니다. 우리 경세 전반이 값싼 연료에 의존합니다. 미국인들은 차를 살 형편이 안 되면, 아무 데도 갈 수가 없습니다. 왜냐고요? 미국은 대중교통에도, 에너지 효율적인 전국적인 철도 시스템에도 투자하지 않았기 때문입니다. 물론 이런 시설을 모두 갖추려면 여러 해가 걸릴 것이고, 엄청난 비용이 들 거예요. 이보다 더 힘든 건, 아마 미국인들이 차를 포기하거나 운전을 덜 하는 쪽으로 합의하는 문화적 변화가 따라야 할 거라는 점이겠죠. 우리 미국인들의 석유 의존도를 완전히 없앤다는 건 아마도 불가능하겠지만, 그래도 시간이 지남에 따라 그것을 크게 제한하는 것은 충분히 가능합니다. 하지만 석유 산업은 거대 사업이어서 대기업을 지원하는 공화당이 석유 산업에 어떤 제재를 가하는 일은 절대로 없을 겁니다. 민주당은 전기차를 더 늘리기를 원하는데, 그래서 지금 그들은 희토류 금속을 더 캐내는 것을 허가하려고 합니다. 저는 대체 에너지 자동차 사용이 좋은 의견이라는 것에는 동의하지만, 무엇이든 채굴하는 것은 환경을 파괴하는 행위라고 생각합니다.

사실 저는 정치적으로 녹색당에 좀 더 속하는 사람이지만, 녹색당 사람들은 주요 선거에서 이길 가능성이 없습니다. 민주당 사람들은 적어도 기후 변화에 관한 과학적 사실을 받아들이고, 그것을 막기 위한 변화를 일으키려는 시도를 기꺼이 해보려 합니다. 불행히도 그들이 이 문제에 관해 잘 준비되어 있지는 않지만요. 다는 아니지만, 몇몇 공화당 의원들도 기후 변화에 관한 과학적 사실을 받아들이기는 하지만, 이 당은 도널드 트럼프에게 충성하는 당이어서 이런 충성심이 임박한 기후 재앙보다 그들에게 더 중요하게 여겨질까 봐 저는 두렵습니다. 2020년 트럼프 행정부는 파리 기후 협약에서 미국을 탈퇴시켰고, 또 수많은 환경 보호 규제를 철폐했는데, 그것은 더 많은 곳에 구멍을 뚫고 채굴하고 (그전에는 생태계가 보호되고 있던 지역에서조차도), 더 많은 탄소 배출과 공기

오염, 더 심각한 수질 오염, 그리고 어떤 동물과 생태계는 전혀 보호받지 못하는 결과를 낳게 할 겁니다. 공화당의 이런 조치들은 그저 도움이 안 된다는 정도에 그치는 것이 아니라, 기후와 환경으로 인한 재앙의 발생 빈도를 증가시킬 수 있습니다.

제니 그릴(민주당 지지자)

I consider myself to be a conservative, and I lean on the side of potential climate changes based on human activities. Many Republicans would view the so-called climate change to be a natural global cycle that is significantly dependent on the solar activity. This ideology was emphasized by John Coleman (meteorologist) and Willie Soon (astrophysicist). Americans in general, do not want to accept abrupt and coerced changes to the American lifestyle, especially when it affects the economy, which is critically dependent on affordable and domestic fuel source.

I believe in having diversity of fuel and energy sources; therefore, I have no problems with solar panels on existing rooftops or having options of hybrid electric vehicles. However, the current social media and even EPA (Environmental Protection Agency) appear to market and endorse heavily on electrification by encouraging mining of rare earth metals to completely replace existing carbon loaded fuels. Sadly, there is very little or no emphasis on the broader environmental impact from the production to disposal of both solar panels and electric batteries. There is very limited resource discussing the pollution of soil and water from heavy herbicide uses at solar panel farms and toxic chemical leaching from disposed solar panels and used batteries. Interestingly, the limelight is strictly on carbon dioxide emission set forth by IPCC and UN.

We know that zero carbon emission is actually achievable with nuclear power plant. However, nuclear energy is unacceptable due to a more recent Fukushima reactor disaster in 2011. As I understand, the Fukushima disaster was supposed to have a significant negative impact to the Pacific Ocean ecosystem; it's interesting that the EPA under the Obama administration had to readjust the safe radiation level. This type of inconsistency is one of the many reasons that the Republicans are skeptical about Democratic environmental protection bills.

Paul Chang (Republican)

저는 저 자신이 보수주의자라고 생각하는데, 인간 활동으로 인한 기후 변화를 믿는 쪽입니다. 많은 공화당 지지자들은 소위 기후 변화라고 불리는 그것을 그저 태양 활동에 크게 영향을 받는 지구의 자연적인 순환 주기로 보는 것 같습니다. 이런 관념은 기상학자인 존 콜맨과 천체 물리학자인 윌리 순에 의해 강조되었습니다. 일반적으로 미국인들은 생활 방식에 있어 갑작스럽고 강제적인 변화를 싫어합니다. 특히 그것이 경제에 영향을 미치면 더욱 그런데, 우리 경제는 적절한 가격의 국내 연료원에 전적으로 의존하고 있습니다.

저는 다양한 연료와 에너지 공급원을 갖는 것이 좋다고 생각합니다. 그래서 기존의 지붕 위에 태양광 패널을 사용하는 것이나, 하이브리드 전기차를 하나의 선택지로 넣는 것에는 반대하지 않습니다. 그렇지만 현재의 소셜 미디어와 심지어 환경 보호국조차도 현재 사용하고 있는 탄소 연료를 완전히 대체하기 위해 희토류 금속 채굴을 부추김으로써 모든 것을 전기화하는 것을 장려하고 지지하는 것 같습니다. 애석하게도, 태양광 패널과 전기차 배터리의 생산부터 처리 과정까지 폭넓게 일어나는 환경에 미치는 영향에 관해서는 전혀 강조되지 않고 있습니다. 태양광 농장에서의 과다한 제초제 사용으로 인한 토양과 물의 오염이나, 폐 태양광 패널과 다 쓴 전기차 배터리에서 침출되는 독성 화학 물질에 관한 논의는 굉장히 제한되어 있습니다. 흥미롭게도 세상의 이목은 오직 IPCC와 UN에서 발표하는 이산화탄소 배출에만 집중되어 있죠.

우리는 핵 발전소를 통해 실제로 제로 탄소 배출을 달성할 수 있다는 것을 알고 있습니다. 하지만 핵에너지는 다소 최근인 2011년에 있었던 후쿠시마 원자로 재앙으로도 알 수 있듯이 전혀 선택지가 될 수 없습니다. 제가 이해하기로, 후쿠시마에서 발생한 재앙은 태평양의 생태계에도 엄청나게 부정적인 영향을 줬을 겁니다. 그런데 흥미로운 점은, 오바마 행정부 시절 환경보호국이 방사능 안전 기준치를 재조정해야 했다는 것입니다. 이런 식의 일관성 없는 환경 정책 때문에 공화당 지지자들이 민주당의 환경 보호 법안에 관해 회의적인 겁니다.

폴 챙 (공화당 지지자)

인터뷰를 시작하기 전부터 폴 챙 씨는 전기차 배터리와 태양광 패널 사용을 대폭 늘리게 되면 생기는 환경적 문제를 재차 강조했다. 이는 폴 챙 씨처럼 지구 온난화를 막으려면 탄소 배출을 최소화해야 한다는 것이 사실이라고 믿는 공화당 지지자들조차도, 어쨌든 민주당이 밀고 있는 태양광 에너지와 전기차 사용을 늘리는 정책은 그 해법이 될 수 없다고 생각한다는 사실을 보여준다. 즉, 인간 활동으로 인한 지구 온난화가 사실이라는 것을 믿든 안 믿든, 공화당 지지자들은 현재 민주당이 밀고 있는 기후 위기 대책 정책에는 반대하는 태도라는 말이다. 이래저래 두 당이 기후 변화 문제 대응 해법을 찾기 위해 합심하는 일이 이른 시일 내에는 일어나지 않을 것 같다.

그렇다면 정치적으로 중도인 미국인들은 이 문제에 관해 어떤 관점을 갖고 있을까? 다음은 2018년 10월 13일 방영됐던 미국의 대표 코미디 쇼인 SNLSaturday Night Live의 한 장면이다.

> We don't really worry about climate change because it's too overwhelming, and we're already in too deep. It's like if you owe your bookie $1,000, you're like, 'OK, I've got to pay this dude back.' But if you owe your bookie $1 million dollars, you're like, "I guess I'm just going to die."
>
> 우리는 기후 변화에 관해 전혀 걱정하지 않아요. 왜냐하면 그건 너무나도 엄청

난 문제인데다, 우리가 이미 이 문제에 지나치게 깊이 들어와 버렸거든요. 그건 마치 이런 상황과 같아요. 마권업자한테 1,000달러의 빚이 있다면, 당신은 '그래, 이 친구에게 돈을 갚아야 해.'라고 생각하죠. 그렇지만 마권업자에게 백만 달러의 빚이 있다면, 당신은 '난 그냥 죽겠네.'라고 생각하고 말겠죠.

이처럼 보통의 미국인들에게 인류가 처한 기후 위기는 한 평범한 개인이 백만 달러의 빚이 있는 상태와 맞먹을 정도로 극복할 수 없어 보이는 문제로 다가오는 듯하다. 그래서 개개인이 아무리 노력해 봐야 별로 달라지는 것이 없을 거로 생각하는 이들이 대다수인 것 같다. 이어지는 장면에서 이 쇼는 또 이렇게 말한다.

I just keep asking myself, "Why don't I care about this?" (중략) I think it's because they keep telling us we are gonna lose "everything", and nobody cares about "everything". People only care about some "things".

저는 저 자신에게 계속해서 묻습니다, "나는 왜 이 문제(기후 변화)에 관해 신경 쓰지 않는 것일까?" (중략) 제 생각에 그 이유는 그들(과학자들)이 우리한테 자꾸만 "모든 것"을 잃을 거라고 말하기 때문에 그런 것 같아요. 아무도 "모든 것"에 신경 쓰지 않아요. 사람들은 "어떤 것(구체적인 무엇)"에만 신경을 쓰거든요.

그렇다. "이걸 막지 않으면 당신이 아끼는 차를 잃을 거예요."라고 한다면, 사람들은 자신의 차를 지키려고 모든 수단과 방법을 동원할 것이다. 하지만 "이걸 막지 않으면 모든 것을 잃을 거예요."라고 하니까, 오히려 사람들이 꿈쩍도 안 한다는 말이다. 2018년에는 기후 변화를 대하는 미국 대중들의 이런 심리를 꿰뚫어 분석하던 이 코미디 쇼가, 가장 최근의 IPCC 보고서가 발표된 후에는, 아예 "어머니" 캐릭터로 분장한 지구를 등장시켰다. 우리의 어머니 지구Mother Earth 는 우리에게 이렇게 말한다.

"I'm gonna miss humans after you burn. You guys were so cute. (중 략) I love you, and this can go one of two ways. You help me, or I'm gonna kill you. Mama gonna kill you dead. Nah, I'm kidding. I love you guys. I think the corporations are really gonna help ya."
너희 인간들이 모두 불에 타서 사라지고 나면, 난 너희들이 그리울 거야. 너희 들은 정말 귀여웠거든. (중략) 난 너희들을 사랑해, 그런데 이 사랑은 둘 중 하 나의 방식으로 갈 수 있단다. 너희들이 나를 돕든지, 아니면 내가 너희들을 다 죽여 버릴 거야. 엄마가 너희들을 죽게 할 거라고! 하하하, 아니야, 농담이야. 난 너희들을 사랑해. 대기업들이 너희들을 정말로 도울 수 있을 걸.

탄소 배출로 인한 기후 위기를 이야기하면서 그동안 엄청나게 탄소 를 배출한 대기업들이 우리를 도울 거라는 말은, 물론 미국식 빈정

댐sarcasm이 들어간 유머다. 이렇게 이 코미디 쇼는 기후 변화를 대하는 평균적인 미국인들의 태도를 날카롭게 풍자하지만, 미국에는 기후 변화를 막기 위해 적극적으로 행동하는 사람들 또한 많이 있다. 이는 JP모건 체이스 은행 앞에서 시위하는 과학자들뿐만 아니라, 탄소 배출을 줄이는 방안을 직접 실천에 옮기는 평범한 개인들도 다수 포함한다. 일례로, 미국에서는 이제 환경을 보호하기 위해 엄격한 채식주의자vegan가 된다는 것이 더 이상 유별난 일이 아니다. 실제로 내 주변에도 채식주의자가 꽤 여럿 있다. 팬데믹 전에는 학기가 끝날 때마다 학생들과 팟럭potluck 파티를 했는데, 최대 15명이 들을 수 있는 내 작은 수업에도, 언제나 두세 명은 채식주의자였다. 육류 생산 과정에서 배출되는 온실가스를 최대한 줄여 보려는 이유에서, 자신들은 고기를 아예 먹지 않는다고 했다. 환경을 보호하기 위한 구체적인 방법을 적극적으로 실천하는 어린 학생들을 볼 때면, 나는 우리가 처한 상황이 그렇게 절망적이지 않을지도 모른다는 생각이 든다.

기후학자들의 강연을 듣고 그들의 글을 읽다 보면, 현재로서는 머지않아 우리가 임계점에 다다를 확률이 상당히 높아 보인다. 그래도 우리는 탄소 배출을 최소화하기 위해 필사적으로 노력해야 한다고 나는 믿는다. 과학자들은 지금 속도로는 임계점에 다다르는 시기가 늦어도 2030년이라고 하지만, 솔직히 그게 정확하게 언제일지는 그 누구도 모르는 일이다. 그 정확한 날짜는 전적으로 앞으로 인류가 배출하는 이산화탄소량에 달려 있기 때문이다. 따라서 그 시간을 최대한 늦추기 위해 우리는 모든 것을 다 해야 한다. 임계점에 다다르는 시간이 늦춰지면 질수록 이 문제를 해결할 기회의 문이 열릴 가능성이 점점 더 커지기 때문이다. 바로 지금 이 순간에도 여러 분야에서 이 문제 해결을 위한 다양한 과학 기술을 개발하고 있기에, 그들에게 시간을 벌어주는 것이 우리 보통 사람들이 할 수 있는 최소한의 일이 아닐까 싶다. 물론 시스템을 바꾸기 위해 정치인들을 움직이는 것이 가장 효과적일 테지만, 그와 동시에 개개인들의 작은 실천도 함께 이루어져야 할 것이다. 아직도 개개인의 노력은 무의미하다고 생각하시는 분들께 생태학자 최재천 교수의 말을 인용하며 이 글을 마치고자 한다.

"아주 불편하게 살자고 제가 이야기하는 게 아닙니다. 조금 불편하게 살면서 시간을 벌어주면, 과학자들이 이걸 해결하는 여러 가지 기술들을 개발해 주고, 이러면서 조금씩 조금씩 해결의 실마리를 찾아가지 않을까… 그렇게 기대해 봅니다."[22]

---

22 최재천의 아마존: 한국도 더이상 안전하지 않다? IPCC 보고서에서 발표된 기후변화의 심각성! / 지구온난화, 기후변화, IPCC, 기후위기

에필로그

많은 언어학자가 문화가 언어에 영향을 미친다고 생각하던 때, 언어
학자 사피어Sapir와 워프Whorf는 오히려 언어가 언어 사용자의 생각
과 인식에 영향을 준다는 가설을 발표했다. 우리가 언어를 통해 세
상을 인식하고 모든 것을 해석, 인지하기 때문에, 언어가 우리의 생
각thought에 영향을 미친다는 주장이었다. 이를 "언어 상대성 이론
Theory of Linguistic Relativity"이라고 한다. 언어를 통해 현실을 인식하기
때문에, 언어가 그 언어 사용자의 사고방식, 심지어 정신 구조에까
지 영향을 미친다는 사피어와 워프의 주장이 나는 굉장히 설득력 있
다고 생각한다. 이들의 주장은 크게 보면 각각의 언어가 그 언어를
사용하는 공동체의 문화에 영향을 준다는 말과도 같다.

하지만 아무리 언어가 문화에 영향을 준다고 해도, 우리가 속한 문
화가 우리의 언어에 영향을 주는 것 또한 결코 부정할 수 없는 사실
이다. 이 문제는 닭이 먼저냐 달걀이 먼저냐는 질문보다는, 언어와
문화가 상호 작용한다는 관점에서 접근하는 편이 언어 공부를 하

는 처지에서는 훨씬 더 생산적인 논의가 될 것이다. 가령, 한국인들의 수직적인 인간 관계 문화가 한국어에 영향을 미쳐서 한국어의 존대어 체계가 발달했다고 볼 수 있다. 반대로, 한국어의 존대어 체계와 사용으로 인해 한국 사회 구성원들이 인간관계를 수직적으로 보게 된다고 생각해 볼 수도 있을 것이다. 이처럼, 언어와 문화는 서로 영향을 주고받는다고 나는 믿는다. 언어는 그 문화 공동체가 가지고 있는 공통적인 가치와 관습, 때로 신념까지 담고 있지만, 그와 동시에 그들이 쓰는 언어로 인해 그들의 관습과 신념이 더 굳어지기도 한다고 생각한다.

미국에서 다양한 나라 출신의 학생들에게 영어를 가르쳐 보고, 또 미국인들에게 영어와 문화 교수법을 강의하면서, 나는 언제나 이 문제에 관해 깊이 생각해 왔다. 영어와 미국인들의 생각과 인식 패턴의 상호 작용을 보여주는 구체적 사례, 한국어와 한국인들의 생각과 인식 패턴의 상호 작용을 보여주는 구체적 사례, 그리고 그로 인해 형성된 두 나라의 언어 습관과 문화 차이. 혹자는 이런 것들을 꼭 공부해야 알 수 있냐고 반문하겠지만, 그 차이를 세부적이고 구체적인 예를 통해 더 직접적이고 명확하게 이해하기 위해서는 꾸준한 학습, 그리고 성실한 조사와 연구가 요구된다. 이 책은 필자의 그런 노력과 미국 플로리다 주립대에서 일하면서 쌓은 개인적 경험을 함께 녹여낸 결과물이다. 그 과정에서 언어와 문화가 만나는 이런저런 지점들을 탐색하며 필자가 느꼈던 톡톡한 재미를 한국의 독자들도 부디 함께 느꼈으면 좋겠다.

플로리다에서

저자 김아영